中国储备粮管理集团有限公司
员工岗位培训教材

财务与会计

中国储备粮管理集团有限公司　编写

中国财经出版传媒集团
中国财政经济出版社

图书在版编目（CIP）数据

财务与会计 / 中国储备粮管理集团有限公司编写.
-- 北京：中国财政经济出版社，2021.12
中国储备粮管理集团有限公司员工岗位培训教材
ISBN 978－7－5223－0629－2

Ⅰ.①财… Ⅱ.①中… Ⅲ.①财务会计－岗位培训－教材 Ⅳ.①F234.4

中国版本图书馆 CIP 数据核字（2021）第 128643 号

责任编辑：王 飏　　　　责任校对：胡永立
封面设计：任海亮

财务与会计
CAIWU YU KUAIJI

中国财政经济出版社 出版
URL：http：//www.cfeph.cn
E－mail：cfeph@cfeph.cn

社址：北京市海淀区阜成路甲 28 号 邮政编码：100142
营销中心电话：010－88191522
天猫网店：中国财政经济出版社旗舰店
网址：https：//zgczjjcbs.tmall.com
北京鑫海金澳胶印有限公司印装 各地新华书店经销
成品尺寸：170mm×230mm 16 开 21.5 印张 270 000 字
2021 年 12 月第 1 版 2021 年 12 月北京第 1 次印刷
定价：52.00 元
ISBN 978－7－5223－0629－2
（图书出现印装问题，本社负责调换，电话：010－88190548）
本社质量投诉电话：010－88190744
打击盗版举报热线：010－88191661 QQ：2242791300

编委会名单

编写组名单

姜　珊　胡艺芬　李　彬　李佳明　朱海平

赵建荣　翟慎瀛　张　驰　刘炳华　赵志刚

赵永强　洪　荣　李　冉　王　硕　邬中平

高喜峰　王文辉　刘　琦　赵理彬　吴东格

王思语　赵壮壮　王琪乔　林岱桦　辛佳燃

王　威　郑　飞　李庆玮　郭晓蕾　张　智

刘柯彤　周沛浩　王婉奕　车翠梅

序

善于学习，就是善于进步。中储粮的历史经验和现实发展都告诉我们，没有中储粮大培训，没有干部员工大学习，就没有事业大发展。面对不稳定性不确定性增强的复杂变局，面对二十多年来波澜壮阔的实践，我们要团结带领全系统广大干部员工将集团公司建设成为高质量服务国家粮食安全战略支撑力量、世界一流农产品储备集团，就必须更加崇尚学习、积极学习、持续深化学习，不断强化教育培训和实践锻炼，努力增进广大干部员工对中储粮的政治认同、思想认同、文化认同、情感认同，努力锻造出一支懂粮食、会经营、善管理的过硬队伍，为完成“做实垂直管理体系、做强储备保障功能、做优服务调控机制、用好两个市场资源”重点任务提供强大的人才队伍支撑。

中储粮依靠学习走过了不平凡的历程，取得了辉煌的成绩，今后更要依靠学习赢得未来。“十四五”时期是中储粮系统管好“大国粮仓”、增强服务国家粮食安全战略能力的关键期，是完善公司治理体系和提升治理能力的攻坚期，是全面推进高质量发展的机遇期，也是企业深化改革的转型期。在这样的关键时期，我们的“赶考”之心不能变，“赶考”之行不能停，全系统广大干部员工要胸怀全局、立足变局，坚持政治建设为要、主责主业为本、防范风险为基、高质量发展为重，不断提高“立足新发展阶段、贯彻新发展理念、构建新发展格局”的政治能力、战略眼光、专业水平，努力锻造对党忠诚、勇于创新、治企有方、兴企有为、清正廉洁的干部队伍和爱国、敬业、诚信、友善的模范员工队伍。

中储粮培训中心在公司成立十周年之际编写的第一套培训教材，在系统干部员工培训中发挥了重要作用，有力推动了广大干部员工岗位技能的提升和综合素质的提高，得到了广大干部员工的充分肯定。值此公司成立二十周年之际，培训中心启动了增编新教材、修订旧教材的工作，这套教材反映了新时代中储粮工作的新要求、新经验、好做法，希望各级各类干部员工在教育培训中要注重用好这套教材，促进“听党话、管好粮、不出事、效益好”的新要求在全系统落地生根，促进新经验、好做法在全系统开花结果，为增强服务保障国家粮食安全战略能力，提升企业竞争力、创新力、控制力、影响力、抗风险能力，推动公司治理体系和治理能力现代化，实现高质量发展贡献力量。

中国储备粮管理集团有限公司董事长　党组书记

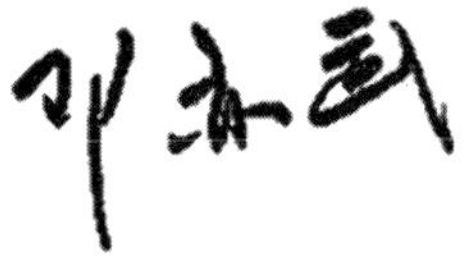

前言

站在“十四五”开局之年和中国共产党成立100周年的交汇点上，在习近平新时代中国特色社会主义思想指导和引领下，我们致力立足新发展阶段、贯彻新发展理念、构建新发展格局，认真落实全面深化改革的精神，坚持创新在中储粮财务改革发展中的核心地位，聚焦重点，全面突破，升级集团财务管理体系，持续提升集团财务治理能力和治理水平，推动中储粮加快建设一流财务管控体系，为中储粮高质量发展提供有力支撑。

《财务与会计》根据当前国家有关中央储备粮油的财务管理和会计核算要求进行修订编写。全书分为财政税收信贷政策、预算管理、会计核算、资金管理、基础工作与经费管理、改革与展望6个篇章，涵盖了现行的中央储备粮财务政策和会计核算的主要内容。为便于读者理解理论中的处理方法和相关制度，本书引用了较多的业务实例，力求教材通俗易懂，增强针对性和实用性。读者可结合对实例的学习，将理论知识更好地应用于实践。

为完成国家粮食宏观调控任务，具体业务中会不断有新情况、新问题出现，我们需要不断学习、更新和总结。衷心希望广大读者结合具体业务与工作实际，不断丰富和充实财政财务知识储备，理论结合实践，助力中储粮财务工作再上新台阶。

《财务与会计》编写组

2021年6月

目录

第一章

财政税收信贷政策

第一节　补贴政策

一、利息费用的补贴标准

（一）中央储备粮油

1. 中央财政补贴标准

根据财政部《关于印发〈中央储备粮油财政、财务管理暂行办法〉的通知》（财建〔2000〕）939号）和《关于调整中央政策性粮食保管费补标准的通知》（财建〔2011〕507号）规定，中央储备粮保管费用补贴每年每吨100元，轮换费用补贴每年每吨40元；油费用补贴每年每吨400元。

中国储备粮管理集团有限公司（以下简称“中储粮集团公司”或“集团公司”）在按财政部规定提取公司经费、预留轮换费用后，将补贴拨付到承储企业。集团公司在费用包干总额内，可根据储存条件和实际费用水平，适当调整不同地区、不同品种、不同库点的费用补贴标准。

补贴标准须报财政部备案。承储企业在核算上按集团公司规定的费用标准作补贴收入处理。

中央储备粮油的利息开支，由财政部根据实际储存粮油库存成本和规定利率据实结算。

2. 集团公司各项补贴标准

（1）保管费用补贴。集团公司在财政部包干总额内，按规定制定了不同地区保管费补贴标准。现行补贴标准为：东南沿海地区每年每吨110元；长江以南地区每年每吨94元；长江以北地区每年每吨86元；西藏自治区每年每吨200元。

（2）质检、监管费用补贴。集团公司按每年每吨6元（不含西藏地区）的补贴标准对分（子）公司包干，超支不补；对西藏地区按每年每吨40元的补贴标准包干，超支不补。

（3）轮换费用补贴。集团公司在中央财政拨付的轮换费用包干总额内，根据粮食品质、储存年限及新陈品质价差等因素，制定了不同品种粮食的轮换费用补贴标准，具体为：小麦、玉米、大豆100元/吨；早籼稻140元/吨；中晚籼稻200元/吨；粳稻220元/吨，食油200元/吨。轮换费用补贴期限分别为：小麦4年、稻谷3年、大豆2年、南方地区玉米2年、北方地区玉米3年、食油2年。在轮换期间储备粮油的费用补贴照常拨付，轮换架空期最长不得超过4个月，超架空期不再享受补贴。油脂公司成立后，中央财政拨付的油脂油料轮换费用补贴，集团公司全额转拨油脂公司，由油脂公司统筹使用。

分公司在核定的补贴总额内，可根据辖区内承储企业的具体情况，适当调整不同品种、不同储存条件的补贴标准。具体调整原则和标准须报集团公司备案。补贴标准一经确定，不得随意调整。分公司要公正、客观地调整补贴标准，制定辖区内补贴管理实施细则，建立补贴拨付的内部控制程序，按照财政国库集中支付有关要求用款，确保轮换工作的有序开展。轮换企业按分公司核定轮换费用补贴标准，结合轮换业务完成情况，按照权责发生制和谨慎性原则计提轮换补贴收入。

集团公司不定期组织对分公司制度执行情况、轮换费用补贴管理和资金使用情况进行监督检查。对分公司存在以下行为之一的，限期改正，必要时收缴已拨补贴，或停止核拨费用补贴，并对有关责任人员视情节给予相应行政处分：未制定实施细则，完善内部控制制度；未按规定时间编报用款计划；重新核定的补贴标准显失公平，或补贴标准确定后，随意调整，人为影响企业利润；未及时拨付费用补贴，对企业轮换造成不利影响；对企业未按规定进行账务处理的做法没有及时发现、纠正；擅自进行品种串换，套取补贴；其他违反轮换和补贴资金管理规定的行为。

（4）利息补贴。自 2021 年起，根据《财政部关于明确中央政策性粮食贷款贴息有关问题的通知》（财建〔2021〕1 号）文件规定，集团公司根据直属企业实际储存粮油库存成本和当期一年期贷款市场报价利率（LPR）上浮 10BP 申请和拨付利息补贴。

（二）其他政策性粮油

1. 中央财政补贴标准

根据《财政部关于调整中央政策性粮食收购和保管费用补贴标准的通知》（财建〔2019〕526 号）文件规定，最低收购价粮、国家临时收储粮保管费用补贴每年每吨 80 元。油的保管费用补贴为每年每吨 280 元。

2. 集团公司各项补贴标准

（1）保管费用补贴。集团公司按规定在费用包干总额内，制定了不同地区保管费补贴标准。具体标准为：东南沿海地区每年每吨 90 元；长江以南地区每年每吨 74 元；长江以北地区每年每吨 66 元；西藏自治区每年每吨 180 元。

（2）质检、监管费。集团公司按每年每吨6元（不含西藏地区）的补贴标准对分（子）公司包干，超支不补；对西藏地区按每年每吨40元的补贴标准包干，超支不补。

二、补贴资金的申请、拨付和清算

1. 财政补贴资金申请

分（子）公司按照财政部规定和集团公司具体要求，根据中央事权粮棉油库存数量、成本等情况和国家规定补贴标准、贷款利率等，按季向集团公司申请补贴资金（中储棉公司暂直接向中央财政申请补贴，根据财政部要求适时调整）。集团公司财务部根据分（子）公司申报情况，按季（或根据财政部具体要求）向中央财政申请补贴资金。

2. 财政补贴资金拨付

财政部正式批复补贴资金后，集团公司财务部根据批复情况将补贴资金拨付到用款单位。用款额度先下达至分（子）公司账户，由分（子）公司拨付到各直属企业。对于中央储备粮油代储企业的保管费用补贴，直属企业收到补贴后，原则上一周内拨付到代储企业。对于最低收购价粮和临储粮代储企业的保管费用补贴，直属企业收到补贴后，按静态和动态两种管理方式进行拨付：静态保管期间要在每季度末以前，通过银企直联账户将本季度保管费用补贴按规定标准拨付到委托库点；动态出库期间要在每季度末之后7个工作日之内，通过银企直联账户将本季度保管费用补贴按规定标准拨付到委托库点。轮换费用补贴由集团公司根据分（子）公司账面库存和核定的轮换费用补贴标准预拨；分（子）公司按辖区内承储企业的账面库存和核定的轮换费用补贴标准预拨。中央储备粮油的利息补贴，通过财政直接支付方式支付至中国农业发展银行（以下简称“农发行”）总行，直属企业无需向农发行支付中央储备粮油贷款利息。

3. 财政补贴资金的清算

按照现行规定，中央事权粮油补贴实行按季预拨、年终清算。集团公司向财政部上报补贴清算的申请，财政部进行审核批复，根据财政部最终批复的清算结果，集团公司对分（子）公司进行补贴清算。分（子）公司要按照财政部及集团公司补贴清算工作有关规定，提供中央事权粮油分性质、分品种、分年限、分月份、分价位库存数据，并将库存数据与相关的收购、存储、调拨、销售等业务进行核对，使库存变化与实际业务相匹配，确保清算数据真实准确。

三、储备粮油的成本管理

（一）中央储备粮油

按照现行规定，中央储备粮棉油的入库成本由财政部核定。一经核定，承储企业必须遵照执行，任何单位和个人无权擅自更改。

1. 中央储备粮油的购进

分（子）公司根据集团公司下达的收购计划，会同同级农发行下达到有关直属企业。直属企业应按照分（子）公司下发的中央储备粮油收购计划文件要求，组织有关部门制定具体的收购计划和入库方案，由企业法定代表人或受托人签发《中央储备粮油入库计划安排表》，分送业务、财务等有关部门执行。

2. 中央储备粮油轮换

中央储备粮油轮换，采取成本不变、实物兑换的方式进行，即轮入的粮油，按轮出粮油的入库成本记账，轮出粮油的销售处理由集团公司自负盈亏，轮换费用含在包干费用中。轮换期间储备粮油的费用补贴照常拨付。轮空期最长不得超过 4 个月。如遇特殊情况，4 个月还不能轮入

下达的收购计划和预案确定，根据《财政部关于调整中央政策性粮食保管费用补贴标准的通知》（财建〔2019〕526 号）文件规定，收购费用标准为每吨 25 元，均由农发行贷款解决，实行库贷挂钩。收购费用（含县内集并费用）由集团公司包干使用，计入粮食成本，贷款利息由中央财政负担。

直属企业提取的收购费用、发生的收购费用支出及应拨付委托收储企业的收购费用，通过“其他应付款”科目进行明细核算。委托收储企业通过购销方式与直属企业进行结算的，其收购费用体现在中央储备粮食的入库结算价格中，随货款及时、足额结算。因仓容不足，需要搭建部分露天储存设施储存中央储备粮食的，应由直属企业请示分（子）公司，经分（子）公司会同有关部门向集团公司提出申请，报国家有关部门批准后实施。露天储粮设施搭建费用按国家规定的标准执行，实行包干使用。实际搭建露天储粮设施储存的粮食数量，需经过财政部监管局核定。提取的露天储粮设施搭建费用、发生的露天储粮食设施搭建费用支出及应拨付委托收储企业的露天储粮设施搭建费用，通过“其他应付款”科目进行明细核算。委托收储企业通过购销方式与直属企业进行结算的，其露天储粮食设施搭建费用体现在中央储备粮食的入库结算价格中，随货款及时、足额结算。

2. 跨省移库、跨县集并补贴

政策性粮食跨省移库由集团公司按照国家有关部门下达的计划执行。跨省铁（水）路运输费用由农发行贷款解决，经财政部监管局审核后计入移库粮食库存成本。其他费用（包括出入库费用、短途运输费用、包装物费用、运输损耗、运输保险、站台费用及力资费用等费用支出），由中央财政按计划内调运粮食数量及包干补贴标准核算，拨付中储粮集团公司包干使用。

根据《财政部关于印发最低收购价临时收储粮食财政财务管理暂行办法的通知》（财建〔2013〕203 号）文件规定，最低收购价粮食、国家临时存储粮食区分运输方式，按不同标准对集团公司实行包干，移库费用补贴具体标准为：采用铁路运输方式的，如双方均有铁路专用线，补贴标准为110元/吨；如其中一方有铁路专用线的，补贴标准为140元/吨；如双方均无铁路专用线的，补贴标准为170元/吨。采取铁水联运方式的，如双方均有铁路专用线，补贴标准为240元/吨；如其中一方有铁路专用线的，补贴标准为270元/吨；如双方均无铁路专用线的，补贴标准为300元/吨。

中央财政对省内跨县集并粮食包干补贴标准为180元/吨。

（三）损失、损耗等业务的处理

（1）政策性粮油的损耗，分定额内损耗和超定额损耗。定额内损耗的处理另行规定。超定额损耗，由承储企业自行负担。

（2）政策性粮油的损失，分人力不可抗拒的损失和人为损失。人力不可抗拒的损失，由损失单位向集团公司报告，集团公司汇总、审核后报财政部，由财政部审核后全额负担；人为损失，由责任单位和责任人承担，并根据情节追究行政或法律责任。中央储备粮油损失、损耗的具体办法，由财政部会同有关部门另行制定。

第二节　信贷政策

一、信贷资金的基本政策

（一）政策性粮油贷款的含义

中央储备粮油贷款是指为符合规定条件的企业承担中央储备粮油购销调存任务而发放的农发行贷款；国家调控粮油贷款是指为符合规定条

件的企业承担国家调控粮油购销调存任务而发放的农发行贷款。

中央储备粮油贷款和国家调控粮油贷款的发放和管理应遵循以下原则：

（1）执行政策。严格按照国家有关部门下达的中央储备粮油和国家调控粮油计划发放贷款。

（2）封闭运行。贷款实行钱随粮走、库贷挂钩、专款专用、全程监管的封闭运行管理。

（二）贷款对象、类型和条件

1. 贷款对象

中央储备和国家调控粮油贷款对象（以下简称“借款人”）是指：

（1）中储粮集团公司、下属分（子）公司及其直属企业。

（2）其他根据国家有关政策规定承贷的企业。

2. 贷款类型

按照粮油性质，农发行发放中央储备粮油贷款和国家调控粮油贷款，包括中央储备粮油贷款、中央储备粮油轮换贷款、最低收购价粮食贷款和国家临时存储粮油贷款等。

（1）中央储备粮油贷款期限按照一年期确定，并可多次办理展期，每次展期期限为一年。开户行应于贷款到期（含展期后到期）至少30个自然日之前通知借款人办理贷款展期手续。

中央储备粮油收购所需资金由直属企业统一承贷（油脂油料收购资金由油脂公司及其所属直属企业承贷，油脂公司承贷的，收购资金可根据收购进度拨付至承担收购任务的直属企业）。直属企业财务部门根据中央储备粮油收购计划文件规定的数量、入库结算价格和收购费用等，向开户行申请中央储备粮油贷款。财务部门应及时与有关业务部门沟通，根据预计购入进度或其他有关要求，科学、合理地预计资金需要量，在确保资金供应的前提下，按收购进度分次办理收购贷款。

收购资金应遵循“专户管理、专款专用、进度支付、及时清算”的原则进行管理。

委托收储企业应在其开户行开设政策性粮食收购资金专户，专项用于中央储备粮油收购资金结算。委托收储企业应凭直属企业监管部门签章的收购进度表开具银行凭证，在其专用账户中支取收购资金。严禁委托收储企业截留、挪用收购资金。

支付首批收购资金时，由直属企业财务部门商监管部门等，根据《委托收购合同》和预计1天的收购量等因素确定付款金额。日常资金支付流程是：委托收储企业按照实际收购进度，填写《收购进度日报表》，提出收购资金支付申请，直属企业监管部门等进行审核，直属企业按照内部控制程序审批后，财务部门付款。

月末，直属企业财务部门应根据监管部门等审核的委托收储企业《收购进度日报表》《中央储备粮油入库登记检验检斤单》《粮油收购凭证汇总表》或取得的销售发票等核对收购资金支付情况，及时补足收购资金，清收超付收购资金及其占用利息，做到收购资金支付与收购进度同步。

临近收购结束时，应按照“小额、勤付”的原则，适当控制收购资金支付进度，防止超付收购资金。

中央政策性粮油跨省移库贷款划转按照“统一组织，分级负责，按月划转”的原则进行。在调入方粮食入库的次月15日（节假日顺延）前，调出方农发行省分行和调出方分公司填报《中央政策性粮食跨省移库贷款划转情况月报表》传至调入方分公司和省农发行核对确认。核对无误后，调入方、调出方农发行、分公司共同盖章上报集团公司和总行。据此，同月25日（节假日顺延）前，集团公司和总行联合下发《贷款划转通知单》，统一组织相关单位贷款划转。在移库结束后、财政部核定入库成本前，通过对账发现划转贷款不一致的，应及时进行贷款调整。财政部核定入库成本后，集团公司会同农发行总行及时进行贷款清理，核定成本与划转贷款不一致的，应进行多退少补。调入、调出方直属企业应及时进行会计、统计、保管账务处理，保证库存值与贷款额一致。

（2）中央储备粮油轮换贷款期限根据中央储备粮油轮换周期确定，最长不超过一年。中央储备粮油轮换贷款原则上不展期，因特殊原因确需办理展期的，要经中储粮分（子）公司和农发行省级分行同意后办理。采取先销后购轮换方式的，在粮食出库前，直属企业以中央储备粮库存成本为限归还中央储备粮贷款，轮入时，按实际归还贷款额申请中央储备粮贷款。中央储备粮油通过异地轮换方式（分公司辖区内）进行计划指标调整的，应明确该批粮食的轮入、轮出主体，轮换盈亏承担人，轮换补贴结算要求，库存增减时点，贷款划转时点等事项，直属企业根据分（子）计划文件要求进行账务处理，保证账账、账实相符。

（3）最低收购价粮食贷款和国家临时存储粮油贷款期限根据国家调控粮油购销计划确定，一般为一年。对调控期内国家未安排销售和正常结算期内的占用贷款，到期可以办理一次或多次展期，每次展期期限不得超过原借款合同确定的贷款期限。

政策性粮油收购所需贷款，由所在地直属企业统一向农发行承贷，并依据收购情况预付给委托企业。对于没有直属企业的地区，可由分公司指定直属企业贷款或者暂由分公司指定具有农发行贷款资格、资质较好的委托收储企业承贷，收购结束，验收合格后，再将相应贷款划转到分公司指定的直属企业。委托收储企业所需收购资金，采取“一次审批、分批发放”的方式。贷款企业应科学合理地测算阶段性收购数量和资金需求量，及时供应收购资金，减少不合理的资金占用。贷款企业应加强对预付资金的拨付和管理，预付额度不得超过委托企业 1 天收购所需的资金量。

最低收购价粮食、国家临时储存粮油销售货款应及时、足额回笼到直属企业开户行基本存款账户，并在当日内归还农发行贷款。最低收购价粮食、国家临时储存粮油销售亏损由中央财政负担，直属企业收到拨补的销售亏损补贴后，应在当日内归还农发行贷款。最低收购价粮食、国家临时储存粮油销售盈利上缴中央财政。最低收购价粮食、国家临时储存粮油销售盈亏由集团公司统一清算。国家有关部门将最低收购价粮食、国家临时储存粮油作价包干给直属企业销售的，盈亏由直属企业承担。

3. 贷款条件

借款人申请中央储备粮油贷款和国家调控粮油贷款，除应具备《中国农业发展银行信贷基本制度》和《中国农业发展银行政府储备调控贷款管理办法》规定的各项条件外，还应满足以下条件：

（1）申请中央储备粮油贷款，应依据国家有关部门下达的相关中央储备粮油计划，持有中储粮分（子）公司和农发行省级分行联合落实中央储备粮油计划的相关文件。

（2）申请中央储备粮油轮换贷款，用于执行国家轮换计划的，应持有国家有关部门下达的轮换计划，或中储粮分（子）公司和农发行省级分行联合落实中储粮集团公司轮换计划的相关文件。执行国家其他调控措施，需要使用中央储备粮油轮换贷款的，按农发行总行相关要求执行。

申请中央储备粮油轮换贷款，用于为中央储备粮油轮换准备粮源的，应持有中储粮分（子）公司与农发行省级分行联合下达的收储计划。

（3）申请最低收购价粮食贷款，应依据国家有关部门下达的相应粮食品种最低收购价执行预案，持有中储粮集团公司下达的启动执行预案的通知。

（4）申请国家临时存储粮油贷款，应依据国家有关部门下达的相应粮油品种的国家临时收储文件。

（5）对跨省移库和省内集并调整的贷款划转业务，申请贷款时应持有中储粮集团公司或分（子）公司下达的跨省移库或省内集并调整计划等相关文件。

（三）贷款期限、利率、额度和方式

1. 贷款期限

中央储备粮油贷款期限按照一年期确定，并可多次办理展期，每次展期期限为一年。开户行应于贷款到期（含展期后到期）至少30个自然日之前通知借款人办理贷款展期手续。

中央储备粮油轮换贷款期限根据中央储备粮油轮换周期确定，最长不超过一年。中央储备粮油轮换贷款原则上不展期，因特殊原因确需办理展期的，要经中储粮分（子）公司和农发行省级分行同意后办理。借款人未申请展期或不符合展期条件的贷款，开户行不得办理贷款展期，从贷款到期次日起，纳入逾期贷款管理。

最低收购价粮食贷款和国家临时存储粮油贷款期限根据国家调控粮油购销计划确定，一般为一年。对调控期内国家未安排销售和正常结算期内的占用贷款，到期可以办理一次或多次展期，每次展期期限不得超过原借款合同确定的贷款期限。

2. 贷款利率

根据国家有关政策要求，按照农发行利率管理有关规定执行。

3. 贷款额度

中央储备粮油贷款额度应依据国家有关部门核定（或暂定）的入库成本确定，并与核定（或暂定）的入库成本保持一致。对按照暂定成本发放的贷款，待国家有关部门核定成本后，对贷款进行统一调整。

中央储备粮油轮换贷款额度依据粮油市场价格、合理费用和轮换数量合理确定。

最低收购价粮食贷款额度根据相应粮食品种最低收购价执行预案确定的收购价格、收购费用及其他合理费用确定。

国家临时存储粮油贷款额度根据国家有关部门下达的国家临时存储粮油品种的收购价格、收购费用及其他合理费用确定。

跨省移库和省内集并调整运输费用需要给予贷款的，贷款额度按照借款人实际支付的运输费用确定。搭建临时设施费用需要给予贷款的，贷款额度按照国家有关部门下达的计划数量和费用标准确定。跨省移库、省内集并调整和搭建临时设施费用贷款按照粮食性质使用相应贷款产品。

县内集并费用从收购费用中列支。省内跨县集并费用由中央财政在国家下达的计划内，按规定的费用标准进行补贴。

跨省铁（水）路运输费用（含地方铁路运费、自备车租用费、集装箱调空费等）由农发行贷款解决。跨省移库费用指除跨省铁（水）路运输费用外的其他费用，包括：出入库费用、短途运输费用、包装物费用、运输损耗、运输保险、站台费用及力资费用等，由中央财政在国家下达的计划内，按规定的费用标准进行补贴。具体标准按中储粮集团公司现行文件执行。

4. 贷款方式

中央储备粮油贷款、中央储备粮油轮换贷款、最低收购价粮食贷款和国家临时存储粮油贷款均采用信用贷款方式。

（四）贷款办理

中央储备粮油贷款和国家调控粮油贷款的受理、调查、审查、审批、发放和收回按照农发行相关制度执行。

1. 实行贷款简化审批流程

借款人提交借款申请资料后，农发行开户行按相关程序审批。具体为：农发行开户行客户经理审核确认，报经客户部门负责人、主管副行长和行长审签，上报二级分行（无二级分行的报省级分行）客户部门。二级分行（或省级分行）客户部门收到报批资料后，由经办人、客户部门负责人分别审核签章，送信贷审查职能部门审核确认，报有权审批人审批。

农发行总行大客户部门接借款人的借款申请资料后，按照政策规定进行审核确认，经客户部门负责人、分管副总经理审签后，送信贷审查职能部门审核确认，报有权审批人审批。

2. 中央储备粮油轮换环节的贷款办理

中央储备粮油轮换，对于采取先购后销轮换方式的，先发放中央储备粮油轮换贷款，待粮食入库转为中央储备后，及时发放中央储备粮油贷款，同时收回相应的中央储备粮油轮换贷款。对于采取先销后购轮换方式的，销售后先收回中央储备粮油贷款，轮入时按轮出收贷金额等额发放中央储备粮油贷款。

3. 贷款发放

最低收购价粮食和国家临时存储粮油政策启动后，开户行要及时发放贷款用于启动收购的铺底资金。

4. 贷款本息归还

（1）中央储备粮油贷款的归还。中央储备粮油轮出销售后，直属企业应将销售货款足额回笼归行并及时归还对应贷款，对销售货款大于库存成本的，按库存成本归还贷款；销售货款小于库存成本的，按销售收入归还贷款。执行减储计划销售后，要及时从销售货款或借款人其他资金中足额归还对应的中央储备粮油贷款，国家另有政策规定的按政策规定执行。

（2）中央储备粮油轮换贷款的收回。中央储备粮油轮换贷款形成的库存，转为中央储备或销售出库后，开户行应及时收回相应的轮换贷款。农发行总行另有规定的除外。

（3）最低收购价粮食贷款和国家临时存储粮油贷款的归还。最低收购价粮食和国家临时存储粮油由国家有关部门组织竞价或定向销售后，应及时从回笼货款中足额归还贷款。销售货款不足以还贷的，要从财政补贴资金或其他资金中归还，国家对产生亏损的处理另有政策规定的除外。

（4）对跨省移库（含省内集并）业务，配合粮食调入和调出的相关省级（或市级）分行加强沟通和监测，按照有关要求及时做好贷款划转工作。

（5）贷款利息的归还。中央储备粮油贷款利息由财政部、中储粮集团公司与农发行总行统一结算，开户行进行收息账务处理，不直接向借款人计收利息，国家另有利息规定的专项储备除外。中央储备粮油轮换形成的无库存对应贷款和中央储备粮油轮换贷款利息，由开户行直接向借款人计收。最低收购价粮食贷款和国家临时存储粮油贷款利息由财政部补贴中储粮集团公司，开户行直接向借款人计收利息。

（五）贷款使用管理

借款人采取垫资收储、购入（含进口）粮油的，在核实库存真实性后，发放的贷款可用于偿付垫资，从收购资金专户转入借款人一般账户；在中央储备粮油增储轮换和国家调控粮油收储（轮换）结束后，开户行将组织库贷核查，及时收回无库存对应贷款，确保库贷一致。对借款人通过网上交易平台购进粮油用于中央储备粮油的，贷款发放后可由收购资金专户直接汇入交易平台相关账户，用于结算货款。根据《关于做好中储粮系统银企直联资金集中管理网银推广工作的通知》（中储粮〔2009〕484号）和《中国农业发展银行　中国储备粮管理集团有限公司关于做好银企直联业务系统开通工作的通知》（农发银发〔2014〕278 号），中储粮集团公司采取资金集中管理模式后，允许自有资金通过农发行银企直联和工行银企直联系统进行资金归集。

二、农发行对政策性粮油的信贷监管

（一）粮食收购资金贷款的封闭运行管理

封闭运行管理，是指农发行按照购贷销还、库贷挂钩的方式，对贷款发放到贷款收回全过程的监督和控制。封闭运行管理的核心是盯住贷款企业（以下称“借款人”）第一还款来源；基本要求是钱随粮走、购贷销还、专款专用、库贷挂钩、封闭运行；关键是抓住贷款发放、库存监管和收贷收息三个环节，确保贷款本息及时足额收回。封闭运行的保障措施包括：

1. 实行粮食收购资金贷款专户管理

获准使用粮食收购资金贷款的借款人，必须在农发行开立粮食收购资金存款账户（以下称“收购资金专户”）。粮食收购资金贷款发放后应全额进入收购资金专户核算，通过专户支取和汇划。借款人需将粮食收购资金贷款汇划到异地收购粮食的，应在收购地农发行开立收购资金专户；借款人委托其他企业（以下称“受托企业”）收购粮食的，受托企业应在属地农发行开立收购资金专户，比照借款人收购资金专户管理；粮食收购资金贷款必须在农发行的收购资金专户之间汇划（政府储备贷款异地调入除外），或经省级分行允许在商业银行开设的收购辅助账户之间汇划。

2. 加强异地粮食收购信贷管理

异地收购是指借款人跨省（自治区、直辖市）、跨地市（州、区）收购粮食。借款人申请粮食收购资金贷款用于异地收购的，省级分行应从严管控。用于异地收购的收购资金贷款，可由贷款行直接监管，或委托收购存储地行（以下称“受托行”）协同监管。委托监管的双方要签署异地收购粮食信贷管理协议，协议由省级分行按要求制定，明确双方权利义务，落实异地存储管理措施和管理责任。

3. 加强龙头加工企业粮食收购贷款管理

龙头加工企业正常流动资金需求，原则上通过发放购销流动资金贷款解决。对于季节性储备原粮资金需求，贷款形成的粮食库存能够做到单收、单存、单管的，可以发放粮食收购贷款。

（二）政策性粮油购进和贷款发放的信贷监管

1. 贷款额度的确定和发放

中央储备粮贷款、调控粮食贷款要按照下达计划规定的价、费、量标准或有关要求定贷；粮食收购贷款、粮食调销贷款要按照授信管理、风险度管理有关要求及借款人粮食收购实际资金需求，合理确定贷款额度，贷款额度要与借款人的实际需要、经营和管理能力相匹配。

政策性粮食收购开始前，可按照企业预计10天内的收购量，提前发放贷款作为铺底资金。收购启动后，按借款人实际收购进度发放后续贷款。借款人开展市场化收购的，贷款行应结合粮食市场形势把握贷款投放节奏，防范市场风险。

2. 收购资金支付

粮食收购资金贷款（除粮食调销贷款外）实行自主支付。收购开始后，借款人可依据收购进度支付收购资金，并向农发行报送收购日结单或汇总清单，同时要完善结算凭证。根据《关于加强中共事权粮油信贷资金管理的通知》（农发银发〔2018〕140号），借款人一般应通过农发行银企直联系统等向售粮人支付粮食收购资金，非农发行银企直联工作时间或农发行系统不能满足结算需求时，中储粮所属企业可以将资金转入工商银行政策性资金账户，通过工商银行银企直联系统对售粮农户结算。

对于借款人将贷款汇划异地收购的，需经贷款行行长或主管行长审批，汇划到受托企业（或借款人）在异地农发行开设的收购资金专户。对于通过网上交易平台轮入储备粮油的，贷款发放后可由收购资金专户直接汇入交易平台相关账户，用于结算货款。对于储备和调控粮油企业采取垫资收储、购入（含进口）粮油的，在核实库存真实后，发放的贷款可用于归还垫资，从收购资金专户转入借款人一般账户。对于竞拍政策性粮食的贷款，发放后可以采取受托支付方式将信贷资金直接汇入指定粮食交易中心账户。对于粮食调销贷款，发放后可以采取受托支付方式将信贷资金汇入交易对手非农发行收购资金专户。

3. 贷款使用报账管理

借款人应据实提供收购资金结算凭证。收购旺季，贷款行客户经理每周到企业对上周结算凭证与收购日结单或汇总清单进行核对，核查结算数量及价款等贷款使用情况，作为后续贷款发放的依据，并据实登记CM2006系统库存管理模块。对异地收购的借款人，受托行应将核对结果及时书面通报贷款行。

4. 结余资金归行管理

一个收购周期结束后，贷款行客户经理应将已发放贷款与借款人实际使用贷款进行核对，有结余的应在10个工作日内收回。受托行应在业务结束后10个工作日内，收回受托企业或异地收购点的结余货币资金，并汇划到贷款行收购资金专户，由贷款行收回贷款。

（三）政策性粮油库存的信贷监管

1. 实行粮食收购入库核查

收购结束，粮食全部入库后，客户经理要对辖属企业粮食库存进行核查，确保库贷一致。开户行应对所辖借款人粮食库存组织一次全面核查，将借款人会计账、库存保管账和统计账进行核对，三账相符后，再将实际结算数量和价款，据实调整 CM2006 系统库存管理模块，确保银企粮食库存账务相符。调入粮食入库后，客户经理和开户行要对粮食库存进行全面核查，确保库贷一致。

2. 实施粮食库存监管

粮食库存监管采取非现场监管与现场核查监管相结合的方式。

（1）实行非现场监管。非现场监管为粮食库存日常监管的主要形式。贷款行客户经理通过远程视频监控等电子系统进行日常监管，并在发现库存异常等重大事项时，及时进行实地核实，采取相应处理措施。

县级支行要每月全面检查一次客户经理日常监管情况，二级分行每季至少抽查一次，省级分行每半年至少抽查一次。

（2）实行定期现场核查监管。贷款行应将借款人所有权属的全部粮食库存纳入核查范围，掌握借款人库存粮食的品种、数量、质量、成本及变化情况。客户经理应定期以企业的会计、统计、保管账务和农发行的账表等数据为依据，与实际粮食库存进行核对，确保银企账账相符、企业账实相符。对于无电子监管手段或电子监控系统不能有效使用的贷款行，客户经理应现场核查库存，淡季每 10 天一次。对于有电子监管手段的贷款行，淡季至少一个月核查一次。县级支行至少每季度组织一次辖内粮食库存核查，二级分行至少每半年组织一次辖内粮食库存核查，省级分行至少每年组织一次辖内粮食库存核查。

（3）加强龙头加工企业库存监管。对龙头加工企业使用粮食收购（调销）贷款的，除对粮食收购（调销）贷款形成的库存进行监管外，还要对企业购销流动资金贷款物资保证情况进行监管。

3. 粮食异地存储库存的监管

跨县市的粮食异地存储由二级分行（或直管县级支行的省级分行）

落实库存管理措施。跨地市（州、区）和跨省（自治区、直辖市）异地存储的粮食，存储企业属于集团公司子公司的，可以由集团公司总部所在贷款行直管，也可委托子公司所在地贷款行协管；属于存储地开户行的借款人，必须要委托存储地的开户行进行协管，并签订异地收购粮食信贷管理协议；贷款行对异地存储粮食库存进行核查时，必须通知受托行，与之同时进行库存核查。库存核查结果必须经过受托行及其负责人盖章签字后才能确认。

（四）政策性粮油销售与贷款回笼的信贷监管

1. 实行粮食出库通报管理

借款人出库农发行贷款形成的库存粮食前，应及时向贷款行通报，具体通报方式、方法由当地分支行结合实际情况确定。通报的内容应至少包括品种、数量、货位号、价格、出库对象、发往地、拟出库时间及结算方式。粮食实际出库时，贷款行应按照借款人提供的出库信息，监督粮食出库。异地委托协同管理的粮食出库时，借款人应同时向贷款行和受托行出库通报，受托行应监督粮食出库，必要时贷款行可直接派人监督出库情况。

2. 监督销售货款结算

客户经理应根据借款人出库粮食的货款结算方式，实施相应的监督措施。对购销双方采取定期结算方式的，要核查结算的货款是否与当期出库的全部粮食销售收入一致；对采取分批次结算的，要核查本批次结算货款是否与销售收入相符。

3. 监督销售货款回笼

粮食销售出库后，客户经理应根据借款人出库进度、结算方式等，监督销售货款及时回笼至农发行账户。对货款未按期回笼的，应延缓、暂停后续贷款发放，查明原因，督促借款人采取措施清收，按要求回笼销售货款。

4. 按时收回贷款本息

借款人销售货款回笼后，贷款行应及时收回已出库粮食占用的收购资金贷款本金及利息。要加强对粮食收购和调销贷款本息的收回管理。

（1）对粮食收购贷款实行“双结零”管理。即借款人上一粮食年度发放的粮食收购贷款，要在本年度该粮食品种新粮上市前销售并且归还贷款本息。借款人粮食尚未销售，不能按期“双结零”的，贷款行应监督借款人采取促销措施销售粮食，销售货款及时归还贷款；确有正当原因贷款到期不能归还的，可按相关办法规定办理贷款展期；粮食收购贷款不能按规定时间“双结零”且没有粮食库存对应的，应纳入不良贷款管理。

（2）龙头加工企业使用粮食收购（调销）贷款的，收购季（调入）结束后，企业回笼销售货款可提前逐步归还粮食收购（调销）贷款，或在粮食收购（调销）贷款形成的粮食出库时，按照出库进度及时收回相应的粮食收购（调销）贷款。

（3）借款人销售货款不能全部偿还应还贷款的，贷款行应及时采取风险补偿措施，通过处置借款人抵押（质押）物收回。属于保证担保的贷款，应及时向保证人追偿。

第三节　保险政策

一、保险业务发展历程

传统管理中，储备粮各项因灾损失主要采取核销办法，损失全部由国家财政负担，一些地方财政无力负担，只能作为挂账处理。中储粮集团公司成立以后，在财政部门的大力支持下，首先在中央储备粮仓储管理方面尝试引入保险机制，利用保险工具转移因灾造成的粮食及财产损失风险，取得了很好效果。2001 年投保当年，索赔回来的款项就超过了全年交付的保费金额，确保了粮食及财产损失足额弥补，大幅度减轻了财政负担。此后，投保范围逐渐扩大，从初期单一的中央储备粮财产保险，到 2004 年新增固定资产财产保险及最低收购价粮财产保险，2005 年新增油脂、大豆国际运输海运保险，2006 年新增跨省移库及省内集并国内货物运输保险，2008 年新增临时储存粮食及财产保险，2014 年新增北方公司农业种植保险，2016 年新增东北物流基地建筑安装工程保险，2018 年新增油脂公司机器损坏保险及中储棉统一财产保险。目前，中储粮集团公司已经实现保险业务全覆盖，涉及财产险、货物运输险、农业种植保险 3 大类 12 个险种的保险业务。

二、项目基本情况

目前，集团公司统一投保中央储备粮食及其他政策性粮食财产综合险，其中包括：“中央储备粮及其轮换粮财产保险”“其他政策性粮财产保险”“中央储备油及其他政策性油脂财产保险”“系统固定资产财产保险”“国内短期贸易信用险”。“进口货物保险”“超时中转财产一切险”“国内货物运输保险”。“储备棉财产一切险”“安全生产责任险”。

三、新增风险征信调查服务条款

为切实加强库外存粮库点的风险防范，使问题能够早发现、早处置、早解决，经积极协调承保单位，在合同中明确，2020 年开始，保险公司承诺对中储粮集团公司有新增收储任务的库点，开展征信调查，出具信用报告；根据信用报告进行风险评级，提供风险管理建议并说明理由。从而利用第三方专业信用评估机构的力量，加大对收储库点的资信风险控制。

四、保险的积极效应

中储粮集团公司坚持保险业务由专业团队统一操作，提高保险工作效率，防范分散保险造成的业务和管理风险。通过集中统一招标管理，节约了保费成本，转移了粮食财产损失，确保了储备粮管理和轮换业务的安全运行。2004 年，中储粮油脂公司的前身中储粮东方经贸有限公司（以下简称“东方公司”）向路易达孚公司订购了一船 6 万吨的美国大豆，由 SELENDANG AYU 号船舶负责远洋运输。由于该船在运输途中主发动机发生故障，于 2004 年 12 月 10 日在阿拉斯加搁浅并沉没，船上装载的 6 万吨大豆全部损失，货值达 1.4 亿元人民币。由于东方公司此前已随运输合同支付 30 万元保费，在中国人保财险总公司投保“财产一切险”，保险金额为全部货值的 110%，最终保险公司如约赔付了全部货款和附带损失，赔付金额超过 1.5 亿元人民币，保险业务已成为确保储粮安全的重要一环。

中储粮集团公司成立 20 多年来，坚持改革创新，不断强化企业管理，开拓轮换经营，在管好中央储备粮的同时，取得了较好的经济效益，实现了国有资产保值增值，减轻了国家财政负担。20 年来的实践证明，中央储备粮管理的社会效益与企业效益是一致的，只要始终坚持正确的业务导向，正确处理好改革发展与管理的关系，就能够在确保储备粮安全管理的同时，不断提高企业效益，做到管理与效益双丰收，实现中央储备粮管理运营的可持续发展。

第四节　结算政策

一、结算业务发展历程

1. 第一阶段，初创探索阶段（2007—2009 年）

（1）把握机遇，开创结算工作新形态。集团公司竞价销售业务始于 2005 年，前期资金结算业务全部由粮食交易市场直接与承贷企业进行。由于市场结算普遍滞后，严重影响粮食出库进度，国家有关部门自 2007 年起，陆续将部分资金结算任务交给集团公司负责，资金管理中心承担了此项工作，开启了集团公司资金结算新时期。

（2）协调推进，资金结算工作初显成效。截至 2009 年底，集团公司结算业务已从临时性的单一品种固定为内蒙古和东北三省的部分品种。为顺利完成结算工作，积极探索高效稳妥的结算方式，采用每周从交易市场集中获取买方货款的方式，并按照粮食出库进度向承贷企业拨款，减少承贷企业利息负担。

（3）系统研发，采用信息化管理手段。为提升结算工作效率，资金管理中心与中华粮网于 2009 年合作研发了国家政策性粮油竞价销售资金结算系统，在独立于粮食市场交易平台的基础上，实现归集货款、预拨资金、合同履约、结算盈亏等功能，使结算工作更加高效，资金管理日趋规范。

2. 第二阶段，巩固发展阶段（2010—2013 年）

（1）奋力前行，贯彻落实国家有关政策。2010 年起国家加大了宏观调控力度，增加了政策性粮油的销量，面对竞价销售资金结算范围扩大、品种增多的复杂形势，政策性粮油结算处正式成立，同年，财政部下发《关于明确中央政策性粮油销售盈余资金收缴问题的通知》（财建〔2010〕382号），要求按季对销售资金进行初步清算，统筹使用销售盈余资金，并于每季度初上缴财政。随后，经集团公司与财政部、国家粮食局等有关部门沟通协调，大力推动《中央政策性粮油竞价销售财政财务管理暂行办法》下发，进一步使政策性粮油竞价销售结算真正成为资金集中管理的有益补充，也为争取集团公司统一结算主体和结算范围厘清思路。

（2）逐步成型，建立健全资金结算体系。2010—2013年，集团公司结算量达2949万吨，占竞价销售总量的20%，拨付承贷库点资金882亿元，上缴财政盈余资金及利息328亿元，充分发挥了集团公司直接结算的优势。资金管理中心高效、规范的结算模式，为顺利开展全国范围竞价销售资金结算工作奠定了坚实的基础。

2012年按照集团公司领导的有关批示，资金管理中心负责盈亏预清算的具体工作。接到任务后，立即成立清算小组，开始着手对2005年以来竞价销售的政策性粮油进行盈亏清算。由于人手紧、任务重且销售时间跨度大，清算小组根据先易后难、品种兼顾的原则，按照清算的粮食品种、性质及年份等条件划分，分阶段紧张有序地开展清算工作，完成2亿吨的预清算任务。2013年底配合财政部清算核查小组，对2009年底前销售的政策性粮油盈亏情况进行了核查，获得核查小组的一致好评。

（3）双管齐下，结算与清算系统并行。为进一步提高结算、清算工作效率，集团公司于2010年优化资金结算系统，使该系统集资金结算、业务管理和财务核算为一体，能够更加真实、全面、完整地反映出政策性粮食竞价销售资金结算情况；2013 年盈亏清算系统上线，信息化手段的运用加快了清算工作进程，也极大程度上减少了基层财务人员的工作量。

3. 第三阶段，提升完善阶段（2014 年以来）

（1）建章立制，组建资金结算完整体系。2014 年起，集团公司政策性粮油结算进一步规范，通过严格划分各方职责和规范业务流程，切实提升结算资金管理水平，颁布了《中央政策性粮油竞价销售资金结算管理暂行办法》（中储粮〔2014〕72 号）。并于同年开立销售结算专户，确保销售货款、承贷企业还贷资金归还及盈余资金上缴中央财政的及时性与完整性，保证财政资金安全。

2016 年是资金结算转型升级的重要一年，在不断争取有利结算政策的基础上，集团公司开始面向全国结算。根据《粮食竞价销售交易规则》（国粮办发〔2016〕6 号），粮食交易协调中心负责国家政策性粮油竞价交易的组织和对买方的结算，集团公司负责对承贷企业统一结算。同年 3 月，重新修订、印发了《中国储备粮管理总公司国家政策性粮油竞价销售资金管理办法》（中储粮〔2016〕103 号），明确资金结算和盈亏清算工作具体要求及工作流程，为平稳推进结算工作、进一步防范结算资金风险奠定了制度基础。

（2）提升效率，充分发挥集团公司结算优势。随着国家“去库存”政策的出台，政策性粮油结算量大幅增长，为落实国家有关政策，保障承贷企业出库进度，经与国家粮食交易中心反复沟通，集团公司采取多项措施加快拨款速度：一是提高划款、拨款频率；二是建立信息共享机制；三是建立事后沟通机制。经统计，2014 年至今，集团公司累计结算量达 1407 万吨，结算资金 2853 亿元，其中 2016、2017 年结算量共占比 75%，按照每吨粮食还贷时间平均提前 7 天计算，2014—2017 年累计为全系统节约财务费用支出2.4亿元。自2008年起，按季上缴财政共计383亿元，其中2014—2017年累计上缴53亿元。

集团公司根据交易细则和交割情况弥补了承贷企业亏损资金7.7亿元，主要涉及品种为临储菜籽油与最低收购价稻谷，目前，按照《财政部关于印发〈政策性粮棉油销售价差亏损挂账方案〉的通知》（财建〔2017〕30号）的要求，集团公司已停止对承贷企业弥补价差亏损。

2014年初，集团公司上报财政2004年中央临时储备小麦、2008年中央储备粮食等4份盈亏清算报告。在完成以前年度政策性粮油的盈亏预清算后，于2015年起采取“一年一清”的预清算方式。目前，已累计预清算粮油4.4亿吨。2017年下发《关于对2005—2015年政策性粮油竞价销售资金进行预清缴的通知》（中储粮办〔2017〕48号），收回沉淀在库点的销售资金共7.4亿元，补拨资金0.4亿元。

（3）全面升级，优化完善信息化建设。根据新的结算模式，资金结算系统重新规划业务流程，并于2016年完成与交易系统对接的研发项目实现数据的自动传输。同年10月，实现银企直联，完成资金的在线审批及支付功能，同时确保财政资金能够全程线上监管。与此同时，针对结算模式的转变，清算系统操作方式进行了重新设计。结算系统与清算系统的相辅相成，充分发挥了信息化建设在提高效率、规范管理、辅助决策方面的作用。

二、竞价销售资金管理

（一）相关概念

国家政策性粮油竞价销售，是指国家粮食和物资储备局粮食交易协调中心（以下简称“国家粮食交易中心”）受国家有关部门委托，提供中央储备粮油、最低收购价粮食、国家临时存储粮油等国家政策性粮油竞价交易平台，通过公开竞价方式进行的交易活动。各单位通过应用“国家政策性粮油竞价销售资金结算系统”（以下简称“结算系统”）开展结算工作，通过应用“国家政策性粮油清算系统”开展盈亏清算工作。集团公司负责对承贷企业的统一结算和盈亏清算工作。

竞价销售资金，是指集团公司在国家政策性粮油竞价销售结算和盈亏清算中涉及的资金，包括货款、交易手续费、还贷资金、增值税、违约金、利息、盈余资金等。

（二）职责划分

集团公司购销计划部负责提供出库计划等有关资料。信息统计部负责提供制度规定的与竞价销售相关的统计报表。财务部（资金管理中心）负责协调有关财税政策，研究制定有关财政财务、资金结算等管理制度，对指定的农发行账户和销售资金实行归口管理。

分（子）公司负责与相关省级交易中心进行沟通协调，审核汇总辖区内承贷企业资金申请、贷款归还及盈亏清算等情况并上报集团公司。

承贷企业负责按时报送粮食成本价、出库验收信息和还贷资金申请，及时归还农发行贷款、缴纳有关税费，开展盈亏清算等工作。非直属企业的成本价、有关资金申请以及盈亏清算资料均通过直属企业报送。

（三）销售资金管理的政策规定

1. 提报成本价

在竞价交易成交后 5 个工作日内（遇节假日顺延，下同），承贷企业根据有关文件规定填报成本价，分（子）公司在 2 个工作日内审核后提交集团公司。

2. 划入货款

粮食出库验收后，承贷企业及时与买方在国家粮食交易中心交易系统中签署电子《验收确认单》，国家粮食交易中心在签署后 2 个工作日内，将销售货款扣除相应卖方交易手续费后划入集团公司的农发行账户。

3. 预拨资金

集团公司在收到国家粮食交易中心划入的货款后，在结算系统中提示承贷企业可申请资金金额及相应粮食数量。承贷企业根据系统提示在 1 个工作日内提报还贷资金申请，分（子）公司在 2 个工作日审核后报集团公司。集团公司在 2 个工作日内完成审核并将还贷资金预拨至承贷企业的农发行账户。

涉及有关税费的，承贷企业按照有关规定及时提报资金申请，集团公司根据分（子）公司等有关部门的审核结果预拨相应资金。如有成本价、数量及履约事项调整等情况，集团公司对已预拨的资金实行多退少补。

4. 归还贷款

承贷企业收到还贷资金后，即时归还农发行贷款，并依据有关要求缴纳税费。

5. 收取违约金

竞价交易成交后，买卖双方因商务纠纷导致不能履约时，如判定买方违约，国家粮食交易中心将买方交纳的履约保证金划转至集团公司指定账户，集团公司收到后按有关文件规定及时上缴中央财政；如判定卖方违约，国家粮食交易中心从相应货款中扣除违约金，集团公司在预拨承贷企业还贷资金时抵扣相应违约金。不足部分由承贷企业在收到《缴款通知书》后 2 个工作日内上缴集团公司，集团公司收到后及时拨付至国家粮食交易中心的农发行账户。

6. 上缴盈余

销售盈余资金实行限额留存、按季上缴制度。集团公司在农发行账户内按规定限额留存部分盈余资金，统筹用于弥补后期销售粮油亏损。超过限额部分（含本息）于每季度结束后3个工作日内全部上缴中央财政。

7. 财政补亏

粮食成交价扣除交易手续费后低于成本价且集团公司不能以盈补亏的，集团公司先按照成交金额扣除卖方手续费后的金额预拨。对于销售亏损部分，集团公司按照财政部要求，及时申请补亏资金，补亏资金到位后2个工作日内拨付至承贷企业或根据《政策性粮棉油销售价差亏损挂账认定和剥离工作实施细则》（农发银发〔2018〕137号）规定进行挂账处理。承贷企业收到补亏资金后，根据出库情况即时归还农发行贷款。粮食未出库，不得还贷。财政部另有规定的，按其规定执行。

8. 盈亏清算

集团公司于次年对竞价销售情况组织开展盈亏预清算，最终的盈亏清算结果以财政部核定为准。集团公司根据清算结果及时对承贷企业进行多退少补。

三、竞价销售业务操作流程

（一）结算业务

图1－1是结算系统的主业务流程图，大致可以分成三部分：国家粮食交易中心负责前期合同成交，与买方结算；中储粮集团公司负责粮食出库、集团公司与卖方承贷企业（主要是直属企业）结算，即拨付还贷资金；农发行负责收贷。这也就是前期提到的协调两家单位（交易中心和农发行），对接两套系统（交易系统和资金系统）。

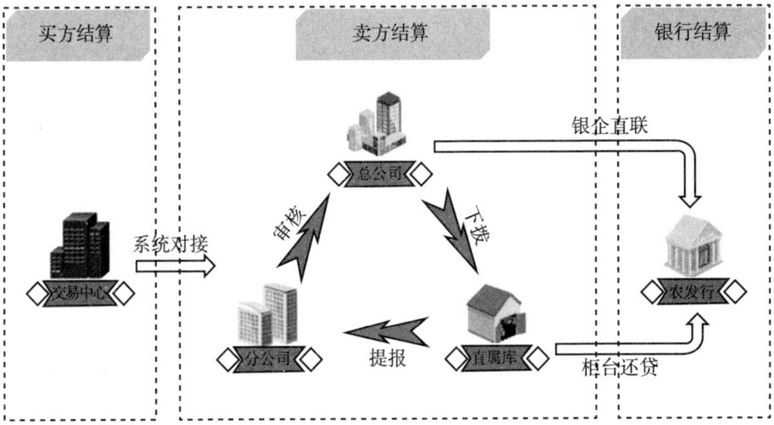

图1－1　结算系统的主业务流程

具体步骤细分为三大类：一是粮食交易、结算买方；二是后期结算；三是还贷。

粮食交易：

第一步，下发销售计划。由购销计划部按品种固定时间下发销售计划（进口小麦、超标小麦由于销售量小除外）。

第二步，签订成交合同。由国家粮食交易中心在交易系统中挂拍，从而促成买卖双方签订成交合同（交易过程中，每笔交易从标的起价价位开始报价，粮食按每吨10元或10元的整数倍递升报价，食用油按每吨50元或50元的整数倍递升报价，无人应价则取消标的，这也就是竞价销售名称的来源。）。

第三步，买方付款。买方必须于交易合同生效之日起30天内将全额货款一次或分批汇入国家粮食交易中心。

至此，成交环节告一段落，下面进入结算环节。

结算买方：

第四步，录入成本价。成交后，结算系统自动获取成交合同信息，并要求相应承贷企业根据有关文件规定在结算系统中填报成本价（5个工作日内），分（子）公司在审核后提交集团公司（2个工作日内）。

第五步，粮食出库。交易成交后60天为出库期（特殊情况可延长15天），在此期间，买方需要将货款全额支付到国家粮食交易中心，交易中心收到货款后，通知买卖双方进行粮食出库准备。（如果因为一些不可抗力的因素导致粮食无法出库，有两种处理方式：一是终止合同，退还全部资金；二是延长出库期，最长不得超过1个月，如果一直存在不可抗力因素，则合同自动终止。）

第六步，签署《验收确认单》。粮食出库验收无误且买卖双方无争议后，签署电子《验收确认单》，并将原件及时送达粮源所在省级交易中心进行结算审核。

后期结算（中储粮）：

第七步，划入销售货款。国家粮食交易中心在《验收确认单》签署之日起2个工作日内，将销售货款扣除相应卖方手续费划入中储粮集团公司农发行结算专户上，同时结算系统自动收取相对应货款的合同数据，由中储粮集团公司下发通知，让分（子）公司提醒辖区内承贷企业申请还贷资金。

风险点。风险点分为两种：一是合同未到期粮食未出库，买卖双方提前签署《验收确认单》；二是合同已到期粮食未出库（交易中心强制确认），买卖双方提前签署《验收确认单》。

造成风险的原因。一旦买卖双方签署《验收确认单》后，承贷企业就可以申请还贷资金，在粮食没有出库的情况下，所对应的货款已被提前申请，容易引发两方面风险：一是已提前还贷，结果后期合同未履行，粮食未出库，买卖双方想撤销合同，但农发行已收贷，导致粮在、贷款不在，库贷不挂钩，保管补贴、利息补贴没了。例如，2017年某承贷企业在粮食未出库的情况下，提前申请还贷资金，该企业想退还资金但是农发行已经收贷，资金已经很难再从农发行贷出来。二是将提前申请收到的还贷资金留作他用，造成挤占、挪用还贷资金等现象，带来不良影响。

措施：及时规范相关流程。2017 年，集团公司的签报中指出：对于未到期的合同，待确认粮食出库后再予拨款，对于已到期的合同（强制确认），分两种情况，如分公司及库点承诺无纠纷且近期出库，集团公司可先拨款；如无承诺，集团公司将暂停拨款（系统拦截）。

第八步，申请还贷资金。承贷企业接到通知后，录入验收确认出库数量（验收确认数量必须与实际出库数量保持一致），承贷企业 1 个工作日内提交，分（子）公司 2 个工作日内审核，集团公司 2 个工作日内下拨资金。银企直联后都是当天申请，当天下拨，极大程度上减轻了承贷企业利息费用的负担，承贷企业收到钱后及时归还农发行贷款。

第九步，申请补亏资金。按照要求，逆价销售的粮食，中储粮集团公司按照成交金额扣除卖方手续费后的金额预拨，对于销售亏损差额部分，承贷企业可申请差额补亏资金或按要求进行挂账处理。

第十步，违约金处理。分为两种情况：买方违约，交易中心将买方交纳的履约保证金划转至集团公司指定账户，集团公司上缴财政；卖方违约，交易中心从相应货款中扣除违约金，不足部分由卖方上缴集团公司，再由集团公司拨付至交易中心农发行账户。

（二）盈亏清算业务

1. 清算形式

盈亏清算业务分为对财政清算和对企业清算，这两者的主要区别是清算时采用的成本价不同，主要是移库部分的成本价有所不同。对于财政清算，收购部分按照收购预案价格清算，移库部分的成本价是财政核定的全国统一价。对于企业清算，收购部分仍然按照收购预案价格清算，但移库部分按核定价分解后的价格清算。

2. 清算工具

对众多的清算主体——26 家交易市场、300 多家直属库、上千家系统外承贷库点进行清算，必须拥有强有力的武器才能完成这么艰巨的任务，这个武器就是盈亏清算系统。由于清算的过程中会用到统计数据，而中央储备粮的统计数据是涉密的，所以根据网络分级保护的要求，集团公司把清算系统迁到了专线网中，目前在专线网中的系统只有清算系统和政策粮系统。

3. 数据来源

数据来源有四类：一是购销计划部下达的出库计划；二是信息统计部的统计减规模数据；三是交易市场数据；四是承贷库点数据。前两类数据来自政策粮系统和大业务系统，后两类数据来自资金结算系统。受网络条件的限制，目前清算系统与各系统对接都是依靠数据对接，而非系统对接。

4. 业务流程

第一步，集团公司导入相应品种的出库计划和市场数据，核对后生成基础信息，也就是合同成交的相关数据，锁定成交量。再导入统计数据，以便直属库和分公司核对。第二步，承贷库点导入库点数据，核对并提交至分公司。由于实现了与结算系统的数据对接，库点只需从结算系统中导出清算数据表补充几列数据就可以了，极大地减轻了基层财务人员的工作量，这也是得益于集团公司的全面结算。第三步，分（子）公司审核库点数据。第四步，集团公司对数据再次进行审核，最终生成清算报表。

数据核对过程中的常见问题示例：A 合同收购等级是三等，拍卖时扦样等级二等，统计上是按照收购时的情况来认定等级并进行减库。结算时，结算系统只能获取到交易市场提供的拍卖等级，同时要求在库点系统中自行录入收购等级，但很多库点会默认填入拍卖时的扦样等级。此例中库点按照拍卖等级二等申请资金，这样就会每吨多申请40元，由于结算时候拿不到统计数据，所以其在申请资金时按照高等级申请并未被校验出错误，但在清算时，核对统计账便会暴露这个问题。

5. 清算结果

清算结束后，需要对清算结果进行运用。即首先按照对财政清算的原则将清算结果上报财政；其次按照对承贷企业清算的原则对相关分（子）公司发清算文件；最后清理资金，即多退少补。

第五节　税收政策

一、增值税政策

增值税是以商品（含应税劳务）在流转过程中产生的增值额作为计税依据而征收的一种流转税。从计税原理上说，增值税是对商品生产、流通、劳务服务中多个环节的新增价值或商品的附加值征收的一种流转税。

在不享受免税政策的情况下，销售或进口农产品的税率在2017年6月30日前为13%，2017年7月1日至2018年4月30日期间为11%，2018年5月1日至2019年3月31日期间为10%，2019年4月1日起为9%。

中储粮集团公司销售政策性粮食免征增值税、进口政策性粮油先征后返或免征进口环节增值税、利息补贴收入和价差补贴收入免征增值税、保管费补贴收入不征收增值税，除上述四种情况享受增值税税收优惠政策外，其他业务和环节照章缴纳增值税。

（一）销售政策性粮食免征增值税

《关于粮食企业增值税征免问题的通知》（财税字〔1999〕198号）规定："国有粮食购销企业必须按顺价原则销售粮食。对承担粮食收储任务的国有粮食购销企业销售的粮食免征增值税。"

《国家税务总局关于国有粮食购销企业开具粮食销售发票有关问题的通知》（国税明电〔1999〕10号）规定："享受免税优惠的国有粮食购销企业可继续使用增值税专用发票。自1999年8月1日起，凡国有粮食购销企业销售粮食，暂一律开具增值税专用发票。"

《财政部　国家税务总局关于免征储备大豆增值税政策的通知》（财税〔2014〕38号）规定："《财政部　国家税务总局　关于粮食企业增值税征免问题的通知》（财税字〔1999〕198号）规定的增值税免税政策适用范围由粮食扩大到粮食和大豆，并可对免税业务开具增值税专用发票。"

（二）政策性粮油进口环节增值税政策

中储粮集团公司进口政策性粮油在2010年以前享受进口环节增值税"先征后返"政策，在2011年后享受进口环节免征增值税政策。"先征后返"是指按照规定的税率计算缴纳增值税，之后对于符合条件的项目征收的增值税再返还给纳税人，可以抵扣进项税额。而免征增值税是直接免税，其销售额就是免税销售额，不能抵扣进项税额。"先征后返"、免税都是增值税优惠政策，但"先征后返"的优惠力度更大。可见，国家对于政策性粮油进口环节增值税的优惠政策也是逐渐收紧的。

（1）进口环节增值税"先征后返"政策。2010年以前，中储粮集团公司用于转储备和轮换以及履行政府承诺而组织的进口粮（油），照章缴纳进口环节增值税，所纳税款由中央财政全额退付。

（2）进口环节免征增值税政策。2011 年以后，《财政部　海关总署　国家税务总局关于“十二五”期间中央储备粮油进口税收政策的通知》（财关税〔2011〕33 号）、《财政部　海关总署　国家税务总局关于“十四五”期间中央储备粮油进口税收政策的通知》（财关税〔2021〕9 号）规定：“对《中央储备粮食管理条例》规定的具体负责中央储备粮经营管理的企业及其子公司，为实现中央储备粮油年度轮换、转中央储备以及履行政府承诺而组织进口的粮油，免征进口环节增值税。”

（三）利息补贴收入和价差补贴收入免征增值税

《财政部　国家税务总局关于全面推开营业税改征增值税试点的通知》（财税〔2016〕36 号）附件 3《营业税改征增值税试点过渡政策的规定》明确：“下列项目免征增值税：国家商品储备管理单位及其直属企业承担商品储备任务，从中央或者地方财政取得的利息补贴收入和价差补贴收入。利息补贴收入，是指国家商品储备管理单位及其直属企业因承担上述商品储备任务从金融机构贷款，并从中央或者地方财政取得的用于偿还贷款利息的贴息收入。价差补贴收入包括销售价差补贴收入和轮换价差补贴收入。”

（四）保管费补贴收入不征收增值税

2019 年 12 月 31 日之前，保管费补贴收入适用《国家税务总局 关于中央财政补贴增值税有关问题的公告》（国家税务总局公告 2013 年第 3 号）的规定，不征收增值税。上述文件规定：“按照现行增值税政策，纳税人取得的中央财政补贴，不属于增值税应税收入，不征收增值税。”

2019 年 12 月 31 日之后，保管费补贴收入适用《关于取消增值税扣税凭证认证确认期限等增值税征管问题的公告》（国家税务总局公告 2019 年第 45 号）的规定。该文件规定：“纳税人取得的财政补贴收入，与其销售货物、劳务、服务、无形资产、不动产的收入或者数量直接挂钩的，应按规定计算缴纳增值税。”中央财政补贴免征增值税的2013年第3号公告废止。经与国税总局相关部门沟通，其口头答复是保管费补贴是对成本费用的补偿，并非与收入或者数量直接挂钩，不需要缴纳增值税。

二、企业所得税政策

企业所得税是对我国境内的企业和其他取得收入的组织的生产经营所得和其他所得征收的一种所得税。

集团公司补贴收入的企业所得税政策由初期的免税政策演变为目前的不征税收入政策，由相对宽松到逐渐收紧。除补贴收入享受税收优惠政策外，集团公司其他收入照章缴纳企业所得税。补贴收入企业所得税政策的演变情况如下：

（一）补贴收入免税政策

2008年12月31日前，集团公司财政补贴收入免征企业所得税。在集团公司成立之初和发展壮大的过程中，该政策减少了企业资金流出、增加了公司的资金积累。

相关的政策文件为：(1)《财政部　国家税务总局关于中国储备粮管理总公司有关税收政策的通知》（财税〔2004〕74号）。该文件规定：“在2005年底前，对中储粮总公司及其直属粮库的财政补贴收入免征企业所得税；”(2)《财政部　国家税务总局关于部分国家储备商品有关税收政策的通知》（财税〔2006〕105号）。该文件规定：“对中国储备粮管理总公司（以下简称中储粮总公司）及其直属粮库取得的财政补贴收入免征营业税、企业所得税……本通知自2006年1月1日起至2008年12月31日止执行。”

（二）补贴收入作为不征税收入政策

自2009年1月1日，根据《财政部　国家税务总局关于专项用途财政性资金企业所得税处理问题的通知》（财税〔2009〕87 号）、《财政部　国家税务总局关于专项用途财政性资金企业所得税处理问题的通知》（财税〔2011〕70 号）的规定，集团公司取得补贴收入在符合不征税收入的三个条件，即企业能够提供规定资金专项用途的资金拨付文件、财政部门或其他拨付资金的政府部门对该资金有专门的资金管理办法或具体管理要求、企业对该资金以及以该资金发生的支出单独进行核算的情况下，可作为不征税收入处理。不征税收入用于支出所形成的费用，不得在计算应纳税所得额时扣除；用于支出所形成的资产，其计算的折旧、摊销不得在计算应纳税所得额时扣除。财税〔2011〕70 号文规定："企业将符合本通知第一条规定条件的财政性资金作不征税收入处理后，在 5 年（60 个月）内未发生支出且未缴回财政部门或其他拨付资金的政府部门的部分，应计入取得该资金第六年的应税收入总额；计入应税收入总额的财政性资金发生的支出，允许在计算应纳税所得额时扣除。"

该政策对享受不征税收入的条件进行严格限制，并明确在 5 年未发生支出且未缴回财政部门或其他拨付资金的政府部门的部分，应计入取得该资金第六年的应税收入总额。企业所得税不征税收入政策并非免税政策，其实质是递延纳税，是对企业所得税免税政策的收紧。企业在执行企业所得税不征税收入政策时要严格按照文件规定，满足不征税收入的 3 个条件，并按规定做好不征税收支的纳税调整。

三、印花税、房产税、城镇土地使用税政策

中储粮集团公司符合免税政策文件规定条件的印花税、房产税、城镇土地使用税能够享受免税政策。印花税、房产税、城镇土地使用税免税政策文件每 3 年出台一次。最近一次免税政策文件为《关于部分国家储备商品有关税收政策的公告》（财政部　税务总局公告 2019 年第 77 号，

以下简称“77号公告”），免税期间为2019年1月1日至2021年12月31日。上述公告规定：“对商品储备管理公司及其直属库资金账簿免征印花税；对其承担商品储备业务过程中书立的购销合同免征印花税，对合同其他各方当事人应缴纳的印花税照章征收。对商品储备管理公司及其直属库自用的承担商品储备业务的房产、土地，免征房产税、城镇土地使用税。”

印花税方面，集团公司资金账簿、承担商品储备业务过程中书立的购销合同免征印花税，对合同其他各方当事人应缴纳的印花税照章征收。除上述两种合同之外的其他合同，如保险合同、运输合同、委托保管合同、工程承包合同、租仓合同等，不能享受上述免税政策，需照章纳税。

房产税、城镇土地使用税方面，集团公司自用的承担商品储备业务的房产、土地，免征房产税、城镇土地使用税。出租的房产和土地、未用于政策性储备业务的房产和土地等不能享受上述免税政策，需照章纳税。

四、集团公司税收政策指引

（一）享受税收优惠政策的情况

1．增值税

（1）销售政策性粮食免征增值税。

优惠政策：承担粮食收储任务的国有粮食购销企业按照顺价原则销售政策性粮食免征增值税。

政策依据：《关于粮食企业增值税征免问题的通知》（财税字〔1999〕198号）规定：“国有粮食购销企业必须按顺价原则销售粮食。对承担粮食收储任务的国有粮食购销企业销售的粮食免征增值税。”

（2）政策性粮油进口环节增值税政策。

集团公司进口政策性粮油在2010年以前享受进口环节增值税“先征后返”政策，在2011年后享受进口环节免征增值税政策。

①进口环节增值税“先征后返”政策。

优惠政策：2010 年以前，集团公司用于转储备和轮换以及履行政府承诺而组织的进口粮（油），依法依规征收进口环节增值税，所纳税款由中央财政全额退付。

政策依据：《财政部　国家税务总局关于部分国家储备商品有关税收政策的通知》（财税〔2006〕105 号）等规定：“对中储粮总公司用于转储备和轮换以及履行政府承诺而组织的进口粮（油），照章征收进口环节增值税，所纳税款由中央财政全额退付，具体退付办法按《关于对部分进口商品予以退税的通知》（〔94〕财预字第 42 号）执行。”

②进口环节免征增值税政策。

优惠政策：2011 年以后，集团公司为实现中央储备粮油年度轮换、转储备以及履行政府承诺而组织进口的粮油，免征进口环节增值税。

政策依据：《财政部　海关总署　国家税务总局关于“十二五”期间中央储备粮油进口税收政策的通知》》（财关税〔2011〕33 号）、《财政部　海关总署　国家税务总局关于“十四五”期间中央储备粮油进口税收政策的通知》（财关税〔2021〕9 号）规定：“对《中央储备粮管理条例》规定的具体负责中央储备粮经营管理的企业及其子公司，为实现中央储备粮油年度轮换、转中央储备以及履行政府承诺而组织进口的粮油，免征进口环节增值税。”

（2）利息补贴收入和价差补贴收入免征增值税。

优惠政策：集团公司承担商品储备任务从中央或者地方财政取得的利息补贴收入和价差补贴收入免征增值税。

政策依据：《财政部　国家税务总局关于全面推开营业税改征增值税试点的通知》（财税〔2016〕36 号）附件 3《营业税改征增值税试点过渡政策的规定》规定：“下列项目免征增值税：国家商品储备管理单位及其直属企业承担商品储备任务，从中央或者地方财政取得的利息补贴收入和价差补贴收入。利息补贴收入，是指国家商品储备管理单位及其直属企业因承担上述商品储备任务从金融机构贷款，并从中央或者地方财政取得的用于偿还贷款利息的贴息收入。价差补贴收入包括销售价差补贴收入和轮换价差补贴收入。”

2. 企业所得税政策

集团公司补贴收入的企业所得税政策由初期的免税政策演变为目前的不征税收入政策，由相对宽松到逐渐收紧。补贴收入企业所得税政策的演变情况如下：

（1）补贴收入免税政策。

优惠政策：2008 年 12 月 31 日前，集团公司财政补贴收入免征企业所得税。

政策依据：《财政部　国家税务总局关于部分国家储备商品有关税收政策的通知》（财税〔2006〕105 号）规定：“对中国储备粮管理总公司（以下简称中储粮总公司）及其直属粮库取得的财政补贴收入免征营业税、企业所得税。”

（2）补贴收入作为不征税收入政策。

优惠政策：自 2009 年 1 月 1 日起，集团公司取得补贴收入在符合不征税收入的三个条件的情况下，可作为不征税收入处理。

政策依据：《财政部　国家税务总局关于专项用途财政性资金企业所得税处理问题的通知》（财税〔2009〕87 号）、《财政部　国家税务总局关于专项用途财政性资金企业所得税处理问题的通知》（财税〔2011〕70 号）规定：

一、对企业在 2008 年 1 月 1 日至 2010 年 12 月 31 日期间从县级以上各级人民政府财政部门及其他部门取得的应计入收入总额的财政性资金，凡同时符合以下条件的，可以作为不征税收入，在计算应纳税所得额时从收入总额中减除：

（一）企业能够提供资金拨付文件，且文件中规定该资金的专项用途；

（二）财政部门或其他拨付资金的政府部门对该资金有专门的资金管理办法或具体管理要求；

（三）企业对该资金以及以该资金发生的支出单独进行核算。

二、根据实施条例第二十八条的规定，上述不征税收入用于支出所形成的费用，不得在计算应纳税所得额时扣除；用于支出所形成的资产，其计算的折旧、摊销不得在计算应纳税所得额时扣除。

三、企业将符合本通知第一条规定条件的财政性资金作不征税收入处理后，在5年（60个月）内未发生支出且未缴回财政或其他拨付资金的政府部门的部分，应重新计入取得该资金第六年的收入总额；重新计入收入总额的财政性资金发生的支出，允许在计算应纳税所得额时扣除。”

3. 印花税、房产税、城镇土地使用税

优惠政策：集团公司资金账簿、承担商品储备业务过程中书立的购销合同两种情形免征印花税。集团公司用于储备政策性粮油业务的房产、土地免征房产税、城镇土地使用税。

政策依据：针对印花税、房产税、城镇土地使用税免税的文件每3年出台一次。《关于部分国家储备商品有关税收政策的公告》（财政部　税务总局公告2019年第77号）规定：“对商品储备管理公司及其直属库资金账簿免征印花税；对其承担商品储备业务过程中书立的购销合同免征印花税，对合同其他各方当事人应缴纳的印花税照章征收。对商品储备管理公司及其直属库自用的承担商品储备业务的房产、土地，免征房产税、城镇土地使用税。”免税期间为2019年1月1日至2021年12月31日。

（二）需要依法依规纳税的情况

1. 增值税

集团公司销售政策性粮食免征增值税、进口政策性粮油先征后返或

免征进口环节增值税、利息补贴收入和价差补贴收入免征增值税，除上述3种情况享受增值税税收优惠政策外，其他业务环节（如非政策性粮食销售、政策性粮棉油利息补贴之外的其他利息收入或系统内保本理财收益等）需依法依规缴纳增值税。

2. 企业所得税

税法只规定了符合不征税收入条件的财政补贴收入在60个月期满后再行纳税，并非所有业务均不缴纳企业所得税。系统内资金理财收益分配需依法依规缴纳企业所得税。

3. 印花税、房产税、城镇土地使用税

除资金账簿、承担商品储备业务过程中书立的购销合同两种情形免征印花税，其他合同（如保险合同、运输合同、委托保管合同、工程承包合同、租仓合同等）都要依法依规缴纳印花税。

除直属企业用于储备政策性粮油业务的房产、土地免征房产税、城镇土地使用税，其他房产、土地（如用于出租的房产、土地）要依法依规缴纳房产税、城镇土地使用税。

（三）存在争议的情况

1. 增值税

（1）保管费补贴收入是否征收增值税。2019年底，《关于取消增值税扣税凭证认证确认期限等增值税征管问题的公告》（国家税务总局公告2019年第45号）规定："纳税人取得的财政补贴收入，与其销售货物、劳务、服务、无形资产、不动产的收入或者数量直接挂钩的，应按规定计算缴纳增值税"。经与国税总局相关部门沟通，其口头答复是保管费补贴是对成本费用的补偿，并非与收入或者数量直接挂钩，不需要缴纳增值税。但部分地方税务机关认为集团公司取得的保管费补贴收入属于与收入或者数量直接挂钩的劳务收入，因此需要缴纳增值税，目前已有部分地区税务机关开始对这部分补贴收入征收增值税。

（2）一次性储备、周转动态储备等临时增加的宏观调控任务能否享受进口环节增值税免税政策。一次性储备及周转储备进口大豆等临时增加的宏观调控任务非中央储备性质的粮食，有关部门认为需要明确将这部分粮食定性为履行政府承诺而组织进口的粮油，才能比照中央储备粮油进口轮换，免征进口环节增值税。

2. 企业所得税

财政补贴收入是否属于不征税收入在直属企业和税务机关在政策的理解和执行中，存在较大差异。直属企业认为取得的财政补贴收入属于不征税收入，按照先进先出法，可以延缓或者不缴纳企业所得税。但是部分地区税务机关认为集团公司取得的补贴收入不属于不征税收入，或者不认可先进先出法。该问题在一些财政压力大、税源紧张的地区较为突出。

3. 房产税、城镇土地使用税问题

税务机关对直属企业用于储备政策性粮油业务的房产、土地免征房产税、城镇土地使用税没有异议，但对分（子）公司的办公楼以及直属企业的办公楼、职工宿舍能否享受房产税、城镇土地使用税免税政策存在不同理解。

4. 水利建设基金问题

水利建设基金属于地方性收费项目，计费依据为销售收入。自2020年起，水利建设基金划转至税务机关征收。据部分分（子）公司反映，自税务机关征收以来，辖区水利建设基金缴纳的压力较大。

（四）业务涉税情况表

集团公司按业务和按税种区分的业务涉税情况分别见表1－1和表1－2。

表 1－1　　业务涉税情况表（按业务）

环节	税种	项目	计税基础	税率或征收率	计算公式	政策依据
购入	增值税	进口轮换转储备（额度内）	免税	0		《财政部　海关总署　国家税务总局关于“十四五”期间中央储备粮油进口税收政策的通知》（财关税〔2021〕9号）
		进口轮换转储备（额度外）、进口国家临时存储粮	关税完税价格＋关税＋消费税	9%	（关税完税价格＋关税＋消费税）×9%	
		国内从农业生产者购入自产粮食	免税	0		《中华人民共和国增值税暂行条例》
		国内从非农业生产者购入粮食	销售价格	9%	销售价格/（1＋9%）×9%	
	印花税	粮食购销合同	政策性粮免税	0		《财政部　国家税务总局关于部分国家储备商品有关税收政策的通知》（财税〔2013〕59号）、《财政部　国家税务总局关于部分国家储备商品有关税收政策的通知》（财税〔2016〕28号）、《财政部　国家税务总局关于部分国家储备商品有关税收政策的公告》（财政部　税务总局公告2019年第77号）
		其他购销合同	购销金额	0.3‰	购销金额×0.3‰	
		运输合同	运输费用（不含装卸费）	0.5‰	运输费用×0.5‰	

续表

环节	税种	项目	计税基础	税率或征收率	计算公式	政策依据
购入	印花税	与农发行签订的贴息贷款合同	免税	0		《中华人民共和国印花税暂行条例施行细则》
		其他贷款合同	借款金额	0.05‰	借款金额×0.05‰	
	企业所得税	采购成本	作为成本税前扣除	—	—	
保管	增值税	利息补贴收入	免税	0		《财政部　国家税务总局关于全面推开营业税改征增值税试点的通知》（财税〔2016〕36号）附件3《营业税改征增值税试点过渡政策的规定》
		保管费用补贴收入	不征增值税	—		《国家税务总局关于中央财政补贴增值税有关问题的公告》（国家税务总局公告2013年第3号，已废止）、《国家税务总局关于取消增值税扣税凭证认证确认期限等增值税征管问题的公告》（国家税务总局公告2019年第45号）
	印花税	粮食保管合同	保管费用金额	1‰	保管费用×1‰	
		工程承包合同	合同金额	0.3‰	合同金额×0.3‰	
		租仓合同	租金总额	1‰	租金总额×1‰	
		保险合同	保费金额	1‰	保险费用×1‰	

续表

环节	税种	项目	计税基础	税率或征收率	计算公式	政策依据
保管	房产税	政策性业务自用房产	免税	0		《财政部　国家税务总局关于部分国家储备商品有关税收政策的通知》（财税〔2013〕59号）、《财政部　国家税务总局关于部分国家储备商品有关税收政策的通知》（财税〔2016〕28号）、《财政部　国家税务总局关于部分国家储备商品有关税收政策的公告》（财政部　税务总局公告2019年第77号）
		非政策性业务自用房产	房产原值×（1－房产原值减除比例）	1.2%	房产原值×（1－房产原值减除比例）×1.2%	
		职工家属宿舍楼				
		出租房产	租金收入	12%	租金收入×12%	
	城镇土地使用税	政策性业务自用房产	免税	0		《财政部　国家税务总局关于部分国家储备商品有关税收政策的通知》（财税〔2013〕59号）、《财政部　国家税务总局关于部分国家储备商品有关税收政策的通知》（财税〔2016〕28号）、《财政部　国家税务总局关于部分国家储备商品有关税收政策的公告》（财政部　税务总局公告2019年第77号）
		非政策性业务自用房产	土地面积（平方米）	适用税额	土地面积×适用税额	
		职工家属宿舍楼				
		出租房产				

续表

环节	税种	项目	计税基础	税率或征收率	计算公式	政策依据
保管	企业所得税	利息补贴收入、保管费用补贴收入	为不征税收入，对应的支出不得税前扣除	—	—	《财政部　国家税务总局关于专项用途财政性资金企业所得税处理问题的通知》（财税〔2011〕70号）
		保管过程中应税收入对应的费用	按《企业所得税法》规定在税前扣除	25%	—	
销售	增值税	销售粮食	免税	0		《财政部　国家税务总局关于粮食企业增值税征免问题的通知》（财税字〔1999〕198号）
		销售价差补贴收入	免税	0		《财政部　国家税务总局关于全面推开营业税改征增值税试点的通知》（财税〔2016〕36号）附件3《营业税改征增值税试点过渡政策的规定》
		收取出库费单独开具发票	出库费金额	6%或3%	出库费金额÷（1+6%）或（1+3%）×6%或3%	
		销售粮食的筛下物	销售金额	9%或13%（从当地规定）	销售金额÷（1+9%）或（1+13%）×9%或13%	

续表

环节	税种	项目	计税基础	税率或征收率	计算公式	政策依据
销售	印花税	粮食购销合同	政策性粮免税	0		《财政部　国家税务总局关于部分国家储备商品有关税收政策的通知》（财税〔2013〕59号）、《财政部　国家税务总局关于部分国家储备商品有关税收政策的通知》（财税〔2016〕28号）、《财政部　国家税务总局关于部分国家储备商品有关税收政策的公告》（财政部　税务总局公告2019年第77号）
		其他购销合同	购销金额	0.3‰	购销金额×0.3‰	
		运输合同	运输费用（不含装卸费）	0.5‰	运输费用×0.5‰	
	企业所得税	销售价差补贴收入	为不征税收入，对应的支出不得税前扣除	—	—	《财政部　国家税务总局关于专项用途财政性资金企业所得税处理问题的通知》（财税〔2011〕70号）
		销售价差收入	全额上交财政，无所得，不征收企业所得税	25%	—	
轮换	增值税	轮出粮油做销售	免税	0		《财政部　国家税务总局关于粮食企业增值税征免问题的通知》（财税字〔1999〕198号）

续表

环节	税种	项目	计税基础	税率或征收率	计算公式	政策依据
轮换	增值税	轮换费用补贴收入	免税	0		《财政部　国家税务总局关于全面推开营业税改征增值税试点的通知》（财税〔2016〕36号）附件3《营业税改征增值税试点过渡政策的规定》
		统一轮换取得的价差补偿	轮换价差补偿	9%	轮换价差补偿÷(1+9%)×9%	
	印花税	粮食购销合同	政策性粮免税	0		《财政部　国家税务总局关于部分国家储备商品有关税收政策的通知》（财税〔2013〕59号）、《财政部　国家税务总局关于部分国家储备商品有关税收政策的通知》（财税〔2016〕28号）、《财政部　国家税务总局关于部分国家储备商品有关税收政策的公告》（财政部　税务总局公告2019年第77号）
		运输合同	运输费用（不含装卸费）	0.5‰	运输费用×0.5‰	
	企业所得税	轮换费用补贴收入	为不征税收入，对应的支出不得税前扣除	—	—	《财政部　国家税务总局关于专项用途财政性资金企业所得税处理问题的通知》（财税〔2011〕70号）
		轮换结余	并入当期应纳税所得额	25%	—	

续表

环节	税种	项目	计税基础	税率或征收率	计算公式	政策依据
跨省移库	增值税	跨省移库视同销售	免税	0		《中华人民共和国增值税暂行条例实施细则》《财政部　国家税务总局关于粮食企业增值税征免问题的通知》（财税字〔1999〕198 号）
		移库费用补贴收入	财政补贴不征税	—		《国家税务总局关于中央财政补贴增值税有关问题的公告》（国家税务总局公告 2013 年第 3 号，已废止）、《国家税务总局关于取消增值税扣税凭证认证确认期限等增值税征管问题的公告》（国家税务总局公告 2019 年第 45 号）
	印花税	运输合同	运输费用（不含装卸费）	0.5‰	运输费用 × 0.5‰	
	企业所得税	移库费用补贴收入	为不征税收入，对应的支出不得税前扣除	—	—	《财政部　国家税务总局关于专项用途财政性资金企业所得税处理问题的通知》（财税〔2011〕70 号）
		调出方应作视同销售处理	并入当期应纳税所得额	25%	—	
物流中转	增值税	装卸搬运服务、仓储服务	服务费金额	6% 或 3%	服务费金额 ÷（1 + 6%）或（1 + 3%）× 6% 或 3%	

续表

环节	税种	项目	计税基础	税率或征收率	计算公式	政策依据
物流中转	增值税	货物配载服务、运输组织服务、中转换乘服务、车辆调度服务、票务服务等货运客运场站服务	服务费金额	6%	服务费金额÷（1+6%）×6%	
		铁路专用线出租、利用铁路专用线提供车辆停放服务	服务费金额	9%或5%（2016年4月30日以前取得的不动产）	服务费金额÷（1+9%）或（1+5%）×9%或5%	
	印花税	铁路专线许可合同	租金总额	1‰	租金总额×1‰	
		装卸、搬运合同	不贴花	—		不属于《中华人民共和国印花税暂行条例》正列举的应税合同
		运输合同	运输费用（不含装卸费）	0.5‰	运输费用×0.5‰	
	房产税	自用房产	房产原值×（1－房产原值减除比例）	1.2%	房产原值×（1－房产原值减除比例）×1.2%	
		出租房产	租金收入	12%	租金收入×12%	

续表

环节	税种	项目	计税基础	税率或征收率	计算公式	政策依据
物流中转	城镇土地使用税	物流中转服务用地	土地面积（平方米）	适用税额	土地面积×适用税额	
	企业所得税	收入、成本、费用	按《企业所得税法》规定处理	25%	—	
加工	增值税	销售加工生产出的农副产品及食用油（销项）	销售价格	13%或9%	销售价格÷（1+13%）或（1+9%）×13%或9%	
		销售加工生产出的农副产品及食用油（进项）	购进价格（或核定计算抵扣）	13%或9%	购进价格÷（1+13%）或（1+9%）×13%或9%（或核定计算抵扣）	
		受托加工业务	加工费用	13%	加工费用÷（1+13%）×13%	
		将加工生产的产品无偿赠送他人或用于职工福利，视同销售	同期同类产品售价	13%或9%	同期同类产品售价÷（1+13%）或（1+9%）×13%或9%	
	印花税	加工合同	加工费用	0.5‰	加工费用×0.5‰	
		销售合同	销售价格	0.3‰	销售价格×0.3‰	

续表

环节	税种	项目	计税基础	税率或征收率	计算公式	政策依据
加工	房产税	加工车间用房	房产原值×(1－房产原值减除比例)	1.2%	房产原值×(1－房产原值减除比例)×1.2%	
	城镇土地使用税	加工车间用地	土地面积（平方米）	适用税额	土地面积×适用税额	
	企业所得税	收入、成本、费用	按《企业所得税法》规定处理	25%	—	
粮油检测	增值税	粮油检测业务	检测费用（质检补贴）	6%	检测费用÷(1＋6%)×6%	
	房产税	政策性业务自用房产	免税	0		《财政部　国家税务总局关于部分国家储备商品有关税收政策的通知》（财税〔2013〕59号）、《财政部　国家税务总局关于部分国家储备商品有关税收政策的通知》（财税〔2016〕28号）、《财政部　国家税务总局关于部分国家储备商品有关税收政策的公告》（财政部　税务总局公告2019年第77号）
		非政策业务自用房产	房产原值×(1－房产原值减除比例)	1.2%	房产原值×(1－房产原值减除比例)×1.2%	

续表

环节	税种	项目	计税基础	税率或征收率	计算公式	政策依据
粮油检测	城镇土地使用税	政策性业务自用房产	免税	0		《财政部　国家税务总局关于部分国家储备商品有关税收政策的通知》（财税〔2013〕59号）、《财政部　国家税务总局关于部分国家储备商品有关税收政策的通知》（财税〔2016〕28号）、《财政部　国家税务总局关于部分国家储备商品有关税收政策的公告》（财政部　税务总局公告2019年第77号）
		非政策业务自用房产	土地面积（平方米）	适用税额	土地面积 × 适用税额	
	企业所得税	收入、成本、费用	按《企业所得税法》规定处理	25%	—	
周转粮棉油	增值税	粮食及初级农产品销售（免税粮食除外）	销售金额	9%	销售金额 ÷（1 + 9%）× 9%	
		经过加工的粮油及其他农产品销售	销售金额	13%或9%	销售价格 ÷（1 + 13%）或（1 + 9%）× 13%或9%	
		将产品无偿赠送他人或用于职工福利，视同销售	同期同类产品售价	13%或9%	销售价格 ÷（1 + 13%）或（1 + 9%）× 13%或9%	

续表

环节	税种	项目	计税基础	税率或征收率	计算公式	政策依据
周转粮棉油	印花税	购销合同	购销金额	0.3‰	购销金额×0.3‰	
		运输合同	运输费用（不含装卸费）	0.5‰	运输费用×0.5‰	
		保险合同	保费金额	1‰	保险费用×1‰	
		粮食保管合同	保管费用金额	1‰	保管费用×1‰	
	房产税	自用房产	房产原值×（1－房产原值减除比例）	1.2%	房产原值×（1－房产原值减除比例）×1.2%	
		出租房产	租金收入	12%	租金收入×12%	
	城镇土地使用税	自用地	土地面积（平方米）	适用税额	土地面积×适用税额	
	企业所得税	收入、成本、费用	按《企业所得税法》规定处理	25%	—	

表 1－2　　业务涉税情况表（按税种）

税种	环节	项目	计税基础	税率或征收率	计算公式	政策依据
增值税	购入	进口轮换转储备（额度内）	免税	0		《财政部　海关总署　国家税务总局关于“十四五”期间中央储备粮油进口税收政策的通知》（财关税〔2021〕9号）
		进口轮换转储备（额度外）、进口国家临时存储粮	关税完税价格＋关税＋消费税	9%	（关税完税价格＋关税＋消费税）×9%	
		国内从农业生产者购入自产粮食	免税	0		《中华人民共和国增值税暂行条例》
		国内从非农业生产者购入粮食	销售价格	9%	销售价格/（1＋9%）×9%	
	保管	利息补贴收入	免税	0		《财政部　国家税务总局关于全面推开营业税改征增值税试点的通知》（财税〔2016〕36号）附件3《营业税改征增值税试点过渡政策的规定》
		保管费用补贴收入	不征增值税	—		《国家税务总局关于中央财政补贴增值税有关问题的公告》（国家税务总局公告2013年第3号，已废止）、《国家税务总局关于取消增值税扣税凭证认证确认期限等增值税征管问题的公告》（国家税务总局公告2019年第45号）

续表

税种	环节	项目	计税基础	税率或征收率	计算公式	政策依据
增值税	销售	销售粮食	免税	0		《财政部 国家税务总局关于粮食企业增值税征免问题的通知》（财税字〔1999〕198 号）
		销售价差补贴收入	免税	0		《财政部 国家税务总局关于全面推开营业税改征增值税试点的通知》（财税〔2016〕36 号）附件 3《营业税改征增值税试点过渡政策的规定》
		收取出库费单独开具发票	出库费金额	6% 或 3%	出库费金额 ÷（1 + 6%）或（1 + 3%）× 6% 或 3%	
		销售粮食的筛下物	销售金额	9% 或 13%（从当地规定）	销售金额 ÷（1 + 9%）或（1 + 13%）× 9% 或 13%	
	轮换	轮出粮油做销售	免税	0		《财政部 国家税务总局关于粮食企业增值税征免问题的通知》（财税字〔1999〕198 号）
		轮换费用补贴收入	免税	0		《财政部 国家税务总局关于全面推开营业税改征增值税试点的通知》（财税〔2016〕36 号）附件 3《营业税改征增值税试点过渡政策的规定》
		统一轮换取得的价差补偿	轮换价差补偿	9%	轮换价差补偿 ÷（1 + 9%）× 9%	

续表

税种	环节	项目	计税基础	税率或征收率	计算公式	政策依据
增值税	跨省移库	跨省移库视同销售	免税	0		《财政部　国家税务总局关于粮食企业增值税征免问题的通知》（财税字〔1999〕198号）、《中华人民共和国增值税暂行条例实施细则》
		移库费用补贴收入	财政补贴不征税	—		《国家税务总局关于中央财政补贴增值税有关问题的公告》（国家税务总局公告2013年第3号，已废止）、《国家税务总局关于取消增值税扣税凭证认证确认期限等增值税征管问题的公告》（国家税务总局公告2019年第45号）
	物流中转	装卸搬运服务、仓储服务	服务费金额	6%或3%	服务费金额÷（1+6%）或（1+3%）×6%或3%	
		货物配载服务、运输组织服务、中转换乘服务、车辆调度服务、票务服务等货运客运场站服务	服务费金额	6%	服务费金额÷（1+6%）×6%	
		铁路专用线出租、利用铁路专用线提供车辆停放服务	服务费金额	9%或5%（2016年4月30日以前取得的不动产）	服务费金额÷（1+9%）或（1+5%）×9%或5%	

续表

税种	环节	项目	计税基础	税率或征收率	计算公式	政策依据
增值税	加工	销售加工生产出的农副产品及食用油（销项）	销售价格	13%或9%	销售价格÷（1+13%）或（1+9%）×13%或9%	
		销售加工生产出的农副产品及食用油（进项）	购进价格（或核定计算抵扣）	13%或9%	购进价格÷（1+13%）或（1+9%）×13%或9%（或核定计算抵扣）	
		受托加工业务	加工费用	13%	加工费用÷（1+13%）×13%	
		将加工生产的产品无偿赠送他人或用于职工福利，视同销售	同期同类产品售价	13%或9%	同期同类产品售价÷（1+13%）或（1+9%）×13%或9%	
	粮油检测	粮油检测业务	检测费用（质检补贴）	6%	检测费用÷（1+6%）×6%	
	周转粮棉油	粮食及初级农产品销售（免税粮食除外）	销售金额	9%	销售金额÷（1+9%）×9%	

续表

税种	环节	项目	计税基础	税率或征收率	计算公式	政策依据
增值税	周转粮棉油	经过加工的粮油及其他农产品销售	销售金额	13%或9%	销售价格÷（1+13%）或（1+9%）×13%或9%	
		将产品无偿赠送他人或用于职工福利，视同销售	同期同类产品售价	13%或9%	销售价格÷（1+13%）或（1+9%）×13%或9%	
印花税	购入	粮食购销合同	政策性粮免税	0		《财政部　国家税务总局关于部分国家储备商品有关税收政策的通知》（财税〔2013〕59号）、《财政部　国家税务总局关于部分国家储备商品有关税收政策的通知》（财税〔2016〕28号）、《财政部　国家税务总局关于部分国家储备商品有关税收政策的公告》（财政部　税务总局公告2019年第77号）
		其他购销合同	购销金额	0.3‰	购销金额×0.3‰	
		运输合同	运输费用（不含装卸费）	0.5‰	运输费用×0.5‰	
		与农发行签订的贴息贷款合同	免税	0		《中华人民共和国印花税暂行条例施行细则》
		其他贷款合同	借款金额	0.05‰	借款金额×0.05‰	

续表

税种	环节	项目	计税基础	税率或征收率	计算公式	政策依据
印花税	保管	粮食保管合同	保管费用金额	1‰	保管费用 ×1‰	
		工程承包合同	合同金额	0.3‰	合同金额 ×0.3‰	
		租仓合同	租金总额	1‰	租金总额 ×1‰	
		保险合同	保费金额	1‰	保险费用 ×1‰	
	销售	粮食购销合同	政策性粮免税	0		《财政部　国家税务总局关于部分国家储备商品有关税收政策的通知》（财税〔2013〕59号）、《财政部　国家税务总局关于部分国家储备商品有关税收政策的通知》（财税〔2016〕28号）、《财政部　国家税务总局关于部分国家储备商品有关税收政策的公告》（财政部　税务总局公告2019年第77号）
		其他购销合同	购销金额	0.3‰	购销金额 ×0.3‰	
		运输合同	运输费用（不含装卸费）	0.5‰	运输费用 ×0.5‰	
	轮换	粮食购销合同	政策性粮免税	0		《财政部　国家税务总局关于部分国家储备商品有关税收政策的通知》（财税〔2013〕59号）、《财政部　国家税务总局关于部分国家储备商品有关税收政策的通知》（财税〔2016〕28号）、《财政部　国家税务总局关于部分国家储备商品有关税收政策的公告》（财政部　税务总局公告2019年第77号）

续表

税种	环节	项目	计税基础	税率或征收率	计算公式	政策依据
印花税	轮换	运输合同	运输费用（不含装卸费）	0.5‰	运输费用×0.5‰	
	跨省移库	运输合同	运输费用（不含装卸费）	0.5‰	运输费用×0.5‰	
	物流中转	铁路专线许可合同	租金总额	1‰	租金总额×1‰	
		装卸、搬运合同	不贴花	—		不属于《中华人民共和国印花税暂行条例》正列举的应税合同
		运输合同	运输费用（不含装卸费）	0.5‰	运输费用×0.5‰	
	加工	加工合同	加工费用	0.5‰	加工费用×0.5‰	
		销售合同	销售价格	0.3‰	销售价格×0.3‰	
	周转粮棉油	购销合同	购销金额	0.3‰	购销金额×0.3‰	
		运输合同	运输费用（不含装卸费）	0.5‰	运输费用×0.5‰	
		保险合同	保费金额	1‰	保险费用×1‰	
		粮食保管合同	保管费用金额	1‰	保管费用×1‰	

续表

税种	环节	项目	计税基础	税率或征收率	计算公式	政策依据
房产税	保管	政策性业务自用房产	免税	0		《财政部　国家税务总局关于部分国家储备商品有关税收政策的通知》（财税〔2013〕59号）、《财政部　国家税务总局关于部分国家储备商品有关税收政策的通知》（财税〔2016〕28号）、《财政部　国家税务总局关于部分国家储备商品有关税收政策的公告》（财政部　税务总局公告2019年第77号）
		非政策性业务自用房产	房产原值×（1－房产原值减除比例）	1.2%	房产原值×（1－房产原值减除比例）×1.2%	
		职工家属宿舍楼				
		出租房产	租金收入	12%	租金收入×12%	
	物流中转	自用房产	房产原值×（1－房产原值减除比例）	1.2%	房产原值×（1－房产原值减除比例）×1.2%	
		出租房产	租金收入	12%	租金收入×12%	
	加工	加工车间用房	房产原值×（1－房产原值减除比例）	1.2%	房产原值×（1－房产原值减除比例）×1.2%	

续表

税种	环节	项目	计税基础	税率或征收率	计算公式	政策依据
房产税	粮油检测	政策性业务自用房产	免税	0		《财政部　国家税务总局关于部分国家储备商品有关税收政策的通知》（财税〔2013〕59号）、《财政部　国家税务总局关于部分国家储备商品有关税收政策的通知》（财税〔2016〕28号）、《财政部　国家税务总局关于部分国家储备商品有关税收政策的公告》（财政部　税务总局公告2019年第77号）
		非政策业务自用房产	房产原值×（1－房产原值减除比例）	1.2%	房产原值×（1－房产原值减除比例）×1.2%	
	周转粮棉油	自用房产	房产原值×（1－房产原值减除比例）	1.2%	房产原值×（1－房产原值减除比例）×1.2%	
		出租房产	租金收入	12%	租金收入×12%	
城镇土地使用税	保管	政策性业务自用房产	免税	0		《财政部　国家税务总局关于部分国家储备商品有关税收政策的通知》（财税〔2013〕59号）、《财政部　国家税务总局关于部分国家储备商品有关税收政策的通知》（财税〔2016〕28号）、《财政部　国家税务总局关于部分国家储备商品有关税收政策的公告》（财政部　税务总局公告2019年第77号）

续表

税种	环节	项目	计税基础	税率或征收率	计算公式	政策依据
城镇土地使用税	保管	非政策性业务自用房产	土地面积（平方米）	适用税额	土地面积×适用税额	
		职工家属宿舍楼				
		出租房产	土地面积（平方米）	适用税额	土地面积×适用税额	
	物流中转	物流中转服务用地	土地面积（平方米）	适用税额	土地面积×适用税额	
	加工	加工车间用地	土地面积（平方米）	适用税额	土地面积×适用税额	
	粮油检测	政策性业务自用房产	免税	0		《财政部　国家税务总局关于部分国家储备商品有关税收政策的通知》（财税〔2013〕59号）、《财政部　国家税务总局关于部分国家储备商品有关税收政策的通知》（财税〔2016〕28号）、《财政部　国家税务总局关于部分国家储备商品有关税收政策的公告》（财政部　税务总局公告2019年第77号）
		非政策业务自用房产	土地面积（平方米）	适用税额	土地面积×适用税额	
	周转粮棉油	自用地	土地面积（平方米）	适用税额	土地面积×适用税额	

续表

税种	环节	项目	计税基础	税率或征收率	计算公式	政策依据
企业所得税	购入	采购成本	作为成本税前扣除	—	—	
	保管	利息补贴收入、保管费用补贴收入	为不征税收入，对应的支出不得税前扣除	—	—	《财政部　国家税务总局关于专项用途财政性资金企业所得税处理问题的通知》（财税〔2011〕70号）
		保管过程中应税收入对应的费用	按《企业所得税法》规定在税前扣除	25%	—	
	销售	销售价差补贴收入	为不征税收入，对应的支出不得税前扣除	—	—	《财政部　国家税务总局关于专项用途财政性资金企业所得税处理问题的通知》（财税〔2011〕70号）
		销售价差收入	全额上交财政，无所得，不征收企业所得税	25%	—	
	轮换	轮换费用补贴收入	为不征税收入，对应的支出不得税前扣除	—	—	《财政部　国家税务总局关于专项用途财政性资金企业所得税处理问题的通知》（财税〔2011〕70号）
		轮换结余	并入当期应纳税所得额	25%	—	

续表

税种	环节	项目	计税基础	税率或征收率	计算公式	政策依据
企业所得税	跨省移库	移库费用补贴收入	为不征税收入，对应的支出不得税前扣除	—	—	《财政部 国家税务总局关于专项用途财政性资金企业所得税处理问题的通知》（财税〔2011〕70号）
		调出方应作视同销售处理	并入当期应纳税所得额	25%	—	
	物流中转	收入、成本、费用	按《企业所得税法》规定处理	25%	—	
	加工	收入、成本、费用	按《企业所得税法》规定处理	25%	—	
	粮油检测	收入、成本、费用	按《企业所得税法》规定处理	25%	—	
	周转粮棉油	收入、成本、费用	按《企业所得税法》规定处理	25%	—	

五、常见问题解答

（1）向委托收储企业拨付的收购费用是否属于增值税不征税收入？是否需要取得发票？

答：按照每年度粮食最低收购价预案及国家临时存储粮食收购计划规定，收购费用（含县内集并费用）由总公司包干使用、农发行负责提供贷款解决、计入粮食库存成本。对于委托收储企业，直属企业拨付的政策性粮食收购费用不属于不征收增值税的财政补贴，应该缴纳增值税，直属企业应向对方索取增值税发票。

政策依据：

《国家税务总局关于取消增值税扣税凭证认证确认期限等增值税征管问题的公告》（国家税务总局公告2019年第45号）规定：纳税人取得的财政补贴收入，与其销售货物、劳务、服务、无形资产、不动产的收入或者数量直接挂钩的，应按规定计算缴纳增值税。

（2）直属库销售商品粮能否免征增值税？

答：《财政部　国家税务总局关于粮食企业增值税征免问题的通知》（财税字〔1999〕198号）规定："国有粮食购销企业必须按顺价原则销售粮食。对承担粮食收储任务的国有粮食购销企业销售的粮食免征增值税。"文件并未明确指出销售的粮食是否指政策性粮。对此各地税务机关掌握的口径也不完全相同，建议实操当中积极与主管税务机关沟通，确定是否免征增值税。

政策依据：

《财政部　国家税务总局关于粮食企业增值税征免问题的通知》（财税字〔1999〕198号）规定：国有粮食购销企业必须按顺价原则销售粮食。对承担粮食收储任务的国有粮食购销企业销售的粮食免征增值税。

（3）企业取得的财政补贴，能否作为企业所得税不征税收入处理？

答：企业取得的财政补贴若作为不征税收入处理，必须符合以下三个条件：企业能够提供规定资金专项用途的资金拨付文件；财政部门或其他拨付资金的政府部门对该资金有专门的资金管理办法或具体管理要求；企业对该资金以及以该资金发生的支出单独进行核算。

企业取得的各项财政补贴均是中央财政拨付的，补贴的拨付均有财政部相关文件作为依据，且文件中具体规定了资金的管理和使用办法。虽然企业会计科目设置上并未对各项财政补贴收入单独设置科目记录其收支情况，但由于集团公司是以承担国家储备业务为主营业务的，所产生的结余几乎全部都是来源于财政资金补贴，让企业所有业务都通过一个科目来核算也不具有可操作性。所以我们认为如果企业在各项会计子科目的设置上能够区分出政策性粮所对应的支出和商品粮对应的支出，也可以视为符合财政资金单独核算的条件。

综上分析，企业取得的各项财政补贴收入，如果单独进行了核算，允许作为不征税收入处理。5年后未使用完的财政补贴且未上缴拨付部门的部分，应并入第六年的应纳税所得额中缴纳企业所得税。具体操作时应与当地税务机关进行沟通确认。

政策依据：

《财政部　国家税务总局关于专项用途财政性资金企业所得税处理问题的通知》（财税〔2011〕70号）规定：

一、企业从县级以上各级人民政府财政部门及其他部门取得的应计入收入总额的财政性资金，凡同时符合以下条件的，可以作为不征税收入，在计算应纳税所得额时从收入总额中减除：（一）企业能够提供规定资金专项用途的资金拨付文件；（二）财政部门或其他拨付资金的政府部门对该资金有专门的资金管理办法或具体管理要求；（三）企业对该资金以及以该资金发生的支出单独进行核算。

二、根据实施条例第二十八条的规定，上述不征税收入用于支出所形成的费用，不得在计算应纳税所得额时扣除；用于支出所形成的资产，其计算的折旧、摊销不得在计算应纳税所得额时扣除。

三、企业将符合本通知第一条规定条件的财政性资金作不征税收入处理后，在5年（60个月）内未发生支出且未缴回财政部门或其他拨付资金的政府部门的部分，应计入取得该资金第六年的应税收入总额；计入应税收入总额的财政性资金发生的支出，允许在计算应纳税所得额时扣除。

（4）销售政策性粮油时，出库费是否需要缴纳增值税？该如何开票？

答：销售政策性粮油时一并收取的出库费用，属于为销售粮食而收取的价外费用，在开具发票时可以在同一张发票上反映，并按照粮食的税率一并享受免税的政策。企业在开具发票时允许出库费用全部并入粮食价款中开具，或直接在同一张发票上开具“出库费”。但对于单独开具发票的需要按“物流辅助服务”缴纳增值税，企业可选择按3%征收率计算缴纳增值税。企业向代储企业支付出库费时，应向对方索取增值税专用发票或普通发票。

政策依据：

①《中华人民共和国增值税暂行条例》第六条规定，销售额为纳税人销售货物或者应税劳务向购买方收取的全部价款和价外费用，但是不包括收取的销项税额。

②《中华人民共和国增值税暂行条例实施细则》第十二条规定，条例第六条第一款所称价外费用，包括价外向购买方收取的手续费、补贴、基金、集资费、返还利润、奖励费、违约金、滞纳金、延期付款利息、赔偿金、代收款项、代垫款项、包装费、包装物租金、储备费、优质费、

运输装卸费以及其他各种性质的价外收费。

（5）跨省移库视同销售时，运费部分该如何开票？

答：由于跨省移库的双方都是免税企业，取得增值税专用发票后一般不进行认证抵扣，很容易造成滞留票的风险，引起税务机关的预警。因此建议企业跨省移库对运费开具发票时，尽量向对方开具增值税普通发票。

（6）直属库实际操作中存在收购政策性粮食、中央储备粮油和轮换粮均没有计提进项税，销售时也没有计提销项税，而将这些项目直接视为免税项目，这种操作方式是否存在税收风险？

答：建议企业开具农产品收购发票、取得增值税专用发票的，在会计处理上直接计入成本，在申报环节发票先进行查询认证，再做进项税额转出处理。如果未计提进项税额，可能会存在两个方面的风险：一是销售环节一旦不符合免税条件不能免征增值税，进项发票如果未认证抵扣，则销项税额部分要全部向税务机关缴纳，企业的税负会增加；二是税务机关因企业产生大量滞留票会加大对企业的检查力度。

（7）保管费用补贴、跨省移库费用补贴、轮换费用补贴对应的费用支出是否进项税额可以抵扣，具体如何操作？

答：根据《关于取消增值税扣税凭证认证确认期限等增值税征管问题的公告》（国家税务总局公告2019年第45号）规定："保管费用补贴、跨省移库费用补贴属于财政资金补贴，属于不征收增值税范畴。"根据《财政部　国家税务总局关于全面推开营业税改征增值税试点的通知》（财税〔2016〕36号）附件3《营业税改征增值税试点过渡政策的规定》规定："轮换费用补贴属于免征增值税的范畴。"又根据《财政部　国家税务总局关于全面推开营业税改征增值税试点的通知》（财税〔2016〕36号）附件1《营业税改征增值税试点实施办法》第二十七条规定："用于简易计税方法计税项目、免征增值税项目、集体福利或者个人消费的购进货物、加工修理修配劳务、服务、无形资产和不动产进项税额不得抵扣。”

因此，只有用于免税项目（即轮换费用补贴）对应的进项不得抵扣，需要做进项税额转出处理，而对于不征收增值税收入，因为其不属于增值税应税的范畴，应当是不存在对应进项的问题，也就不需要做进项税额转出处理。

政策依据：

①《财政部　国家税务总局关于全面推开营业税改征增值税试点的通知》（财税〔2016〕36号）附件3《营业税改征增值税试点过渡政策的规定》：

一、下列项目免征增值税

（二十五）国家商品储备管理单位及其直属企业承担商品储备任务，从中央或者地方财政取得的利息补贴收入和价差补贴收入。

价差补贴收入包括销售价差补贴收入和轮换价差补贴收入。销售价差补贴收入，是指按照中央或者地方政府指令销售上述储备商品时，由于销售收入小于库存成本而从中央或者地方财政获得的全额价差补贴收入。轮换价差补贴收入，是指根据要求定期组织政策性储备商品轮换而从中央或者地方财政取得的商品新陈品质价差补贴收入。

②《国家税务总局关于取消增值税扣税凭证认证确认期限等增值税征管问题的公告》（国家税务总局公告2019年第45号）规定：

七、纳税人取得的财政补贴收入，与其销售货物、劳务、服务、无形资产、不动产的收入或者数量直接挂钩的，应按规定计算缴纳增值税。

③《财政部　国家税务总局关于全面推开营业税改征增值税试点的通知》（财税〔2016〕36号）附件1《营业税改征增值税试点实施办法》规定：

第二十七条 下列项目的进项税额不得从销项税额中抵扣：

（一）用于简易计税方法计税项目、免征增值税项目、集体福利或者个人消费的购进货物、加工修理修配劳务、服务、无形资产和不动产。其中涉及的固定资产、无形资产、不动产，仅指专用于上述项目的固定资产、无形资产（不包括其他权益性无形资产）、不动产。纳税人的交际应酬消费属于个人消费。

第二十九条 适用一般计税方法的纳税人，兼营简易计税方法计税项目、免征增值税项目而无法划分不得抵扣的进项税额，按照下列公式计算不得抵扣的进项税额：

不得抵扣的进项税额 = 当期无法划分的全部进项税额 ×（当期简易计税方法计税项目销售额 + 免征增值税项目销售额）÷ 当期全部销售额

（8）企业收取的违约金是否需要纳税？

答：企业收取的违约金应区分不同情况进行处理。若销售或服务业务已经发生，因对方违反合同而收取违约金，该违约金属于增值税价外费用，应与所取得的收入一并按适用税率计算缴纳增值税；同时应并入当期应纳税所得额，计算缴纳企业所得税。

若销售或服务尚未发生，因对方终止合同而收取违约金，由于没有向对方提供增值税应税服务，所以该违约金不属于增值税应税范围，应作为收取的补偿款来处理，不需缴纳增值税；但应并入企业当期应纳税所得额，计算缴纳企业所得税。

政策依据：

①《中华人民共和国增值税暂行条例实施细则》规定：

第十二条 条例第六条第一款所称价外费用，包括价外向购买方收取的手续费、补贴、基金、集资费、返还利润、奖励费、违约金、滞纳金、延期付款利息、赔偿金、代收款项、代垫款项、包装费、包装物租金、储备费、优质费、运输装卸费以及其他各种性质的价外收费。但下列项目不包括在内：

（一）受托加工应征消费税的消费品所代收代缴的消费税；

（二）同时符合以下条件的代垫运输费用：

1. 承运部门的运输费用发票开具给购买方的；

2. 纳税人将该项发票转交给购买方的。

②《财政部　国家税务总局关于全面推开营业税改征增值税试点的通知》（财税〔2016〕36号）附件1《营业税改征增值税试点实施办法》规定：

第三十七条　销售额，是指纳税人发生应税行为取得的全部价款和价外费用，财政部和国家税务总局另有规定的除外。

价外费用，是指价外收取的各种性质的收费，但不包括以下项目：

（一）代为收取并符合本办法第十条规定的政府性基金或者行政事业性收费。

（二）以委托方名义开具发票，代委托方收取的款项。

（9）租仓点应为直属库提供何种税率的发票？

答：企业应按照不同的业务类型，取得不同税率的增值税发票：不动产租赁业务应取得增值税税率为9%（或简易征收率5%）的增值税专用发票；提供不动产租赁服务的同时也出租机器设备的，且机器设备租金能够与仓房的租金分开核算，则出租机器设备部分应取得增值税税率为13%的增值税专用发票。

企业不得取得仓储服务发票，以防止假租仓的风险。

政策依据：

①《财政部　国家税务总局关于全面推开营业税改征增值税试点的通知》（财税〔2016〕36号）附件1《营业税改征增值税试点实施办法》

附件《销售服务、无形资产、不动产注释》规定：

经营租赁服务，是指在约定时间内将有形动产或者不动产转让他人使用且租赁物所有权不变更的业务活动。税率为11%（简易征收5%）。

②《财政部 税务总局关于调整增值税税率的通知》（财税〔2018〕32号）规定：

一、纳税人发生增值税应税销售行为或者进口货物，原适用17%和11%税率的，税率分别调整为16%、10%。

二、纳税人购进农产品，原适用11%扣除率的，扣除率调整为10%。

③《财政部 税务总局 海关总署关于深化增值税改革有关政策的公告》（财政部 税务总局 海关总署公告2019年第39号）规定：

一、增值税一般纳税人（以下称“纳税人”）发生增值税应税销售行为或者进口货物，原适用16%税率的，税率调整为13%；原适用10%税率的，税率调整为9%。

二、纳税人购进农产品，原适用10%扣除率的，扣除率调整为9%。纳税人购进用于生产或者委托加工13%税率货物的农产品，按照10%的扣除率计算进项税额。

（10）临储油租罐业务应取得何种税率的发票？

答：经实地观察，临储油的油罐属于不可移动的固定资产，出租油罐应比照不动产租赁纳税。即一般纳税人出租2016年4月30日前取得的油罐，可以选择简易计税办法，按照5%的征收率缴纳增值税，也可以选择采用一般计税办法，按照9%的税率缴纳增值税；一般纳税人出租2016年5月1日后取得的油罐必须采用一般计税方法，适用9%增值税率缴纳增值税。

若是小规模纳税人出租油罐，应按照5%的征收率采用简易计税办法缴纳增值税。

因此企业承租油罐，若提供服务的是一般纳税人，应取得5%征收率（2016年4月30日前取得的油罐）或者9%税率的增值税专用发票；若提供服务的是小规模纳税人，应取得5%征收率的增值税专用发票或者增值税普通发票。

政策依据：

①《国家税务总局关于发布〈纳税人提供不动产经营租赁服务增值税征收管理暂行办法〉的公告》（国家税务总局公告2016年第16号）规定：

第三条　一般纳税人出租不动产，按照以下规定缴纳增值税：

（一）一般纳税人出租其2016年4月30日前取得的不动产，可以选择适用简易计税方法，按照5%的征收率计算应纳税额。

（二）一般纳税人出租其2016年5月1日后取得的不动产，适用一般计税方法计税。

第四条　小规模纳税人出租不动产，按照以下规定缴纳增值税：

（一）单位和个体工商户出租不动产（不含个体工商户出租住房），按照5%的征收率计算应纳税额。

②《国家税务总局关于增值税发票管理等有关事项的公告》（国家税务总局公告2019年第33号）规定：

五、增值税小规模纳税人（其他个人除外）发生增值税应税行为，需要开具增值税专用发票的，可以自愿使用增值税发票管理系统自行开具。选择自行开具增值税专用发票的小规模纳税人，税务机关不再为其代开增值税专用发票。

（11）企业对外出租仓房，应按照6%的税率还是9%或5%的税率缴纳增值税？

答：企业对外出租仓房，而不提供仓储、保管服务的，应按照不动产租赁的税目，适用9%税率或者5%征收率（老项目）缴纳增值税。若提供仓储服务，应按照6%税率或3%征收率缴纳增值税。

政策依据：

《财政部 国家税务总局关于全面推开营业税改征增值税试点的通知》（财税〔2016〕36号）附件1《营业税改征增值税试点实施办法》附件《销售服务、无形资产、不动产注释》规定：

（六）现代服务

4. 物流辅助服务

物流辅助服务，包括航空服务、港口码头服务、货运客运场站服务、打捞救助服务、装卸搬运服务、仓储服务和收派服务。

（6）仓储服务，是指利用仓库、货场或者其他场所代客贮放、保管货物的业务活动。

5. 租赁服务

将建筑物、构筑物等不动产或者飞机、车辆等有形动产的广告位出租给其他单位或者个人用于发布广告，按照经营租赁服务缴纳增值税。

（12）租仓收储实际操作中签订的租赁合同均是包含仓房及收粮、储粮配套使用的设施设备，租赁费一般按实际储存数量结算，若无法划分仓房租赁金额和配套设备租赁金额，应该如何操作？

答：根据《财政部 国家税务总局关于全面推开营业税改征增值税试点的通知》（财税〔2016〕36号）附件1《营业税改征增值税试点实施办法》第三十九条规定："纳税人兼营销售货物、劳务、服务、无形资产或者不动产，适用不同税率或者征收率的，应当分别核算适用不同税率或者征收率的销售额；未分别核算的，从高适用税率。"

企业租仓收储，与出租方签订《仓储设备租赁合同》，合同约定连同仓房一同出租的还有仓储粮配套使用的其他仓储设施设备（如粮食输送机等），如果仓储设施设备不是与仓房不可分割的附属设施设备，则属于兼营不同税目的应税服务。出租方应分别按仓房出租金额提供9%（或简易征收5%）的不动产租赁的增值税专用发票，按机器设备出租金额提供13%有形动产租赁的增值税专用发票。如果合同对于设备租赁金额与仓房租赁金额无法分开的，税务机关有权从高适用税率按13%的税率征收增值税。

如果出租方全额提供的是9%的不动产租赁的发票，则此发票属于未按规定开具的发票，企业取得此票，属于取得未按规定开具的发票，不能作为合法的企业所得税税前扣除凭证。

（13）企业从总公司资金中心取得的利息收入需要缴纳增值税，是否直属库所有业务发生的进项税额均不可以抵扣总公司资金中心利息收入的增值税？

答：《财政部　国家税务总局关于全面推开营业税改征增值税试点的通知》（财税〔2016〕36号）附件1《营业税改征增值税试点实施办法》第二十七条规定："企业购进的贷款服务进项税额不得从销项税额中抵扣。"即企业所支付的贷款利息中包含的进项税额不能抵扣销项税额，贷款方收取贷款利息不得向企业开具增值税专用发票。而企业从总公司资金中心取得的利息收入属于增值税应税项目收入，所以企业取得的其他可抵扣的进项税额，是可以用于抵扣所有应税收入对应的销项税额。如果企业所取得的进项税额无法区分是用于简易计税方法计税项目、免征增值税项目，还是用于应税项目，应根据《财政部　国家税务总局关于全面推开营业税改征增值税试点的通知》（财税〔2016〕36号）规定的按收入的比例计算不允许抵扣的进项税额，做进项税额转出处理。

政策依据：

《财政部　国家税务总局关于全面推开营业税改征增值税试点的通知》（财税〔2016〕36号）附件1《营业税改征增值税试点实施办法》规定：

第二十七条　下列项目的进项税额不得从销项税额中抵扣：

（六）购进的旅客运输服务、贷款服务、餐饮服务、居民日常服务和娱乐服务。

第二十九条　适用一般计税方法的纳税人，兼营简易计税方法计税项目、免征增值税项目而无法划分不得抵扣的进项税额，按照下列公式计算不得抵扣的进项税额：

不得抵扣的进项税额 = 当期无法划分的全部进项税额 ×（当期简易计税方法计税项目销售额 + 免征增值税项目销售额）÷当期全部销售额

（14）系统内独立法人企业之间无偿拨付资金的，是否需要缴纳增值税？

答：独立法人企业之间无偿划拨资金，虽未计息，但是在税务上也需要视同销售，提供资金的一方需要确定无偿划拨资金的销售额，按照“贷款服务”项目适用6%的税率缴纳增值税。否则税务机关可能会按照同期同类贷款利率核定销售额，并要求企业补缴增值税及相应的滞纳金。

政策依据：

《财政部　国家税务总局关于全面推开营业税改征增值税试点的通知》（财税〔2016〕36号）附件1《营业税改征增值税试点实施办法》规定：

第十四条　下列情形视同销售服务、无形资产或者不动产：

（一）单位或者个体工商户向其他单位或者个人无偿提供服务，但用于公益事业或者以社会公众为对象的除外。

第四十四条　纳税人发生应税行为价格明显偏低或者偏高且不具有合理商业目的的，或者发生本办法第十四条所列行为而无销售额的，主管税务机关有权按照下列顺序确定销售额：

（一）按照纳税人最近时期销售同类服务、无形资产或者不动产的平均价格确定。

（二）按照其他纳税人最近时期销售同类服务、无形资产或者不动产的平均价格确定。

（三）按照组成计税价格确定。组成计税价格的公式为：

组成计税价格 = 成本 ×（1 + 成本利润率）

成本利润率由国家税务总局确定。

不具有合理商业目的，是指以谋取税收利益为主要目的，通过人为安排，减少、免除、推迟缴纳增值税税款，或者增加退还增值税税款。

（15）承担国家收储业务的直属库职工宿舍能否免征房产税和城镇土地使用税？

答：对于职工宿舍应区分其性质来判断，如果是企业从事国家政策性储备业务为职工倒班用的宿舍，可以适用《财政部　国家税务总局关于部分国家储备商品有关税收政策的公告》（财政部　税务总局公告2019年第77号）免征房产税、城镇土地使用税的规定。如果是企业的职工家属宿舍，是否应缴纳房产税及城镇土地使用税由省、自治区、直辖市税务局确定，相关政策建议咨询当地主管税务机关。

政策依据：

①《财政部　国家税务总局关于部分国家储备商品有关税收政策的公告》（财政部　税务总局公告2019年第77号）规定：

二、对商品储备管理公司及其直属库自用的承担商品储备业务的房产、土地，免征房产税、城镇土地使用税。

②国家税务局《关于检发〈关于土地使用税若干具体问题的解释和暂行规定〉的通知》（国税地字〔1988〕第15号）规定：

十八、免税单位职工家属的宿舍用地的征免税，由省、自治区、直辖市税务局确定。

（16）承担国家收储业务的直属库签订的购销合同、保管合同、租仓合同、借款合同等能否享受免征印花税的优惠？

答：《财政部 国家税务总局关于部分国家储备商品有关税收政策的公告》（财政部 税务总局公告 2019 年第 77 号）仅对商品储备业务中的购销合同以及资金账簿规定了免税的优惠，因此对于其他的购销合同应按照 0.03% 缴纳印花税，仓储保管合同和租仓合同应按 1‰缴纳印花税，借款合同除国家贴息贷款合同外，应按照 0.5‰缴纳印花税。

政策依据：

《财政部 国家税务总局关于部分国家储备商品有关税收政策的公告》（财政部 税务总局公告 2019 年第 77 号）规定：

一、对商品储备管理公司及其直属库资金账簿免征印花税；对其承担商品储备业务过程中书立的购销合同免征印花税，对合同其他各方当事人应缴纳的印花税照章征收。

三、本公告所称商品储备管理公司及其直属库，是指接受县级以上政府有关部门委托，承担粮（含大豆）、食用油、棉、糖、肉 5 种商品储备任务，取得财政储备经费或者补贴的商品储备企业。

（17）直属库一些资产都是用财政下拨的国有资金购置或建造的，相应的资产折旧是否可以在企业所得税税前扣除？

答：首先要看财政下拨资金的性质，是属于国家资本金性质，还是补贴性质。

如果财政拨款是投入企业的国家资本金，企业也做了“实收资本”的账务处理，则用这些拨款购置或建造的固定资产相应的折旧是可以在企业所得税税前扣除的。

如果财政拨款属于补贴性质的拨款，或者是属于有专项用途的财政拨款，不属于国有资本金，则应按照不征税收入处理。取得的不征税收入在5年（60个月）内用于支出所形成的资产，其计算的折旧、摊销不得在计算应纳税所得额时扣除。在5年（60个月）内未发生支出且未缴回财政部门或其他拨付资金的政府部门的部分，应计入取得该资金第六年的应税收入总额；计入应税收入总额的财政性资金发生的支出，允许在计算应纳税所得额时扣除。

所以用财政拨款购置或建造的固定资产的折旧是否可以在企业所得税税前扣除，主要取决于财政拨款的性质。

政策依据：

《财政部　国家税务总局关于专项用途财政性资金企业所得税处理问题的通知》（财税〔2011〕70号）规定：

二、根据实施条例第二十八条的规定，上述不征税收入用于支出所形成的费用，不得在计算应纳税所得额时扣除；用于支出所形成的资产，其计算的折旧、摊销不得在计算应纳税所得额时扣除。

三、企业将符合本通知第一条规定条件的财政性资金作不征税收入处理后，在5年（60个月）内未发生支出且未缴回财政部门或其他拨付资金的政府部门的部分，应计入取得该资金第六年的应税收入总额；计入应税收入总额的财政性资金发生的支出，允许在计算应纳税所得额时扣除。

（18）用于免税项目而购进的不动产、固定资产、材料物资，取得的增值税专用发票上注明的税额，应如何处理？

答：用于免税项目而购进的不动产、固定资产、材料物资取得的增值税专用发票上注明的税额，在账务核算时计入了“应交税费——应交增值税（进项税额）”科目中，应在当期做进项税额转出处理。

购进的不动产、固定资产若是同时用于应税项目和免税项目的，不需要做进项税额转出处理。

若公司经营的项目全部是免税项目，建议在购进材料物资时取得增值税普通发票，不再索要增值税专用发票，从而能够减少增值税专用发票认证抵扣、进项税转出的工作量。但是由于购进的不动产、固定资产在后期改变用途、用于应税项目的，允许按照不动产、固定资产净值抵扣进项税，因此购进不动产、固定资产时应索要增值税专用发票，并按规定做认证抵扣、进项税额转出处理。在后期改变用途、用于应税项目后，允许按照不动产、固定资产的净值以及适用税率抵扣进项税额。

政策依据：

①《财政部　国家税务总局关于全面推开营业税改征增值税试点的通知》（财税〔2016〕36号）附件1《营业税改征增值税试点实施办法》规定：

第二十七条　下列项目的进项税额不得从销项税额中抵扣：

（一）用于简易计税方法计税项目、免征增值税项目、集体福利或者个人消费的购进货物、加工修理修配劳务、服务、无形资产和不动产。其中涉及的固定资产、无形资产、不动产，仅指专用于上述项目的固定资产、无形资产（不包括其他权益性无形资产）、不动产。

附件2《营业税改征增值税试点有关事项的规定》规定：

二、原增值税纳税人〔指按照《中华人民共和国增值税暂行条例》（国务院令第538号）（以下简称《增值税暂行条例》）缴纳增值税的纳税人〕有关政策：（一）进项税额。

8. 按照《增值税暂行条例》第十条和上述第5点不得抵扣且未抵扣进项税额的固定资产、无形资产、不动产，发生用途改变，用于允许抵扣进项税额的应税项目，可在用途改变的次月按照下列公式，依据合法有效的增值税扣税凭证，计算可以抵扣的进项税额：

可以抵扣的进项税额 = 固定资产、无形资产、不动产净值/(1 + 适用税率) × 适用税率

上述可以抵扣的进项税额应取得合法有效的增值税扣税凭证。

(19) 购进的固定资产、材料等货物、服务同时用于免税和应税项目，如何抵扣进项税?

答:“营改增”后，企业购进的固定资产、维修劳务可取得增值税专用发票。若进项税额是由于购进的劳务或者服务是专用于免税项目而发生的，则不允许抵扣；若购进的劳务或者服务既用于应税项目（出租仓房或者提供仓储服务），又用于免税项目（销售政策性粮食），则需要按照应税收入与免税收入的比例区分允许抵扣的进项税额和不允许抵扣的进项税额；若进项税额是由于购进的劳务或者服务专用于应税项目（出租仓房或者提供仓储服务）而发生的，则允许从销项税额中抵扣。

若进项税额是由于企业购进固定资产专用于免税项目而发生的，则不允许抵扣；若进项税额是由于购进的固定资产既用于应税项目（出租仓房或者提供仓储服务）又用于免税项目（销售政策性粮食）或者专用于应税项目（出租仓房或者提供仓储服务）而发生的，则允许从销项税额中抵扣。

若企业提供出租服务选择适用简易计税办法按 5% 征收率缴纳增值税，则用于该项目而发生的进项税额均不得从销项税额中抵扣。

政策依据:

《财政部　国家税务总局关于全面推开营业税改征增值税试点的通知》(财税〔2016〕36 号) 附件 1《营业税改征增值税试点实施办法》规定:

第二十五条　下列进项税额准予从销项税额中抵扣:

(一) 从销售方取得的增值税专用发票（含税控机动车销售统一发票，下同）上注明的增值税额。

（二）从海关取得的海关进口增值税专用缴款书上注明的增值税额。

（三）购进农产品，除取得增值税专用发票或者海关进口增值税专用缴款书外，按照农产品收购发票或者销售发票上注明的农产品买价和13%的扣除率计算的进项税额。计算公式为：

进项税额 = 买价 × 扣除率

买价，是指纳税人购进农产品在农产品收购发票或者销售发票上注明的价款和按照规定缴纳的烟叶税。

购进农产品，按照《农产品增值税进项税额核定扣除试点实施办法》抵扣进项税额的除外。

（四）从境外单位或者个人购进服务、无形资产或者不动产，自税务机关或者扣缴义务人取得的解缴税款的完税凭证上注明的增值税额。

第二十七条　下列项目的进项税额不得从销项税额中抵扣：

（一）用于简易计税方法计税项目、免征增值税项目、集体福利或者个人消费的购进货物、加工修理修配劳务、服务、无形资产和不动产。其中涉及的固定资产、无形资产、不动产，仅指专用于上述项目的固定资产、无形资产（不包括其他权益性无形资产）、不动产。

纳税人的交际应酬消费属于个人消费。

（二）非正常损失的购进货物，以及相关的加工修理修配劳务和交通运输服务。

（三）非正常损失的在产品、产成品所耗用的购进货物（不包括固定资产）、加工修理修配劳务和交通运输服务。

（四）非正常损失的不动产，以及该不动产所耗用的购进货物、设计服务和建筑服务。

（五）非正常损失的不动产在建工程所耗用的购进货物、设计服务和建筑服务。

纳税人新建、改建、扩建、修缮、装饰不动产，均属于不动产在建工程。

（六）购进的旅客运输服务、贷款服务、餐饮服务、居民日常服务和娱乐服务。

（七）财政部和国家税务总局规定的其他情形。

本条第（四）项、第（五）项所称货物，是指构成不动产实体的材料和设备，包括建筑装饰材料和给排水、采暖、卫生、通风、照明、通讯、煤气、消防、中央空调、电梯、电气、智能化楼宇设备及配套设施。

第二十九条　适用一般计税方法的纳税人，兼营简易计税方法计税项目、免征增值税项目而无法划分不得抵扣的进项税额，按照下列公式计算不得抵扣的进项税额：

不得抵扣的进项税额 = 当期无法划分的全部进项税额 ×（当期简易计税方法计税项目销售额 + 免征增值税项目销售额）÷ 当期全部销售额

主管税务机关可以按照上述公式依据年度数据对不得抵扣的进项税额进行清算。

（20）对既用于应税项目，又用于免税项目、简易计税办法的水电费等不能完全分开核算的进项税额，应如何计算抵扣？

答：电费、维修费等既用于免税项目（主业）又用于应税项目而不能分清的，应按照免税收入与应税收入的比例就不能区分的费用取得的进项税额进行划分。

但是根据企业目前的情况，若提供不动产租赁业务采用简易计税办法按 5% 的征收率缴纳增值税，且无其他应税行为的，企业取得的全部进项税额均不允许抵扣。

若企业采用一般计税办法核算应税收入，则共用的费用中不允许抵扣进项税额的费用按照下述公式进行计算：

不得抵扣的进项税额 = 当期无法划分的全部进项税额 ×（当期简易计税方法计税项目销售额 + 免征增值税项目销售额）÷ 当期全部销售额

其中，“当期全部销售额”包括采用一般计税办法的应税收入、简易计税办法的应税收入和免税收入。

政策依据：

《财政部　国家税务总局关于全面推开营业税改征增值税试点的通知》（财税〔2016〕36号）附件1《营业税改征增值税试点实施办法》规定：

第二十九条　适用一般计税方法的纳税人，兼营简易计税方法计税项目、免征增值税项目而无法划分不得抵扣的进项税额，按照下列公式计算不得抵扣的进项税额：

不得抵扣的进项税额 = 当期无法划分的全部进项税额 ×（当期简易计税方法计税项目销售额 + 免征增值税项目销售额）÷ 当期全部销售额

主管税务机关可以按照上述公式依据年度数据对不得抵扣的进项税额进行清算。

（21）购买货物或者服务取得定额发票，能否作为报销凭证？

答：全面“营改增”后，增值税一般纳税人以及小规模纳税人纳入增值税发票管理新系统（以下简称“新系统”）的，均可以开具增值税发票。对于未购买增值税税控设备或者未升级新系统的纳税人，可以开具通用机打发票或者定额发票。因此企业取得的国税机关监制的定额发票，若查验为真的，原则上属于合法有效的凭证，可以作为报销凭证。

但是为了防范风险，建议企业谨慎选择供应商，在货物的质量及价格一定的情况下，尽量取得增值税一般纳税人开具的增值税专用发票。

政策依据：

《国家税务总局关于全面推开营业税改征增值税试点有关税收征收管理事项的公告》（国家税务总局公告2016年第23号）规定：

三、发票使用

（一）增值税一般纳税人销售货物、提供加工修理修配劳务和应税行为，使用增值税发票管理新系统（以下简称新系统）开具增值税专用发票、增值税普通发票、机动车销售统一发票、增值税电子普通发票。

（二）增值税小规模纳税人销售货物、提供加工修理修配劳务月销售额超过3万元（按季纳税9万元），或者销售服务、无形资产月销售额超过3万元（按季纳税9万元），使用新系统开具增值税普通发票、机动车销售统一发票、增值税电子普通发票。

（三）增值税普通发票（卷式）启用前，纳税人可通过新系统使用国税机关发放的现有卷式发票。

（四）门票、过路（过桥）费发票、定额发票、客运发票和二手车销售统一发票继续使用。

（五）采取汇总纳税的金融机构，省、自治区所辖地市以下分支机构可以使用地市级机构统一领取的增值税专用发票、增值税普通发票、增值税电子普通发票；直辖市、计划单列市所辖区县及以下分支机构可以使用直辖市、计划单列市机构统一领取的增值税专用发票、增值税普通发票、增值税电子普通发票。

（六）国税机关、地税机关使用新系统代开增值税专用发票和增值税普通发票。代开增值税专用发票使用六联票，代开增值税普通发票使用五联票。

（七）自2016年5月1日起，地税机关不再向试点纳税人发放发票。试点纳税人已领取地税机关印制的发票以及印有本单位名称的发票，可继续使用至2016年6月30日，特殊情况经省国税局确定，可适当延长使用期限，最迟不超过2016年8月31日。

纳税人在地税机关已申报营业税未开具发票，2016年5月1日以后需要补开发票的，可于2016年12月31日前开具增值税普通发票（税务总局另有规定的除外）。

（22）总公司与下属二级法人单位之间签订的借款协议是否需要缴纳印花税？

答：根据《中华人民共和国印花税暂行条例》规定，征收印花税的借款合同的征税范围为：银行及其他金融组织和借款人所签订的借款合同。不符合上述金融组织条件的企业间借款的合同不需要贴花。

政策依据：

《国家税务局关于印花税若干具体问题的解释和规定的通知》（国税发〔1991〕155号）第五条规定："我国的其他金融组织，是指除人民银行、各专业银行以外，由中国人民银行批准设立，领取经营金融业务许可证书的单位。"

（23）业务人员不慎将取得的增值税专用发票抵扣联丢失，还没有进行认证，如何才能再进行认证抵扣？

答：企业将取得的增值税专用发票抵扣联丢失，可凭相应发票的发票联复印件，作为增值税进项税额的认证抵扣凭证。

政策依据：

《国家税务总局关于增值税发票综合服务平台等事项的公告》（国家税务总局公告2020年第1号）规定：

四、纳税人同时丢失已开具增值税专用发票或机动车销售统一发票的发票联和抵扣联，可凭加盖销售方发票专用章的相应发票记账联复印件，作为增值税进项税额的抵扣凭证、退税凭证或记账凭证。

纳税人丢失已开具增值税专用发票或机动车销售统一发票的抵扣联，可凭相应发票的发票联复印件，作为增值税进项税额的抵扣凭证或退税凭证；纳税人丢失已开具增值税专用发票或机动车销售统一发票的发票联，可凭相应发票的抵扣联复印件，作为记账凭证。

（24）员工在本公司内部刊物上发表文章取得的稿费，如何代扣其个人所得税？

答：员工投稿本单位内部刊物获得奖励或稿费属于因任职、受雇而取得的所得，应与其当月工资收入合并，按“工资、薪金所得”项目征收个人所得税。

政策依据：

①《中华人民共和国个人所得税法实施条例》规定：

“工资、薪金所得”是指个人因任职或者受雇而取得的工资、薪金、奖金、年终加薪、劳动分红、津贴、补贴以及与任职或者受雇有关的其他所得。“稿酬所得”是指个人因其作品以图书、报刊形式出版、发表而取得的所得。

②《国家税务总局关于个人所得税若干业务问题的批复》（国税函〔2002〕146号）规定：

（一）任职，受雇于报刊、杂志等单位的记者，编辑等专业人员，因在本单位的报刊、杂志上发表作品取得的所得，属于因任职、受雇而取得的所得，应与其当月工资收入合并，按“工资、薪金所得”项目征收个人所得税。

除上述专业人员以外，其他人员在本单位的报刊、杂志上发表作品取得的所得，应按“稿酬所得”项目征收个人所得税。

（二）出版社的专业作者撰写、编写或翻译的作品，由本社以图书形式出版而取得的稿费收入，应按“稿酬所得”项目计算缴纳个人所得税。

（25）个人手机通讯费，如通讯费补助已纳入工资总额管理，所扣缴的个人所得税，是否可以在企业所得税前扣除？

答：《国家税务总局关于企业工资、薪金和职工福利费等支出税前扣除问题的公告》（国家税务总局公告2015年第34号）规定，列入员工工资、薪金制度，固定与工资、薪金一起发放的福利性补贴，符合《国家税务总局关于企业工资、薪金及职工福利费扣除问题的通知》（国税函〔2009〕3号）规定的合理工资、薪金支出条件的，可作为企业发生的工资、薪金支出在企业所得税税前扣除。所以企业通讯费补助如果已纳入工资总额管理，并且已扣缴个人所得税，则满足《国家税务总局关于企业工资、薪金及职工福利费扣除问题的通知》（国税函〔2009〕3号）规定的合理工资、薪金支出条件，可以作为工资、薪金支出在企业所得税税前扣除。

政策依据：

①《财政部关于企业加强职工福利费财务管理的通知》（财企〔2009〕242号）规定：

第二条　企业为职工提供的交通、住房、通讯待遇，已经实行货币化改革的，按月按标准发放或支付的住房补贴、交通补贴或者车改补贴、通讯补贴，应当纳入职工工资总额，不再纳入职工福利费管理。

②《国家税务总局关于企业工资、薪金和职工福利费等支出税前扣除问题的公告》（国家税务总局公告2015年第34号）规定：

一、企业福利性补贴支出税前扣除问题

列入企业员工工资、薪金制度，固定与工资、薪金一起发放的福利性补贴，符合《国家税务总局关于企业工资、薪金及职工福利费扣除问题的通知》（国税函〔2009〕3号）第一条规定的，可作为企业发生的工资、薪金支出，按规定在税前扣除。

不能同时符合上述条件的福利性补贴，应作为国税函〔2009〕3号文件第三条规定的职工福利费，按规定计算限额税前扣除。

③《国家税务总局关于企业工资、薪金及职工福利费扣除问题的通知》（国税函〔2009〕3号）第一条规定：

第一条《实施条例》第三十四条所称的“合理工资、薪金”，是指企业按照股东大会、董事会、薪酬委员会或相关管理机构制订的工资、薪金制度规定实际发放给员工的工资、薪金。税务机关在对工资、薪金进行合理性确认时，可按以下原则掌握：

（一）企业制订了较为规范的员工工资、薪金制度；

（二）企业所制订的工资、薪金制度符合行业及地区水平；

（三）企业在一定时期所发放的工资、薪金是相对固定的，工资、薪金的调整是有序进行的；

（四）企业对实际发放的工资、薪金，已依法履行了代扣代缴个人所得税义务。

（五）有关工资、薪金的安排，不以减少或逃避税款为目的。

第二章

预算管理

第一节　部门预算

一、中央部门预算编制的总体规程

（一）中央部门预算编制原则

1. 合法性原则

部门预算的编制要符合《中华人民共和国预算法》（以下简称《预算法》）和国家其他相关法律、法规的要求，充分体现国家有关方针、政策，并在法律赋予部门的职能范围内进行。具体来讲：一是收入要合法合规。组织基金收入要符合国家法律、法规的规定；行政事业性收费要按财政部、国家发改委和价格管理部门核定的收费项目和标准测算等。二是各项支出要符合财政宏观调控的目标，要遵守现行的各项财务规章制度。支出预算要结合本部门的事业发展计划、职责和任务测算；对预算年度收支增减因素的预测要充分体现与国民经济和社会发展计划的一致性，要与经济增长速度相匹配；项目和投资支出方向要符合国家产业政策；支出的安排要体现厉行节约、反对浪费、勤俭办事的方针；人员经费支出要严格执行国家工资和社会保障的有关政策、规定及开支标准；日常公用经费支出要按国家、部门或单位规定的支出标准测算；部门预算需求不得超出法律赋予部门的职能范围。

2. 真实性原则

部门预算收支的预测必须以国家社会经济发展计划和履行部门职能的需要为依据，对每一收支项目的数字指标应认真测算，力求各项收支数据真实准确。机构、编制、人员、资产等基础数据资料要按实际情况填报；各项收入预算要结合近几年实际取得的收入并考虑增收减收因素测算，不能随意夸大或隐瞒收入；支出要按规定的标准，结合近几年实际支出情况测算，不得随意虚增或虚列支出；各项收支要符合部门的实际情况，测算时要有真实可靠的依据，不能凭主观印象提高开支标准编制预算。

3. 完整性原则

部门预算编制要体现综合预算的思想。各种预算外资金要严格执行“收支两条线”管理，应将所有收入和支出全部纳入部门预算，改变预算内外资金“两张皮”的状况，取消收支挂钩的预算核定方法，对单位的预算内、外各项财政资金和其他收入统一管理、统筹安排，统一编制综合财政预算。编制预算时，要将部门依法取得的包括所有财政性资金在内的各项收入以及相应的支出作为一个有机整体进行管理，对各项收入、支出预算的编制做到不重不漏，不得在部门预算之外保留其他收支项目。

4. 科学性原则

部门预算编制要具有科学性，主要体现在：预算收入的预测和安排预算支出的方向要科学，要与国民经济社会发展状况相适应，要有利于促进国民经济协调健康、可持续发展；预算编制的程序设置要科学，合理安排预算编制每个阶段的时间，既要以充裕的时间保证预算编制的质量，也要注重提高预算编制的效率；预算编制的方法要科学，测算的过程要有理有据；预算的核定要科学，基本支出预算定额要依照科学的方法制定，项目支出预算编制中要对项目进行遴选，分轻重缓急排序，科学合理地选择项目。

5. 稳妥性原则

部门预算的编制要做到稳妥可靠，量入为出，收支平衡，不得编制赤字预算。收入预算要留有余地，没有把握的收入项目和数额，不要列入预算，以免收入不能实现时，造成收小于支；预算要先保证基本工资、离退休费和日常办公经费等基本支出，以免预算在执行过程中被不断调整。项目预算的编制要量力而行，有多少钱办多少事。

6. 重点性原则

部门预算编制要做到合理安排各项资金，本着“一要吃饭，二要建设”的方针，在兼顾一般的同时，优先保证重点支出。根据重点性原则，要先保证基本支出，后安排项目支出；先重点、急需项目，后一般项目。基本支出是维持部门正常运转所必需的开支，如：人员基本工资、国家规定的各种补贴津贴、离退休人员的离退休费、保证机构正常运行所必需的公用经费支出以及完成部门职责任务所必需的其他支出，因此要优先安排预算，不能留有缺口；项目支出根据财力情况，按轻重缓急，优先安排党中央、国务院交办的事项，符合国民经济和社会发展计划、符合国家财政宏观调控和产业政策的项目。

7. 透明性原则

部门预算要体现公开、透明原则。对于单位的经常性支出，要通过建立科学的定员定额体系，以实现预算分配的标准化。对于部门为完成特定行政工作任务或事业发展而发生的各类项目支出，要通过填报项目文本、建立项目库、科学论证、采用择优排序的方法确定必保项目和备选项目，结合当年的财力状况与财政支出重点，优先安排急需、可行的项目，从而减少预算分配中存在的主观随意性与“暗箱操作”，使预算分配更加规范、透明。

8. 绩效性原则

部门预算应建立绩效考评制度，对预算的执行过程和完成结果实行全面的追踪问效，不断提高预算资金的使用效益。在项目申报阶段，要对申报项目进行充分的可行性论证，以保障项目确实必需、可行；在项目执行阶段，要建立严格的内部审核制度和重大项目建设成果报告制度，以对项目进程和资金使用情况进行监督，对阶段性成果进行考核评价；在项目完成阶段，项目单位要及时组织验收和总结，并将项目完成情况报中央部门，中央部门要将项目完成情况汇总报财政部。中央部门和财政部要将项目完成情况和绩效考评结果分别记入中央部门项目库和财政部项目库，并作为财政部以后年度审批立项的参考依据，以强化对部门预算资金使用过程的监督和使用效益的考核分析，促使预算资金的安排由“重分配”向“重管理”转变。

（二）中央部门预算编制规程

从2000年预算年度开始的中央部门预算改革，随着我国市场经济体制改革和公共财政管理体制建设的不断深入而稳步推进，目前已建立起一个以预算编制为核心、以国库集中收付和政府采购为主要执行手段、初步规范的预算管理模式。近年来，结合部门预算改革的新举措、新内容，财政部每年都对部门预算编制规程进行分析，适时作出修改和完善，逐步在各部门内部形成一个分工合理、相互协作、运转顺畅的部门预算编制机制。

1. 中央部门预算编制总体规程

自2000年部门预算改革以来，中央部门预算改革不断深化，为保证部门预算编制的质量，财政部在预算编制时间、流程上都提出了具体要求。

为保证部门预算编制工作顺利进行，每年财政部在布置预算编制工作的时候，都要对各部门编报预算时间进行统一规定。总体流程是：7月财政部统一布置下一年度预算编制工作；9月各部门向财政部报送预算建议数；11月财政部向各部门下达预算控制数；12月初各部门依据财政部下达的预算控制数向财政部报送正式预算；12月底财政部将审核后汇总的中央预算草案及拟提请全国人民代表大会审议的中央有关部门的预算上报国务院；次年1月财政部将国务院批准的中央预算草案报送全国人民代表大会预算工作委员会交换意见，并根据其意见修改预算草案；2月财政部正式将预算草案提交全国人大财政经济委员会审议，财政部在全国人民代表大会批准中央预算草案30日内批复中央各部门预算，中央各部门应自财政部批复本部门预算之日起15日内，批复所属各单位的预算。

2. 中央部门预算编制具体流程

中央部门预算编制程序实行“二上二下”的基本流程（见图2-1）。

（1）“一上”：部门编报预算建议数。近几年主要是按照每年预算编制通知的精神和要求编制项目预算建议数，并提供与预算需求相关的基础数据和相关资料，主要涉及基本支出核定的编制人数和实有人数、增人增支的文件、必保项目的文件依据。然后层层审核汇总，由一级预算单位审核汇编成部门预算建议数，上报财政部。

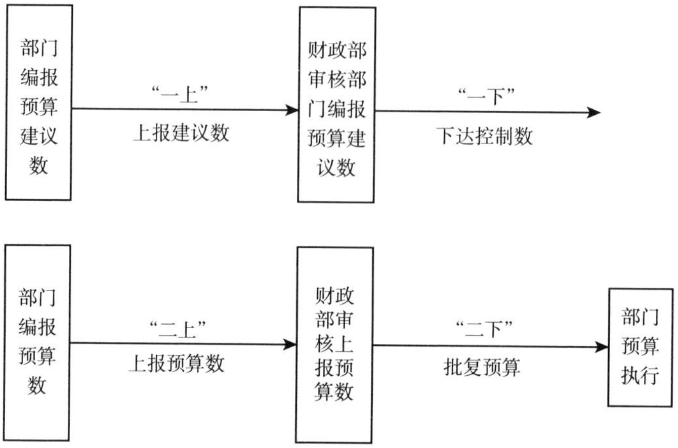

图 2-1 中央部门预算编制流程

（2）“一下”：财政部下达预算控制数。对各部门上报的预算建议数，由财政部各业务主管机构进行初审，由预算司审核、平衡，在财政部内部按照规定的工作程序反复协商、沟通，最后由预算司汇总成中央本级预算初步方案报国务院，经批准后向各部门下达预算控制限额。涉及有预算分配权部门的指标确定，由财政部相关主体司对口联系，其分配方案并入“一下”预算控制数，统一由财政部向中央部门下达。

（3）“二上”：部门上报预算。部门根据财政部门下达的预算控制限额，编制部门预算草案上报财政部，基本支出在“目”级科目由部门根据自身情况在现行相关财务制度规定内自主编制。

（4）“二下”：财政部批复预算。财政部根据全国人民代表大会批准的中央预算草案批复部门预算。财政部门在对各部门上报的预算草案审核后，汇总成按功能编制的本级财政预算草案和部门预算；报国务院审批后，再报全国人民代表大会预算工作委员会（以下简称“全国人大预工委”）和全国人民代表大会财政经济委员会（以下简称“全国人大财经委”）审核，最后提交全国人民代表大会审议。在全国人民代表大会批准预算草案后一个月内，财政部预算司组织部内部门预算管理司统一向部门批复预算，各部门应在财政部批复本部门预算之日起15日内，批复所属各单位的预算，并负责具体执行。中央部门预算编制流程如图2－2所示。

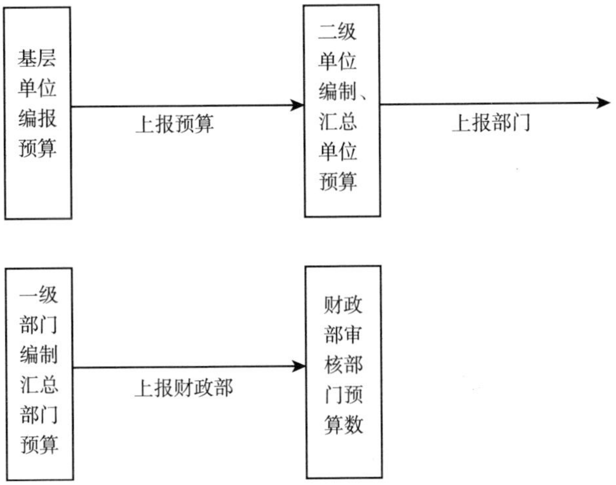

图2－2　中央部门编报预算流程

中央部门或单位在编报预算的过程中，通过利用“中央部门预算编报系统”编制和上报部门预算建议数，根据预算控制数编制和上报部门预算数。中央部门编报预算的流程如图2－2所示。

（三）中央部门预算调整流程

在预算执行过程中，如出现国家政策发生变化或重大自然灾害等不可预见因素，部门可向财政部申请调整预算。预算调整申请应包括调整的事项和原因、调整的必要性、调整的金额等。对调整理由不充分的预算调整申请，财政部不予受理。具体流程如图2－3所示。

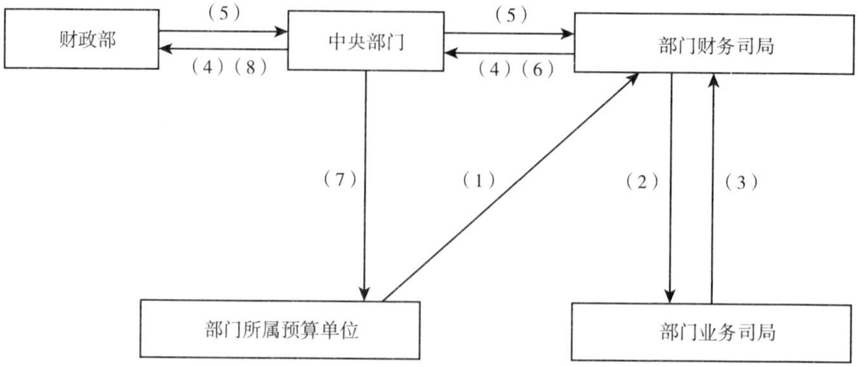

图2-3 中央部门预算调整流程

注：(1) 部门所属预算单位提出调整预算申请；
(2) 部门财务司局将所属预算单位调整预算申请分解到业务司局；
(3) 部门业务司局对调整预算申请提出审核建议反馈财务司局；
(4) 部门财务司局提出本部门调整预算申请，经部门领导批准后报财政部；
(5) 财政部审批部门上报的调整预算申请；
(6) 部门财务司局根据财政部批准调整预算申请拟定预算调整方案报部门党组；
(7) 调整部门所属预算单位预算；
(8) 将所属预算单位预算调整情况报财政部备案。

二、中央部门基本支出预算编制

(一) 基本支出预算的基本概念

1. 基本支出预算的含义

基本支出预算主要是保障单位机构正常运转、完成日常工作任务而编制的年度支出计划，包括人员经费和日常公用经费两部分。人员经费主要是指维持机构正常运转且可归集到个人的各项支出。公用经费主要是指维持机构正常运转但不能归集到个人的各项支出。

2. 基本支出预算编制的原则

一是综合预算的原则。在编制基本支出预算时，各部门要对当年财政拨款和以前年度结转和结余资金、其他资金，包括单位财政补助收入、非税收入和其他收入等，统筹考虑、合理安排。二是优先保障的原则。部门预算的编制要根据财力可能，结合单位的行政事业工作任务需要，合理安排各项资金。预算资金的安排，要首先用于基本支出的合理需要，保障中央部门的正常运转，履行基本职能。三是定额管理的原则。基本支出预算实行以定员定额为主的管理方式，同时结合部门资产占有情况，通过建立实物费用定额标准，实现资产管理与定额管理相结合。对于基本支出中没有财政拨款的事业单位，其基本支出预算可以按照国家财务规章制度和部门预算管理有关要求，结合单位的收支情况，采取其他方式合理安排。需要特别强调的是：基本支出预算实行以定员定额为主的管理方式，这里“定额”指的是预算分配定额，它用于公开、透明、规范地分配预算，而不是预算执行定额。另外，目前下达给部门的定员定额是综合定额，而不是单项定额，但在具体定额标准制定过程中是按照单项定额分项目测算的。

3. 基本支出预算的申报审核

中央部门根据财政部编制年度部门预算的要求，在规定时间内，组织编制本部门申报基本支出预算的基础数据和相关资料，按照规定格式报送财政部。财政部对中央部门报送的基础数据和相关资料进行审核，按照定额标准及有关数据，测算并下达基本支出预算控制数（包括人员经费和日常公用经费）及财政拨款补助数。

中央部门在财政部下达的基本支出预算控制数额及财政部补助数额内，根据本部门的实际情况和国家有关政策、制度规定的开支范围及开支标准，在人员经费和日常公用经费各自的“目”级科目之间，自主调整编制本部门的基本支出预算，在规定的时间内报财政部。

财政部依法在规定的时间内，对中央部门报送的预算进行审核汇总，上报国务院审定。经全国人民代表大会批准后，及时向中央部门批复。

基本支出预算中按照规定应当纳入政府采购的支出，应当同时纳入政府采购预算，并按照国家有关政府采购的规定执行。

4. 基本支出定额项目

基本支出定额项目主要包括人员经费和日常公用经费两部分。人员经费定额项目主要包括基本工资、津补贴及奖金、社会保障缴费、离退休费、助学金、医疗费、住房补贴等。日常公用经费定额项目主要包括办公及印刷费、办公用房水电费、邮电费、办公用房取暖费、办公用房物业管理费、公务用车运行维护费、差旅费、会议费、福利费、日常维修费、专用材料及一般设备购置费、公务交通补贴等。在进行具体测算和分配时，可根据实际情况对定额项目进行适当整合，以更好推动部门加强资金统筹使用、体现综合定额管理有关要求。

（二）基本支出定员定额标准

根据部门预算管理有关规定，基本支出定员定额标准由“双定额”构成，即综合定额和财政补助定额。综合定额是针对综合预算而言的，是指财政部按人或物核定的部门、单位总体或某个定额项目的大口径支出标准，如财政部核定某单位在职职工人均支出水平 5 万元/年，人均 5 万元/年即为综合定额；财政补助定额是财政部对与其有预算缴拨款关系的部门、单位按人或物核定的财政补助标准，是为了保证财政预算分配的公平、公正和规范而制定的分配标准，即财政预算分配定额，如财政部按某单位在职职工人数人均补助 2 万元/年，人均 2 万元/年即为财政补助定额。

1. 制定定员定额标准的依据

制定定员定额标准既要依据国家方针政策和财务制度的有关规定，又要考虑实际支出因素的变化。人员经费的定额标准，严格按照国家的工资制度和有关政策规定的开支范围、开支标准核定；日常公用经费定额标准的核定，相关开支标准有文件规定的，一般以文件规定为基础核定；没有文件规定的，按照《中央本级基本支出预算管理办法》（以下简称《办法》）的有关规定参照相关因素进行核定。

2. 制定定员定额标准的一般程序和方法

制定定员定额标准，是一项政策性强、涉及范围广、工作量大、要求高的工作。它既关系到行政事业单位财务管理水平的提高，又影响到行政事业工作任务的完成，同时，还与国家、单位、个人三者的利益密切相关。因此在制定定员定额标准时，必须贯彻执行国家有关方针、政策、做好深入细致的调查研究工作。根据公平和效率的原则，制定的定额标准既要体现公平性，又要照顾到不同类型单位的需要。按照《办法》的规定、制定定额标准一般应从以下 4 个方面进行：

（1）明确定额的计算对象。部门或单位的基本支出是与人、物或工作任务紧密相关的，因此，定额的计算对象必然是人、物或工作任务。人员经费定额中的各项内容一般以人作为计算对象，日常公用经费定额项目中的各项内容的计算一般也以人为主，同时辅之以能够定量的物或工作任务，即物化指标。如办公用房水电费、取暖费和物业管理费按面积，公务用车运行维护费按车辆台数，剧团按演出场次等。也就是说，定额的制定是根据支出的具体情况来确定具体计算对象的。

（2）收集基础数据。一般以单位各年度财务决算数据为依据，同时参考单位各年度有关预算数据，或通过专项调查收集有关数据资料。一般数据资料包括两部分：一是单位收支数据。如单位组织收入及支出的明细数据；二是人员、资产、工作任务、业务性质等基础数据。收集数据的范围视测算的需要而定。

（3）分析整理数据。首先要剔除一些不合理的因素，使收集的数据资料在范围、内容上与定额标准涵盖的范围、内容相一致，确保各项数据资料准确并在测算口径上具有可比性。长期以来，在基本支出经费的使用和管理过程中，一方面存在着经费供需矛盾突出，用项目经费弥补基本支出经费的情况；另一方面也存在着一些不应在基本支出中列支的内容而列支基本支出的情况。因此，在制定基本支出定员定额标准的过程中，要对现有基本支出的开支内容进行彻底清理，对基本支出的开支范围进行准确界定，确保基础数据真实、可靠，定额标准确定合理、规范。

（4）核定各项综合定额标准。定额标准是根据财力可能，结合部门的工作量、占有的资源、实际支出状况及部门分类，以人或实物资产为计算对象制定的，在兼顾公平和现状的基础上，确定同类部门的各单项定额标准。各个单项定额标准的总和，构成单位基本支出的综合定额。

根据上述方法初步测算确定出定额标准以后，还要进行复盘试算。除进一步分析各单位支出的历史演变过程和未来发展趋势外，还要看目前制定的各单位的定额标准是否符合国家的方针政策和各单位对资金的客观需求。最终，根据财力情况，经过反复比较测算以后，才能确定定额标准。

3. 定员定额标准体系

部门预算改革以来，随着基本支出改革的不断深化，基本支出定员定额管理的实施范围逐步扩大。结合部门预算管理有关要求，逐步建立了较为完善的分类分档定额标准体系，提高了基本支出预算分配的科学性和合理性。

（1）行政单位。根据各部门在党政序列中的位置及其职能等因素，将中央部门分为三大类，即党政领导机关、党务政务部门、其他部门和机构。

（2）参公单位。从 2006 年起，财政部开始研究参公单位纳入定员定额试点工作。经过几年的努力，参公单位定员定额试点工作在规范预算管理、保障单位运行等方面取得了初步成效，摸清了参公单位基本情况，规范了基本支出预算管理，提高了定额标准的科学性、准确性，保障了参公单位的正常运转。

（3）事业单位。从 2008 年开始，在对中央部门所属事业单位的基本情况、人员情况、收支情况等进行摸底和分析的基础上，结合分类推进事业单位改革工作，逐步将公益性较强的事业单位纳入定员定额管理范围。

下一步，根据 2018 年党和国家机构改革、事业单位分类改革等进展情况，财政部将对实行定员定额管理的单位范围做进一步调整完善。

4. 定额标准的调整

制定定额标准是一项非常具体和繁琐的工作，工作量大、需要考虑的因素多。为保证定额标准既科学合理又切实可行，除对行政机关或事业单位的开支范围进行合理划分外，定额标准还要随着时间推移、政策的变化、业务特点和单位职责的变动、物价水平和经济发展状况等实际情况的变化作适当的调整。《办法》中对定额标准的调整作出了以下规定：定额标准的执行期限与预算年度一致；定额标准的调整在预算年度开始前进行；定额标准一经下达，在年度预算执行中不作调整；影响预算执行的有关因素，在确定下一年度定额标准时，由财政部统一考虑。

三、中央部门项目支出预算概述

（一）项目支出预算的内涵和特征

项目支出预算是部门支出预算的重要组成部分，是中央部门为完成其特定的行政工作任务或事业发展目标，在基本支出预算之外编制的年度支出计划，包括基本建设、有关事业发展专项计划、专项业务费、大型修缮、大型购置、大型会议等项目支出。

项目支出预算是围绕“项目”编制的支出计划，项目支出预算具有几方面特征：一是专项性。项目支出预算的专项性体现在预算与业务的结合之中，预算围绕项目，项目围绕特定的业务目标，预算是为完成特定业务目标而编制的经费支出计划，针对不同目标应分别设立项目。二是独立性。每个项目支出预算应有其支出的明确范围，项目之间支出不能交叉，项目支出与基本支出之间也不能交叉，如果出现交叉则说明项目的目标或任务有重叠，项目边界不清，设置不尽合理。三是完整性。项目支出预算应包括完成特定业务目标所涉及的全部经费支出，应避免将为一个目标而发生的支出拆解分散到多个项目支出中去。

（二）项目支出基础性管理

1. 项目支出预算管理的基本原则

（1）综合预算的原则。即项目支出预算要体现预算内外资金统筹安排的要求；

（2）科学论证、合理排序的原则。即申报的项目应当进行充分的可行性认证和严格审核，分轻重缓急合理排序后视当年财力状况择优进行安排；

（3）追踪问效的原则。即财政部和中央部门对财政预算资金安排项目的执行过程实施追踪问效，并对项目完成结果进行绩效评价。

2. 项目类型的划分

项目按照支出性质分为基本建设类项目、行政事业类项目和其他类项目三大类。基本建设类项目是指按照国家关于基本建设管理的规定，用于基本建设资金安排的项目。行政事业类项目是指中央部门由行政事业费开支的项目。主要包括：由国家批准设立的有关事业发展专项计划、工程、基本项目，经常性专项业务费项目，以及大型修缮、大型购置、大型会议等项目。其他类项目是指除上述两类项目之外的项目。主要包括：用于科技三项费用、农业综合开发、政策性补贴、对外援助、支援不发达地区支出等资金安排的项目。

3. 项目类别的划分

项目按照部门预算测算及编报要求分为：国务院已研究确定项目，经常性专项业务费项目，跨年度支出项目和其他项目四种类型。

（1）国务院已研究确定项目，指国务院已研究确定需由财政预算资金重点保障安排的支出项目。此类项目包括：党中央、国务院文件中明确规定中央财政预算安排的项目（以相关文件为依据）；党和国家领导人明确批示由财政予以安排、保障，且经国务院总理（或分管财政的国务院领导）同意的项目（以批示件为依据）。具备上述条件之一的，方可列为国务院已研究确定项目。

（2）经常性专项业务费项目，指中央部门为维持其正常运转而发生的大型设施、设备、大型专用网络运行费和为完成特定工作任务而持续发生的支出项目。此类项目必须同时具备下列条件：第一，已经（或将要）连续开支 10 年（含 10 年）以上的；第二，大型设施、设备、网络或电子系统的运行维护费；政治特别费；“两会”经费；人大立法、监督经费；执法部门办案费；公安、安全特殊支出（正常维持等经费）、常例性的专项检查；监管、监测、审批、审查经费。

（3）跨年度支出项目，指除以前年度延续的国务院已研究确定项目和经常性专项业务费项目之外，经财政部批准并已确定分年度预算，需在本年度继续安排预算的项目和当年新增的需在本年度及以后年度继续安排预算的支出项目。

（4）其他项目，是指除上述三类支出项目（以下简称“前三类支出项目”）之外，中央部门为完成其职责需在本年度预算中安排的支出项目。

4. 项目属性的划分

项目申报按其属性分为新增项目和延续项目两类。新增项目指本年度新增的需列入预算的项目。延续项目指以前年度已批准，并已确定分年度预算，需在本年度及以后年度预算中继续安排的项目。

（三）项目可行性报告的编写内容

申报项目的业务部门应向财务部门报送项目可行性报告，内容应包括以下五个方面：

1. 基本情况

（1）项目单位基本情况：单位名称、地址及邮编、联系电话、法人代表姓名、人员、资产规模、财务收支、上级单位及所隶属的中央部门名称等情况。

（2）可行性报告编制单位的基本情况：单位名称、地址及邮编、联系电话、法人代表姓名、资质等级等。

（3）合作单位的基本情况：单位名称、地址及邮编、联系电话、法人代表姓名等。

（4）项目负责人基本情况：姓名、职务、职称、专业、联系电话、与项目相关的主要业绩。

（5）项目基本情况：项目名称、项目类型、项目属性、主要工作内容、预期总目标及阶段性目标情况；主要预期经济效益或社会效益指标；项目总投入情况（包括人、财、物等方面）。

2. 必要性与可行性

（1）项目背景情况：项目受益范围分析；国家（含部门、地区）需求分析；项目单位需求分析：项目是否符合国家政策，是否属于国家政策优先支持的领域和范围。

（2）项目实施的必要性：项目实施对完成行政工作任务或促进事业发展的意义与作用。

（3）项目实施的可行性（项目的主要工作思路与设想）：项目预算的合理性及可靠性分析；项目预期社会效益与经济效益分析；与同类项目的对比分析；项目预期效益的持久性分析。

（4）项目风险与不确定性：项目实施存在的主要风险与不确定性分析；对风险的应对措施分析。

3. 实施条件

（1）人员条件：项目负责人的组织管理能力；项目主要参加人员的姓名、职务、职称、专业、对项目的熟悉情况。

（2）资金条件：项目资金投入总额及投入计划；对财政预算资金的需求额；其他渠道资金的来源及其落实情况。

（3）基础条件：项目单位及合作单位完成项目已经具备的基础条件（重点说明项目单位及合作单位具备的设施条件，需要增加的关键设施）。

（4）其他相关条件。

4. 进度与计划安排

5. 主要结论

（四）项目的审核和项目预算的批复

根据新的管理办法要求，项目应分级进行管理。项目的审核也要按照部门、部门预算管理司、财政预算总额控制三个级次进行，体现分级管理的不同目标与要求。

1. 部门审核

部门根据本部门及下属单位的职能需要，对项目进行常规性审核，将符合部门事业发展目标、规划的项目纳入本部门项目库，作为申报年度部门预算的基础信息来源和基本依据。

2. 部门预算管理司审核

部门预算管理司对分管部门汇总上报的项目，根据各部门所承担的不同职能进行规范性审核，并在部门之间综合平衡。

3. 财政预算总额控制审核

预算司根据国家发展规划、财力可能及项目申请额度，按类别进行综合平衡，实行总规模控制。对部门申报项目预算按申请财政拨款总额的 120% 进行控制，即中央部门申报的项目财政拨款预算总额原则上控制在上一年度项目支出财政拨款预算总额的 120% 以内。

财政部根据国家有关方针、政策和中央部门行政工作任务、事业发展目标，确定当年项目安排的原则和重点，并根据年度财力状况和项目排序，安排项目支出预算，列入中央部门年度预算。

中央部门在编制年度支出预算时，先用部门以前年度净结余资金优先安排新增的本部门项目支出。在此前提下，根据部门确定的轻重缓急、排序情况，结合中央财政年度财力状况，安排部门项目支出预算。在年度预算执行中，需要追加项目支出的，除非国务院明确批示该项目为当年新增加的任务外，否则只考虑年度预算批复时没有考虑但当年必须完成的项目，资金安排也应先使用本部门净结余资金，在结余资金不足或没有结余资金的情况下，再考虑追加预算指标。

财政部核定各部门的项目支出预算，经全国人大批准后，按规定时间向中央部门批复预算。项目支出预算一经批复，中央部门和项目单位不得自行调整。预算执行过程中，如发生项目变更、终止、调整预算的，必须按照规定的程序报批。

（五）项目的清理

1. 项目清理的目的

项目清理的目的是合理确定预算已批复项目的类别，初步估算需在下一年度预算中继续安排的“前三类支出项目”预算建议数，实现项目库中项目的滚动管理。

2. 项目清理的范围

项目清理的范围包括中央部门年度预算已批复的项目。其中，基本建设支出类（不包括非财政专项安排的基本建设支出类项目）、科技三项费用类、企业挖潜改造资金类、流动资金类、国防支出类和武装警察部门支出类项目只列明国务院已研究确定项目。

3. 具体要求

（1）严格项目类别划分。在项目清理过程中，各部门要严格按照规定的范围和标准进行，不得自行改变项目清理的范围和标准；要严格按照项目类别划分的标准对年度预算已批复项目进行合理的类别划分，将项目按类别划分为国务院已研究确定项目、经常性专项业务费项目、跨年度支出项目、其他项目。对确需调整项目类别的项目进行类别调整；根据部门预算批复情况，将“前三类支出项目”分为延续项目和一次性支出项目。要根据项目清理结果，严格按照规定认真填写部门预算项目清理表。

（2）加强对“前三类支出项目”的管理。为加强对“前三类支出项目”的管理，对列入部门预算的“前三类支出项目”名称、编码、项目的使用方向在以后年度申报预算时将不再允许变动，项目预算按照立项时核定的分年度预算逐年安排。因此，在项目清理工作中，要严格控制“前三类支出项目”。其中，对于国务院已研究确定项目和跨年度支出项目，要提供项目立项依据（党中央、国务院文件，财政部批复文件）、项目总投资、项目执行期限等；对于经常性专项业务费项目，确实不能提供立项依据的，要说明理由，并逐项说明项目的支出范围。

（3）合理测算项目预算建议数。根据部门工作任务的需要和项目需求，合理测算下一年度预算中已安排的“前三类支出项目”中延续项目的预算初步建议数，并提供相应的测算依据。

（4）按时报送清理结果。开展预算项目的清理工作，并在规定的时间内完成，并将项目清理结果以书面形式（附数据盘一式两份）报财政部主管部门——预算司。

四、项目支出预算改革回顾

（一）部门预算改革前

在中央部门预算实施改革以前，部门的项目预算是先有经费预算指标，然再落实到具体项目，基本上是财政先“切块”分配资金，再由管理这些资金的部门将其分配到项目和各执行单位。预算编制随意，内容粗放、不具体；项目预算与部门职能业务脱节，无法体现预算政策；项目一年一定，缺乏稳定性和长期性；没有科学的项目决策程序，也没有完整的项目预算编审机制；项目执行过程中，缺乏有效监控，也没有追踪问效的制度；项目预算的约束力较差，资金使用的随意性较大，监督也比较薄弱；项目完成后也没有进行规范的成果、效益评价。以上这些都严重制约了预算编制质量的提高，阻碍了预算资金使用效率和效益的提高，以及财政支出结构的优化，不利于发挥预算的宏观政策工具作用。

（二）部门预算改革后

2000 年中央部门预算改革后，财政部将部门预算支出划分为基本支出和项目支出两部分，并分别按照不同模式管理。为规范新模式下的项目支出预算管理，2001 年，财政部颁布了《中央部门项目支出预算管理试行办法》；2002 年，财政部在修订的基础上印发了《中央本级项目支出预算管理办法（试行）》，同时还制定了《中央本级项目库管理规定（试行）》；2004 年，财政部又对《中央本级项目支出预算管理办法（试行）》进行修订，将其与《中央本级项目库管理规定（试行）》合并为《中央本级项目支出预算管理办法（试行）》；2007 年，财政部进一步对《中央本级项目支出预算管理办法（试行）》进行修订，印发了《中央本级项目支出预算管理办法》。经过各方面的共同努力，中央部门项目支出预算管理日趋规范，结构不断优化，绩效逐年提高，有力地保障了国家重大方针政策的贯彻落实和中央部门履行职能的需要，部门预算管理水平不断提高。

（三）项目支出预算管理中存在的问题

总体而言，2014 年以前的中央部门项目支出预算管理仍属于“条目预算”模式，所有项目支出按照类型和用途分类罗列，每一支出项目设置上限，执行中通过各项内外部措施确保支出按规定用途使用，且不超出上限。这些做法体现了预算的“控制导向”，其关注的焦点在于资源投入以及分配的过程，强调的是预算的保障功能和对资金使用过程的合规性约束，而不是使用公共资源所产生的效果。这一模式的优点是管理相对简便、易于控制，不足之处是管理维度单一，缺乏管理的层次性和总分结构，对政府较低层次和例行性事务关注度较多，对政府宏观政策目标、政策目标与预算之间的联系，以及支出的绩效等问题关注不够。此外，囿于年度预算框架，项目“一事一议”“一年一编”的情况较多，项目管理片段化，难以形成长期、连贯和稳定的政策思路，降低了预算的前瞻性、整体性和有效性。

面对全面深化改革的新形势、新要求，当前的项目支出预算管理已呈现出一些不相适应的地方，同时，随着预算管理外部环境的变化，一些深层次矛盾也逐步显现，主要有以下方面：一是预算项目缺乏科学合理的立项和分类标准，导致项目“小、散、碎”，数量繁多，重点不明。二是基本支出和项目支出界限模糊，既存在基本支出项目化的倾向，也存在项目支出基本化的问题。三是项目定额标准体系建设面临着较大困难和挑战，总体进展缓慢。四是项目库建设不够完善，入库项目缺乏认真的政策研究基础和严肃的评估评审，项目储备不足，项目库的基础性作用没有得到充分发挥。五是项目预算安排的随意性问题没有完全得到解决，绩效管理未有效发挥对预算安排的优化作用。

（四）改进项目支出预算管理的有利条件

与部门预算改革之初相比，预算管理的外部环境已经发生了显著的变化，表现在以下三方面：一是预算管理制度的日趋完善和内外部监督控制的不断加强，使得财政部门能够从传统控制支出的角色中解脱出来，把更多的注意力转到如何更好实现政府宏观目标与国家财政资源运用的结合上来。二是随着经济发展，财政实力显著增强，中央本级支出从部门预算改革之初的5800亿元增加到2018年的32466亿元，随着资金规模的扩大也强调更加注重预算资金的配置效率和使用效益。三是社会各界更加关注政府施政情况和提供公共服务的水平，预算作为反映政府宏观调控和公共服务提供情况的重要载体，其管理方式也要适时调整优化，更加聚焦政府施政目标和重大改革、政策等方面。

（五）改进项目支出预算管理的思路

1. 总体思路

政府预算要从单纯的控制收支的工具，转变为政府从事国家治理、实施宏观调控、实现施政目标的重要手段，更加注重预算作为一种管理工具的重要作用。与此相适应，项目预算要由目前的“条目预算”制向

"项目预算"制转变，主要目标是由传统的强调投入分配和支出保障功能，转向实现政府主要职能和中长期公共政策目标，突出预算的规划功能，发挥预算作为政策实施工具的作用。同时，促使中央各部门改善内部管理，转变行为方式，以更有效的方法、途径履行部门职责。

2. 具体设想

（1）完善项目设置规则。项目设置要更加规范合理，要反映中央部门主要职责并具备可执行性，在保障运行维护合理需要的前提下，更加突出重点，聚焦国家的重大改革、重要政策和重点项目，有效避免项目交叉重复。

（2）改进项目管理方式。实施项目分级管理，将部门的具体项目按照部门职责、行业或领域规划、项目内容等归集，形成若干个相对稳定的支出项目。改进项目分类方法，客观反映项目本质特征，采取有针对性的管理模式，并按轻重缓急安排预算。

（3）加强项目库管理。进一步做实项目库，将项目统一纳入项目库管理，做好项目储备，入库项目必须在前期政策研究的基础上形成，具备明确的实施期限、分年度预算、绩效目标和评价机制，实现项目全周期滚动管理。

（4）推进项目评审评价。将项目评审嵌入预算编制流程，部门要组织开展项目评审，并逐步实现评审范围的全覆盖，进入项目库的项目原则上要经过评审。财政部每年有计划地选择一部分重点项目进行再评审。积极推进项目绩效评价，根据评价结果调整以后年度项目预算安排。

（5）与中期财政规划相衔接。要推进部门、行业规划项目化，提高规划可实施性。同时，部门、行业规划确定的项目要与三年滚动财政规划相衔接，在财政规划确定的额度内合理安排项目实施节奏和力度，增强中期财政规划约束力。

五、加强和改进项目预算管理的主要内容

按照财税体制改革的总体方案，以及深化预算管理制度改革的有关部署，作为深化部门预算改革的一项重要内容，2015 年开始，财政部启动了关于加强和改进项目支出预算管理的改革工作，相继印发了《财政部关于加强和改进中央部门项目支出预算管理的通知》（财预〔2015〕82 号）、《财政部关于进一步做实中央部门预算项目库的意见》（财预〔2016〕54 号）、《财政部关于进一步完善中央部门项目支出预算管理的通知》（财预〔2017〕96 号）等文件。

（一）项目的分级管理

中央部门预算项目实行分级管理，分为一级项目和二级项目两个层次。

一级项目明细到支出功能分类的款级科目，按照部门主要职责设立并由部门作为项目实施主体，每个一级项目包含若干二级项目。一级项目要有明确的名称、实施内容、支出范围和总体绩效目标，项目数量要严格控制，项目名称、实施内容和支出范围等在年度间要保持相对稳定。

二级项目包括在现有项目基础上规范整合而成的项目和新设立的项目，立项单位为项目实施主体。二级项目的设立，要与对应的一级项目相匹配，有充分的立项依据、具体的支出内容、明确合理的绩效目标。二级项目明细到支出功能分类的项级科目，年初部门预算按二级项目批复。

（二）一级项目的管理

1. 一级项目的设立

一级项目在年度预算编制的前期准备阶段进行设置或调整。通用项目由财政部制定，并统一下发给部门。部门专用项目，由各部门提出建议，经财政部审核后下发给部门，作为部门编制二级项目的基础。

2. 一级项目的设立要求

一级项目的设置基础是部门职责。以国家战略发展规划、宏观调控政策为导向，以相关行业、领域中长期发展规划为依据，结合部门事业发展需要，根据职责分工设置一级项目。

一级项目主要体现中央本级支出责任，聚焦重大改革、重要政策和重点项目。一级项目应有指向明确、合理的绩效目标，并围绕绩效目标来设计项目实施方案，保证绩效目标具有可行性。

一级项目的设置与部门职责紧密衔接，对其项目数量要严格加以控制。一级项目一经设立，年度间应保持连续性、稳定性，一次性项目或短期工作任务原则上不设为专门的一级项目。

一级项目的名称应表意清晰、文字简练，准确反映项目的主要内容和范围等，避免与支出功能分类科目名称重复。一级项目应有独立、完整的支出内容，清晰、明确的实施范围，科学、合理的总体绩效目标。

一级项目的范围和规模应合理适度，避免规模过大或过小，要防止一级项目之间交叉、重叠。部门单项职责涉及支出规模较小的，应将多项职责合并设置一级项目；单项职责涉及支出规模较大的，应对职责适当细化后设置一级项目。

一、二级项目之间应相互衔接，一级项目要集中体现所属二级项目的主要内容和绩效目标，二级项目要与对应的一级项目相匹配。

3. 一级项目的分类

按照使用范围，部门一级项目分为通用项目和专用项目。

通用项目，指根据部门的共性项目设立并由各部门共同使用的一级项目。通用项目由财政部根据管理需要统一设立，主要包括有预算分配权部门管理的项目和归口管理的项目等，如：中央基建投资、军工基建投资等。

专用项目，指部门根据履行职能的需要自行设立和使用的一级项目。

专用项目由中央部门提出建议，报财政部核准后设立。

部门使用的每一个支出功能分类款级科目，原则上都应设置一个其他项目，归集该款级科目下部门专用项目未能涵盖的二级项目。

4. 一级项目的代码

为保证项目信息的完整、连续、可识别，对项目实行代码化管理。一级项目代码为8位数字，其中：部门通用项目代码为“999 +5位顺序码”。部门专用项目代码为“3位部门预算代码 +5位顺序码（范围为30001—40000）”。部门专用其他项目代码为“3位部门预算代码 +3位功能分类类级科目码 +2位功能分类款级科目码”。

5. 一级项目的内容

一级项目的内容应包括实施内容、支出范围和总体绩效目标。实施内容主要包括立项依据、涉及的工作任务、计划开展的活动等。支出范围指的是根据工作任务或开展的活动，计划发生的主要支出的范围。总体绩效目标指的是一级项目在预算年度内和三年内预期达到的产出和效果。

“一上”时，根据部门申报的预算和规划情况，对一级项目的上述内容要进行完整的、更为详细的填报，而且填报的相关内容中应分别描述与年度预算和三年规划对应的情况。“一下”后，根据财政部下达的控制数，在“二上”时，要对上述内容进行调整和修改。

（三）二级项目的管理

1. 二级项目的设立

二级项目由具体预算单位，根据项目支出预算管理的相关规定和部门的有关要求，自主设立。按照部门规定的程序和时间要求逐级上报部门。

2. 二级项目的设立要求

项目内容要反映政府施政目标、部门主要职责和发展规划，并避免与公用经费及其他项目交叉重复。项目要在深入的政策研究和充分论证的基础上设立，并具备可执行性，预算批复后即可实施。二级项目包括在现有项目基础上规范整合而成的项目和新设立的项目，项目单位为实施主体支出性质相同的预算事项原则上不按照司（局）、处（室）分别编报二级项目，应进行归并整合后合并编制，具体支出事项作为项目的子活动进行管理，避免对同类支出的管理碎片化。

3. 二级项目的分类

二级项目按照项目的重要性，划分为重大改革发展项目、专项业务费项目和其他项目。

重大改革发展项目，指党中央、国务院文件明确规定中央财政给予支持的改革发展项目，以及其他必须由中央财政保障的重大支出项目等。

专项业务费项目，指中央部门为履行职能，开展专项业务而持续、长期发生的支出项目，如：大型设施、大型设备运行费，执法办案费，经常性监管、监测、审查经费，以及国际组织会费、捐款及维和支出等。

其他项目，指除上述两类项目外，中央部门为完成特定任务需安排的支出项目。

基本建设项目统一列为其他项目，并按管理主体分为国家发展改革委安排的基建项目、中央财政安排的基建项目和其他主管部门安排的基建项目。

4. 二级项目的周期

二级项目要有明确的实施周期。项目实施周期应与国民经济社会发展规划、部门或行业发展规划的期限相适应，与中期财政规划相衔接。

除业务主管部门已明确批复实施周期外，项目实施周期一般不超过5年，项目到期后需继续安排的，应按程序重新立项。

专项业务费项目到期后，可补充编制后续年度的支出计划，实施周期相应顺延。

其他项目周期一经确定，原则上不得调整；确需调整的，按程序报批。

项目执行周期确实需要超过 5 年的，采取到期后重新立项的办法处理。

5. 二级项目的代码

二级项目代码为 18 位数字，由“3 位部门预算代码 + 3 位二级预算单位代码 + 3 位三级预算单位代码（或 000）+ 3 位四级预算单位代码（或 000）+ 2 位项目编制年份码 + 4 位顺序码”组成。部门根据管理需要，可以对单位使用的 4 位顺序码，单独制定使用规则。

6. 二级项目的内容

二级项目要与对应的一级项目相匹配，有充分的立项依据、详细的实施方案、明确的支出内容、具体的支出计划、合理的绩效目标。二级项目编制要统一按照“项目—活动—子活动—分项支出—标准（价格）—支出计划”的层次加以细化，清晰反映项目内容、具体活动和支出需求。对重大的经常性、专项性项目，要制定统一的项目立项指南、实施方案编写规范和支出计划填报模版，推进立项依据政策化、实施方案合理化、绩效目标科学化、项目活动清单化、支出内容选项化、经费开支定额化，建立健全项目编制的规范体系。

（1）立项依据。

二级项目的立项依据一般包括：法律法规规定的政府义务、国民经济社会发展五年规划、国务院政策文件、部门（单位）的职责等。无前述立项依据的项目，应对项目立项的意义和必要性进行全面阐述和论证，并对开展相关任务的决策过程进行描述。立项依据中应论述的内容包括：

①项目（及其政策）是否有利于发挥市场配置资源的基础性作用和更好地发挥政府作用；

②项目是否属于中央本级事权，与地方政府的职责关系；

③项目对国家安全、政治、经济、外交、文化，以及社会结构等方面的意义和影响；

④项目是否有利于促进社会公平正义，是否有利于降低社会成本提高效率；

⑤项目对于部门（单位）履行职能，完成工作任务的必要性及推动作用；

⑥项目是否属于本部门（单位）职能范围，其他部门（单位）是否开展类似项目，与本项目之间如何区分或衔接，其他部门（单位）已有类似项目的情况下，本部门（单位）相关项目立项是否必要等。

（2）实施方案。

项目的实施方案，要力求选择实现绩效目标的最优路径，降低成本消耗，提高产出绩效。实施方案一般应包括以下内容：

①项目的主要目标、总体思路、实施方式、步骤和计划、开展的主要活动；

②项目实施与实现项目目标之间的关联性；

③项目实施方案的路径选择是否最优的说明（是否有其他替代方案，为何选择本方案）；

④与本部门（单位）其他项目的关系（是否与其他项目交叉或互补）。

除上述内容外，二级项目还应填报与年度预算有关的相关管理信息，如：项目的密级和期限、是否纳入绩效评价等。

（四）项目的审核及申报

1. 部门审核和评审程序

（1）审核和评审的程序。部门内部的项目审核和评审程序，由部门自行确定。部门应结合部门内部的业务管理流程及预算分配机制，设计审核和评审程序。预算审核可以采取逐级审核、分级审核或部门集中审核等方式。

（2）审核和评审的内容。部门审核和评审的内容主要包括完整性、必要性、可行性和合理性等方面。对应纳入评审范围的项目，评审的结果是项目审核信息的必要组成部分。

（3）审核和评审中的项目调整。部门内部审核和评审过程中，如需调整项目，可以由下级单位调整后重新上报，也可以由上级单位直接进行调整。项目的相关信息，最终以部门审核同意为准。

（4）项目排序。部门要对一级项目下的二级项目进行优先排序。排序应作为预算和规划安排的重要参考因素。

2. 项目支出预算及项目库的申报

（1）项目支出预算的申报。按照财政部要求的分年度项目支出控制规模，部门根据项目的优先排序情况，将项目列入预算和规划中，向财政部申报预算。

（2）项目库的申报。按照财政部要求的分年度项目库控制规模，部门根据项目的优先排序情况，向财政部申报项目库。项目库的申报与项目支出预算的申报同步进行。申报的项目库中包含已列入预算和规划的全部项目，其他未列入预算和规划的项目，根据优先排序情况选择申报。

（五）项目预算评审

预算评审是完善预算编制流程，提高预算准确性的重要措施。通过开展评审工作，逐步建立健全预算评审机制，将预算评审实质性嵌入部门预算管理流程。规范项目入库管理，经过研究、论证、评审等程序后方可入库。所有项目纳入项目库管理，年度预算安排项目从项目库中择优选取。

1. 预算评审职责

中央部门（即直接向财政部报送部门预算的一级预算单位）和财政部按照部门预算管理权限，分别组织开展预算评审工作。财政部负责制定预算评审的管理制度、对各部门评审工作进行指导，对纳入财政部项目库的项目组织评审，运用评审结果。

中央部门预算评审工作应由部门内部负责预算管理的内设机构组织，主要职责是制定评审制度，选择中介机构和专家，监督评审过程，运用评审结果，安排评审经费等。接受委托的中介机构和专家独立开展评审工作，对出具的评审报告负责。

2. 预算评审范围

（1）部门评审范围。拟纳入中央部门项目库的项目原则上都要进行预算评审。为保证经济性和避免重复评审，以下项目可不纳入部门评审范围：已确定立项且按规定的支出标准和要求测算的项目、按规定由项目主管部门（指负责专项资金管理并审核相关部门申报项目的部门）评审的项目、绝密级项目（另有规定的除外）、总支出规模在100万元以下的项目、其他按规定不予评审的项目。预算执行中拟申请追加预算的项目，以及项目内容、绩效目标或支出总规模等发生调整的项目，原则上也要履行部门评审程序。

（2）财政评审范围。部门申报的项目中拟纳入预算安排的重大项目、财政专项安排的基本建设项目、专业性强或技术复杂的项目优先纳入财政部评审范围。预算执行中拟追加预算的项目，财政部也要有选择地进行评审。

3. 预算评审内容

预算评审的内容主要包括完整性、必要性、可行性和合理性等方面。

完整性主要是指项目申报程序是否合规，项目申报内容填写是否全面，项目申报所需资料是否齐全等。

必要性主要是指项目立项依据是否充分，与部门职责和宏观政策衔接是否紧密，与其他项目是否存在交叉重复等。

可行性主要是指项目立项实施方案设计是否可行，是否具备执行条件等。

合理性主要是指项目支出内容是否真实、合规，预算需求和绩效目标设置是否科学合理等。

4. 预算评审方式

根据预算管理级次的不同，部门可实行集中评审或分级评审，具体形式由部门自行确定。根据不同类型项目的特点，可采取由部门所属评审机构、委托有相应资质的社会中介机构或组织专家组评审等方式开展预算评审。对技术性、专业性较强的项目，原则上应委托专业评审机构评审。委托社会中介机构评审的，要根据政府购买服务的要求，按照政府采购法规定的方式确定承接主体，签订委托合同。组织专家组评审的，原则上应设立专家库并从中随机抽取符合相关专业要求的专家。财政部的评审工作主要由预算评审中心和财政部监管局承担。根据部门的需要，财政部预算评审中心可提供业务指导和技术支持。

5. 评审结果运用

部门要在提高评审质量的基础上，强化预算评审结果的运用，将评审结果作为项目入库、申报和调整的重要依据。要把预算评审的总体情况作为确定所属单位预算规模的参考因素之一，引导各单位如实申报项目和预算。

财政部将评审结果作为预算安排的重要依据，同时建立激励约束机制，按10%设置预算评审容忍度，财政部开展的项目预算评审，凡整体审减率超出容忍度的部门，压减部门下一年度预算，并扣减三年支出规划数。

（六）关于项目的调整及控制

1. 财政部对项目的调整与控制

（1）项目审核和评审。财政部主要审核项目的以下方面：一是项目内容的完整性，即项目应填报的相关内容是否完整；二是项目履行程序的合规性，即属于评审范围的项目是否经过评审等必经程序；三是项目立项的政策性，即项目立项是否符合党中央、国务院有关要求，以及国家有关法律法规和政策。

（2）项目的处理与调整。根据审核和评审情况，财政部对项目有三种处理方式：一是审核通过，纳入财政部项目库；二是审核未通过，且项目立项属于不符合国家有关政策的，财政部对相关项目明确标识“不予安排”；三是审核未通过，但不违反国家有关政策的项目，财政部通知部门进行调整后重新申报。对明确标识“不予安排”的项目，将随“一下”控制数一并反馈进入部门项目库，相关项目“二上”时不得再纳入预算或规划中予以安排。

（3）核定下达控制数。财政部根据全国中期财政规划、财政政策、部门需求等情况，综合平衡后，核定并下达部门三年项目支出控制数。控制数中明确一级项目和部分重点二级项目的具体分年控制数。财政部项目库随控制数一并下发给部门，相关信息反馈纳入部门项目库。

（4）项目动态评估清理。财政部每年选择部分中长期支出政策或重大项目进行滚动评估，评估结果作为安排预算和调整支出政策的重要依据。

2. 部门对项目的调整

（1）项目调整的控制规则。财政部控制数下达后，三年及分年支出总额不得调整。在一级项目的支出控制数规模内，部门可增减或替换二级项目，增加的二级项目必须是已申报纳入财政部项目库，且财政部未明确不予安排的项目。部门如需在一级项目之间进行调整，或对控制数中已明确的二级项目进行调整的，应报财政部批准。

（2）新增项目的调整程序。在“一下”与“二上”之间，部门如有新项目需要纳入预算或规划中安排的，应单独报财政部，由财政部履行相关审核程序并纳入财政部项目库后下发给部门。部门再将相关项目纳入预算或规划中予以安排。

（3）已入财政项目库的项目的调整程序。对已经纳入财政部项目库的项目，部门如需调整，应通过项目调整功能，将项目调整为新状态，单独报财政部，由财政部履行相关审核程序并纳入财政部项目库后下发给部门。部门再将相关项目纳入预算或规划中予以安排。

（4）项目动态评估清理。部门应建立项目评估清理机制，取消政策目标已实现或不再具备实施条件的项目；调整条件形势变化、未达到预期效果或支出标准不可持续的项目；整合投向趋同、交叉或政策碎片化的项目。

（七）项目的批复和调整

1. 项目的批复

全国人民代表大会批准中央预算后，财政部以“一级项目 + 二级项目”的形式批复各中央部门的年度项目支出预算。中央部门中期财政规划汇总并按程序报批后，财政部以“一级项目 + 二级项目”的形式下达各中央部门的三年项目支出规划。

2. 项目的调整

当年安排预算的项目一经批准，对当年的年初预算数不得再做调整，涉及调剂当年预算数的，在执行中，按照规定程序办理。

需调增当年预算的项目，应通过部门其他已列入预算安排的项目调减的当年指标解决，部门申请调剂时应将调增和调减的项目同时报财政部审核。项目的调剂必须全部通过项目库完成。财政部审核同意的调剂，通过项目库将相关调整信息反馈进入部门项目库。

对仅涉及对项目后两个年度支出计划调整的，原则上在预算执行中不做调整，在编制下一年度预算时统一调整。

六、项目支出定额标准体系建设

（一）积极推进项目支出定额标准体系建设的必要性

项目支出定额标准体系建设是部门预算管理和改革的重要内容，是实施全面规范、公开透明预算制度的重要支撑。项目支出定额标准体系是通用、专用和部门内部标准组成的相互联系、相互补充的有机整体，是申请、审核和安排预算资金的基本依据，在加强项目支出管理，促进管理规范化、科学化，以及深化部门预算改革等方面发挥着重要作用。《预算法》要求各部门、各单位按照财政部门制定的预算支出标准编制预算，《国务院关于深化预算管理制度改革的决定》（国发〔2014〕45 号）也明确提出要加快推进项目支出定额标准建设。新形势下，加快推进中央本级项目支出定额标准体系建设，既是加强部门预算管理、提高财政资金配置效率的现实需要，也是深入推进依法行政、依法理财的必然要求。

1. 积极推进项目支出定额标准体系建设有利于实施全面规范、公开透明的预算制度

“实施全面规范、公开透明的预算制度”是全面深化财税改革的一项重要内容，党的十九大报告提出了“建立全面规范透明、标准科学、约束有力的预算制度”，而制定内容完整、结构优化、定额科学、程序规范、修订及时的项目支出定额标准体系，是实施全面规范、公开透明预算制度的一项重要基础工程。积极推进标准体系建设有利于提高财政资

金分配率，规范资金使用行为，有利于建立现代财政制度，夯实全面深化财税体制改革的制度基础，有利于更好地发挥财政在国家治理中的支柱作用。

2. 积极推进项目支出定额标准体系建设有利于厉行节约、反对浪费，建设节约型政府

党的十八大以来，中央出台了关于改进工作作风、密切联系群众的八项规定，对厉行勤俭节约、反对铺张浪费提出了更高要求，从严控制有关因公出国（境）、差旅、会议、培训、公务用车、公务接待、办公用房等经费支出。2013年底出台的《党政机关厉行节约反对浪费条例》中明确提出要“科学设定相关标准”。积极推进项目支出定额标准体系建设，加快运用科学的方法和手段建立政府部门支出标准，能够促进项目支出管理全过程的科学化和规范化，不仅有利于节约财政资金，提高资金使用效益，更有利于推动形成党政机关厉行节约、反对浪费的良好风气，加快构建长效机制、创造节约型政府，进一步密切党群干群关系。

3. 积极推进项目支出定额标准体系建设有利于树立依法理财意识，推动国家治理现代化

积极推进项目支出定额标准体系建设，建立一套科学合理、统一规范的项目支出定额标准体系，并以适当方式向社会公开预算分配依据、分配过程和分配结果，不但有利于保证预算分配有法可依、有据可查，做到取信于民，还有利于树立依法理财意识，实现从源头上预防腐败，不断推动国家治理体系和治理能力现代化。

（二）项目支出定额标准体系建设的总体目标、任务和思路

自2009年启动项目支出定额标准体系建设以来，财政部高度重视标准体系建设工作，成立了项目支出定额标准体系建设领导小组，相继制定出台《中央本级项目支出定额标准体系建设实施方案》《中央本级项目

支出定额标准管理暂行办法》《中央本级项目支出定额标准管理部内规程》等制度办法。其中，财政部印发的《中央本级项目支出定额标准体系建设实施方案》（以下简称《实施方案》），对项目支出定额标准体系建设的指导思想、基本原则、建设目标、建设任务、实施进度、保障措施等进行了系统的阐述，这里重点对项目支出定额标准体系的建设目标、建设任务和工作思路进行补充说明。

1. 建设目标

《实施方案》提出，通过推进项目支出定额标准体系建设，到2020年基本建立起与公共财政相适应的内容完整、结构优化、定额科学、程序规范、修订及时的中央本级项目定额标准体系，形成项目支出定额标准的有效运行机制和监督评价机制，提高财政预算管理的科学化、规范化和透明化水平。可见，建设项目支出定额标准体系是中间目标而非终极目标，因此不能简单地为建设而建设，做无用功，而是要通过这一体系的建设和有效运行，推进财政预算管理的规范化、标准化、透明化。从这个意义上讲，标准体系建设可以说是一种预算管理的手段。

2. 建设任务

《实施方案》列出了研制项目支出定额标准体系、研制预算项目分类标准体系、研制资产管理标准体系、推进部门业务标准化工作、建立完善项目支出定额标准管理规范、建设项目支出定额标准管理信息系统六项建设任务。

（1）研制项目支出定额标准体系。这是项目支出定额标准体系建设的核心。最终要形成财政部标准和部门内部标准相补充、通用定额标准和专品定额标准相结合的定额标准体系，为预算申报、审核和安排提供依据。首先，标准体系建设离不开通用定额标准。预算编制要求公平公正，不同的预算项目要有统一的分配依据。但不同的预算项目主要对应于不同的部门职能活动，项目与项目之间很难比较，只有将项目支出细化为不同的具体支出明细，对不同的具体支出明细的开支标准才能进行比较，这就产生了针对支出明细制定开支标准的需要，也就是产生了对通用定额标准的需求。其次，标准体系建设离不开专用定额标准。正如前面提到的，通用定额标准主要对应于具体支出明细，而预算项目主要对应于部门的职能活动，编制项目预算时，理论上讲可根据通用定额标准逐项核算。但由于预算编制的时效性，我们很难有充分的时间对预算项目——细化到具体支出明细再逐项审核，而是需要对通用定额标准进行加工和整合，形成与部门职能活动相对应的专用定额标准。因此，专用定额标准主要解决了标准的适用性问题。再次，标准体系建设离不开部门内部标准，仅有财政部标准是不够的。一方面，财政部标准是“粗线条”的，部门有必要根据各地区、各部门实际情况，将定额标准进一步细化，提高预算管理的科学化、精细化水平；另一方面，部门内部标准本身是部门内控制度的重要内容，也是产生财政部标准的蓄水池。

（2）研制预算项目分类标准体系。项目定额标准是项目支出预算编报、审核和安排的基础，而项目管理的形式、内容和项目分类等，又是项目支出定额标准管理的基础。项目管理基础性工作不做好，项目支出定额标准就很难形成有效的体系。一方面，现有项目个数太多，针对现有预算项目——制定支出标准既不现实也不合理，客观上需要对现有项目按一定的分类标准进行归集和整合。另一方面，现有的分类标准不能满足需要。按照项目的重要性，将项目分为重大改革发展项目、专项业务费项目和其他项目三类，分类的侧重点在于预算安排上的轻重缓急。因此，项目分类标准体系建设是项目支出定额标准体系建设的一个重要组成部分。根据项目的基本属性将项目细分为相互补充又涵盖全面的类别，是制定通用定额标准体系的前提条件。根据各部门核心职能活动对预算支出项目进行归集或细化，确保预算项目分类标准体系的稳定性，是制定专用定额标准体系的前提条件。

（3）研制资产管理标准体系。业务工作离不开资产作支撑，业务经费很大一部分都用于资产的购建或维护。且由于资产管理相对独立，有必要将资产管理标准体系建设单独作为项目定额标准体系建设的组成部分，尽快研制资产管理相关标准，形成与部门履行职能相适应的资产配置标准体系、资产更新和报废标准体系和资产耗费标准体系，为各项支出标准的制定提供依据。

（4）推进部门业务标准化工作。通过规范化、标准化部门业务工作，增强预算项目内容的稳定性，是提高项目支出定额标准体系特别是专用定额标准稳定性的关键。否则，今年制定出来的项目支出定额标准，过几年可能就不适用了，项目定额标准也就成了摆设，既劳神又费力。

（5）建立完善项目支出定额标准管理规范。项目支出定额标准管理规范是开展项目支出定额管理的制度基础。项目定额标准体系建设工作是一项系统工程，为保证相关工作稳妥、有序开展，有必要出台一系列的规范性文件，具体指导项目定额标准管理工作，包括项目支出定额标准的一系列实施方案、管理办法、实施细则等。

（6）建设项目支出定额标准管理信息系统。信息系统是开展项目定额标准管理的技术基础。通过信息系统将项目支出定额标准管理的各个模块有机衔接，有利于优化工作程序、减少工作量，提高管理效率，更好地促进定额标准体系建设工作的开展。为此，有必要建设项目定额标准管理信息系统，推进定额标准信息的资源共享，满足预算编制、审核等管理的需要。

3. 工作思路

项目支出标准体系建设是一个复杂的系统工程，也是一项长期的工作。结合中央本级项目支出定额标准建设现状，借鉴地方财政部门开展工作的经验，要扎实有效地推进这项工作，要重点做好以下几方面：

（1）统筹规划，分步实施。《实施方案》提出，有必要在统筹考虑各方面因素的基础上，制定项目支出定额标准体系建设规划，确保项目支出定准与基本支出定额标准之间的相互衔接，确保财政部标准和部门内部之间的相互衔接，确保通用定额标准和专用定额标准之间的相互衔接，发挥标准体系的整体功能。综合考虑各部门业务规模、预算级次、职能活动、管理水平等情况，合理划分定额标准体系建设步骤，分步实施。《实施方案》就是对中央本级项目支出定额标准体系建设的总体规划，虽然标准体系表等具体工作尚未明确，但总体框架搭起来了。同时，《实施方案》明确这项工作大致分三个阶段来完成：第一阶段是顶层设计及试点阶段，主要任务是设计项目支出定额标准体系建设总体框架，明确标准体系建设重点任务，发布项目支出定额标准的管理办法等规范性文件，开展试点等。第二阶段是全面推进阶段，主要任务是全面推开定额标准研制工作，初形成覆盖面较广的定额标准体系。第三阶段是完善提高阶段，主要任务是集成定额标准体系各项建设任务的成果，形成全面系统、布局合理的中本级项目支出定额标准体系，实现对中央本级项目支出定额标准体系的闭环管理和动态优化。

（2）明确职责，分工合作。明确定额标准体系建设中的职责分工，充分发挥各方的积极性，加强协调合作，相互积极配合，加强政策衔接、信息沟通和经验交流，形成合力，确保定额标准体系建设的有序、高效和整体推进。按照规定，项目支出定额标准体系建设实行“统一领导，分工负责”的管理体制，由财政部统一领导，财政部和中央部门分工负责。具体而言，通用定额标准由财政部负责制定并发布，专用定额标准一般由部门具体承担制定任务，报财政部批准后，由财政部和相关部门联合发布。当然，为加速实现定额标准体系建设目标，相关标准具体制定任务也可委托中央部门、地方财政部门或者社会中介机构承担。

（3）突出重点，基础优先。为使定额标准体系建设工作早日见效，在夯实基础工作的前提下，要优先研制一批关键环节的重要标准并实际使用，在实践中不断完善。

①优先启动通用定额标准建设工作。通用定额标准具有普遍适用性、相对稳定性和引导示范性的特点，是整个支出标准体系的基础，也是制定专用定额标准和部门内部标准的依据，因此要作为标准体系建设的第一要务。

②大力推进部门内部标准建设。部门内部标准既是各部门加强内部控制的重要手段，也是产生财政部标准的“蓄水池”，大力推进部门内部标准建设工作，能起到以下几方面的作用：一是有利于凝聚共识，引起各部门对标准体系建设工作的重视；二是有利于积累经验，为大面积铺开标准体系建设工作做好准备；三是可控性较强，比较稳妥。待条件成熟时，部门内部标准可逐步上升为财政部标准。

③积极推进项目分类标准等基础工作。要加强资产管理标准、项目分类标准等的建设工作，推进部门业务工作的规范化、标准化，加强对预算项目的归并和整合等。

（三）项目支出定额标准体系建设进展情况

近年来，根据党中央、国务院政策文件精神，财政部更加注重标准编制和应用，组织协调各项工作，督促指导部门开展标准建设，制定出台了《因公临时出国经费管理办法》（财行〔2013〕516号）、《中央和国家机关外宾接待经费管理办法》（财行〔2013〕533号）、《因公短期出国培训费用管理办法》（财行〔2014〕4号）等一系列定额标准管理办法。截至目前，中央本级项目支出定额标准体系已汇集210项标准，标准体系建设取得了较大进展。

1. 抓住契机，统筹规划定额标准体系建设

为有效落实上届政府提出的“约法三章”和本届政府提出的“全面提高政府效能”等要求，需要制定更多支出标准对各项公务支出加以规范，定额标准体系建设显得尤为重要，建设任务也更加繁重。按照重点突破、逐步深入、梯次推进的原则，一是紧跟国家发展和社会治理步伐，按照推进厉行节约、反对铺张浪费的总体要求，深入贯彻落实党中央国务院各项决定，更加注重标准制度建设。二是聚焦社会关切，践行群众路线，反对“四风”，将社会重点关注的办公设备购置费、办公用房大中修费、执法办案费、会议费、培训费等纳入定额标准年度建设任务，深入调研，科学制定相关标准。三是全面落实定额标准体系建设实施方案，明确工作重点，将制定定额标准作为硬任务。同时，把切实使用、全面应用标准作为标准体系建设一项新的重要工作，积极主动推进。

2. 强化应用，注重有标准就要使用

一是推动标准全面应用，将已制定出台的标准全面运用到预算编制、执行、绩效管理、信息公开全过程，实现各个环节有章可循，进而推动预算管理和财务管理活动的制度化、标准化和规范化。二是主动公开标准，及时应用标准。督促新出台的各项标准及时在公众媒体上发布和宣传。为审计、社会公众等各方面广泛知悉，通过外部监督促进标准即时应用，提高预算管理的公开透明性。三是加强研究支撑应用。开展基础性研究，采集、梳理项目定额标准国内外经验，提高项目定额分类的科学性，积极申报标准研究课题，为项目定额标准体系建设提供理论支撑。四是严控制公务用车购置和运行费用、会议费、差旅费、培训费、出国（境）费等重点经费，切实降低行政事业单位运行成本，优化支出结构。

（四）加快推进项目支出定额标准体系建设的主要举措

项目支出定额标准体系建设虽然取得了一定成绩，但从整体来看，预算定额标准体系建设仍是一项新生事物，无成熟的经验可供借鉴，且定额标准高低又与预算安排多少关系密切，各单位在制定时往往比较谨慎，项目支出定额标准体系建设仍然面临着不少的困难和挑战。为贯彻落实新《预算法》和《国务院关于深化预算管理制度改革的决定》，2015年财政部印发了《关于加快推进中央本级项目支出定额标准体系建设的通知》（财预〔2015〕132号），明确了加快推进项目支出定额标准体系的基本原则、总体思路和重点工作。

1. 基本原则

（1）统筹规划，稳步推进。适应预算改革和管理需要，加强顶层设计和规划引导，推进标准建设与相关改革的良性互动，增强标准之间的有效衔接。充分认识标准建设的复杂性和艰巨性，持之以恒，实事求是，稳步推进，质量优先，逐步实现标准对项目支出预算管理的支撑作用。

（2）突出重点，务求实效。优先聚焦难以通过市场发现支出标准的项目，着力规范项目预算管理的薄弱环节，坚持急用先行。坚持从我国国情和财力状况出发，遵循客观规律，提高支出标准的实用性和可操作性。

（3）创新方式，分工合作。充分运用政府购买服务方式，借助各方力量加快项目支出定额标准体系建设。充分发挥中央部门在标准建设中的主体作用，努力形成工作合力。

（4）全面融合，强化应用。将项目支出标准体系建设嵌入部门预算管理过程，实现标准建设管理与预算编制管理的有机融合。完善项目支出标准应用机制，实现标准应用的常态化、制度化。

2. 总体思路

现阶段中央本级项目支出定额标准体系建设的总体思路是：认真贯彻落实新《预算法》和《国务院关于深化预算管理制度改革的决定》的有关精神，准确把握项目支出管理的特点和规律，紧扣项目支出预算管理实际需求，加快编制进度，规范编制行为，创新建设方式，健全应用机制，优化管理流程，加强基础工作，努力构建内容完整、结构优化、定额科学、程序规范、修订及时的标准体系，充分发挥标准在预算编制和管理中的基础支撑作用。

3. 重点工作

（1）加快标准编制进度。对于已纳入建设计划但未按期完成的项目支出定额标准，牵头单位要有效突破阻碍瓶颈，加快工作进度。结合项目支出管理需要，适时增加通用和专用定额标准建设任务，重点加快资产配置标准和部门内部标准建设。

（2）规范标准编制行为。编制支出标准应以市场难以发现支出标准量化、经常性的支出项目为重点，坚持急用先行。编制综合定额标准难度较大的，可先对项目支出中容易量化管理的部分制定标准。项目支出标准要经济合理、简便易行，充分考虑流程再造、资源整合、技术进步等节支因素，并与经济发展水平、物价总体水平、国家财力状况以及预算安排情况相衔接。按新制定标准计算的以前年度项目支出预算要与实际安排数保持大体平衡。有预算分配权部门要抓紧编制所分配项目支出的定额标准，在标准编制过程中要充分听取相关部门意见，并按程序报批。

（3）创新标准建设方式。对于支出内容相同或相近的同类项目，可按类别采取相互协调等方式共同编制。标准建设工作既可由部门自行承担，也可以采取政府购买服务的方式，将部分工作委托给行业协会、中介组织等专业机构承担。委托单位要加强业务指导和监督检查，所需经费通过本部门公用经费或机动经费解决。项目支出定额标准既可以专门经费定额标准的形式发布，也可在制定相关资金财务管理办法时一并明确。

（4）建立动态管理机制。对于前期试点平稳、符合预算实际的部门内标准，可按程序报财政部批准后明确为专用定额标准，作为中央财政安排预算的重要依据。研究建立项目支出定额标准定期清理和调整机制，结合经济社会发展、物价水平变动、技术改革创新、部门职能调整、财务制度变化等情况，及时调整定额标准。

（5）健全标准应用机制。标准应用效果是检验标准工作成效的重要指标，要牢固树立“有标准就要使用”的理念。已有财政部标准的，必须严格按照财政部标准申请预算。财政部将把标准应用情况作为考核中央部门预算管理工作的重要内容，对标准管理工作成效显著的部门进行表扬和鼓励；对应用标准不力、超标准申请预算较为突出的部门，酌情核减部门年度预算总规模。各部门要全面开展项目支出定额标准建设工作，加强部门内部标准的应用。

（6）优化标准管理流程。将标准管理工作全面嵌入部门预算管理过程，项目支出定额标准建设计划的申报、审核和批复等工作与部门预算申报、审核和批复等工作同步进行。加强项目支出定额标准审核工作，除涉密程度较高等特殊情形外，项目支出定额标准须广泛征求各方意见，充分发挥行业专家的作用。条件成熟且有必要的，可公开征求社会公众意见。优化项目支出定额标准的审批流程，加快推动各类标准及时出台。

（7）加强基础管理工作。借助信息技术，加强标准建设所需数据资料的收集、整理和分析，总结提炼标准建设规律，探索建立更加科学规范的管理体系。加快建设项目支出定额标准管理信息系统，提高工作效率和管理信息化水平。根据加强和改进项目支出预算管理要求，进一步完善项目分类，科学设置支出项目，规范项目管理制度，推进业务管理标准化，为建立项目支出标准提供便利条件。研究推进项目支出定额标准公开工作，凡不涉密的标准，应采取适当方式在一定范围内公开。各部门可在统一规定的前提下，结合本部门实际制定更加细化的管理办法。

七、部门预算评审

（一）加强预算评审的必要性

预算评审是预算管理的重要组成部分，是提高预算编制质量，优化预算资源配置的重要手段。部门预算改革以来，中央部门预算评审工作有序推进，评审范围不断扩大，评审形式不断丰富，参与评审机构的专业度不断提高，预算评审工作步入常态化轨道，预算评审对预算编制作用日益显著。

近几年来，随着预算评审工作的不断深入开展，预算评审的作用越来越凸显。通过预算评审，大幅度地减少了项目预算的不合理支出，有效地解决了项目预算编制中存在的“高估冒算”的问题，提高了项目预算的科学性，不仅为安排预算提供了依据，而且为项目预算的执行奠定了良好的基础。

深化预算管理制度改革，加强预算管理，对预算评审工作提出了新的更高的要求。健全预算评审机制，做好预算评审工作，是更好发挥预算评审职能，完善预算决策机制的迫切需要；是完善预算编制流程，打通预算管理链条的必要手段；是规范预算编制行为，提高预算管理水平的重要保障。

（二）预算评审的定位

从项目支出预算管理的角度讲，预算评审是加强项目支出管理的一项措施或者手段。通过评审，强化项目前期论证，增强项目的可行性、科学性，可有效提升项目预算编制的准确性，为做好项目执行，提高项目产出绩效奠定更扎实的基础。从预算编制流程上来讲，无论是对于中央部门还是对于财政部，在部门预算编制中增加预算评审环节，形成编制、审核与评审、决策的部门预算编制流程，可使得预算编制的流程更加完善。

预算评审强调定量化和专业性，注重运用专业技术手段和力量审核项目的完整性、必要性、可行性、合理性，进而提高项目预算编制和管理的水平，这是预算评审的重要特点和立足点。通过完善预算评审体制机制改革进预算评审手段、扩大预算评审范围、强化评审结果运用等，逐步使预算评审成为现代财政管理的定量基础和技术支撑。

（三）预算评审的管理模式

《财政部关于加强部门预算评审工作的通知》（财预〔2015〕90号）明确了预算评审的职责分工、覆盖范围、主要内容、重点环节、评审方式、结果运用等内容。

1. 评审职责

中央部门和财政部按照部门预算管理权限，分别组织开展预算评审工作。财政部负责制定预算评审的管理制度，对各部门评审工作进行指导，对纳入财政部项目库的项目组织评审，运用评审结果。中央部门预算评审工作应由部门内部负责预算管理的内设机构组织，主要职责是制定评审制度，选择中介机构和专家，监督评审过程，运用评审结果，安排评审经费等。接受委托的中介机构和专家独立开展评审工作，对出具的评审报告负责。

2. 评审范围

预算评审主要针对部门预算中的项目支出预算。拟纳入中央部门项目库的项目原则上都要进行预算评审，考虑到评审工作经济性和避免重复评审，以下项目可不纳入部门预算评审范围：已确定立项且按规定的支出标准和要求测算的项目，按规定由项目主管部门（指负责专项资金管理并审核相关部门申报项目的部门）评审的项目，绝密级项目（另有规定的除外），总支出规模在100万元以下的项目，其他按规定不予评审的项目。预算执行中拟申请追加预算的项目，以及项目内容、绩效目标或支出总规模等发生调整的项目，原则上也要履行部门评审程序。部门申报的项目中拟纳入预算安排的重大项目、财政专项安排的基本建设项目、专业性强或技术复杂的项目优先纳入财政部评审范围。预算执行中拟追加预算的项目，财政部也要有选择地进行评审。

3. 预算评审内容

预算评审的内容主要包括完整性、必要性、可行性和合理性等方面。

完整性主要是指项目申报程序是否合规，项目申报内容填写是否全面，项目申报所需资料是否齐全等。必要性主要是指项目立项依据是否充分，与部门职责和宏观政策衔接是否紧密，与其他项目是否存在交叉重复等。可行性主要是指项目立项实施方案设计是否可行，是否具备执行条件等。合理性主要是指项目支出内容是否真实、合规，预算需求和绩效目标设置是否科学合理等。

4. 预算评审环节

各部门要按照“先评审后入库”的原则，对部门本级及所属单位申报的项目进行自评，评审通过的项目作为预算备选项目进入部门项目库。预算执行中拟申请追加预算的项目，原则上也要经过评审，纳入部门项目库后才能申报。财政部项目库中的项目遵循“先预算评审后安排预算”

的原则，预算编制阶段，在部门已经开展评审的基础上，由财政部根据需要对拟纳入预算安排的项目进行评审，根据评审结果确定是否安排及预算额度。预算执行阶段，由财政部对部门申请追加预算的项目中拟安排预算的项目进行评审。

5. 预算评审方式

根据预算管理级次的不同，各部门可实行集中评审或分级评审，具体形式由各部门自行确定。根据不同类型项目的特点，可采取由部门所属评审机构、委托有相应资质的中介机构或组织专家评审等方式开展预算评审。委托中介机构评审的，要根据政府购买服务的要求，按照政府采购法规定的方式确定承接主体，签订委托合同。组织专家评审的，原则上应设立专家库并从中随机抽取符合相关专业要求的专家。财政部的评审工作主要由预算评审中心和财政部监管局承担。根据部门的需要，财政部预算评审中心可提供业务指导和技术支持。

6. 评审结果运用

强化预算评审结果的运用，将评审结果作为项目入库、申报和调整的重要依据。把预算评审的总体情况作为确定所属单位预算规模的参考因素之一，引导各部门如实申报项目和预算。财政部将评审结果作为预算安排的重要依据，按10%设置预算评审容忍度，财政部开展的项目预算评审，凡整体审减率超过容忍度的部门，要压减下一年度预算，并扣减三年支出规划数。

（四）预算评审的组织与实施

1. 评审组织方式的选择

按照《财政部关于加强中央部门预算评审工作的通知》的规定，根据不同类型项目的特点，可采取由部门所属评审机构、委托有相应资质的中介机构或组织专家评审等方式开展预算评审。

一般情况下，评审人员包括部门预算管理人员、中介机构人员和行业专家。对于基本建设或修缮类项目，评审人员可由部门预算管理人员和工程造价咨询人员组成；对于其他专业性较强的项目，评审人员可由部门预算管理人员、行业专家和中介机构人员（工程造价咨询人员、会计人员等）组成；对于评审内容相对简单、中介机构能够独立承担评审工作的项目，可直接委托中介机构实施评审。

根据项目复杂性和资料准备情况，评审可灵活采取现场审核、资料送审，以及先现场沟通再集中审核等多种方式。对于项目资料较少，可采取资料送审的方式；对于项目资料较多，内容复杂，需与项目申报单位频繁沟通的项目，可采取现场审核方式。

2. 评审具体流程要点

预算评审的总体流程是根据要求制定预算评审工作计划，确定评审项目、内部分工、时间安排等。具体项目的预算评审一般包括前期准备、制定评审方案、实施评审、报告撰写与稽核、出具报告和案卷归档等环节。具体如下：

（1）前期准备。根据部门预算评审工作计划，项目评审负责人及时通知项目申报单位做好预算评审准备工作。同时，评审人员要获取项目资料，了解项目主要内容，收集、熟悉相关政策制度文件和标准规范。

（2）制定评审方案。在前期准备工作基础上，制定项目预算评审方案，确定评审方式，明确评审内容、评审重点、评审方法和评审时间安排，确定参加项目预算评审的中介机构人员和行业专家，做好任务分组和人员分工。

（3）实施评审。根据评审方案，实施项目预算评审。项目预算评审主要是对项目完整性、必要性、可行性以及预算合理性进行全面审核。

不同评审人员按照任务分工进行评审。部门预算管理人员主要负责评审业务联系、沟通协调、政策把握、评审进度控制、评审结论复核、事务所人员以及行业专家管理等组织管理工作。行业专家主要利用自身专业优势，评审项目的必要性和可行性，审核项目实施方案和绩效目标的合理性，以及项目预算与项目实施方案及目标的匹配性等。中介机构人员则主要负责审核项目资料和预算完整性、核实工作量、材料与设备市场询价以及资料收集整理等预算评审基础性工作。

对于项目预算合理性的评审，主要的方法有：已经制定相关支出标准的，按标准核定，如办公家具配备标准、会议费标准、培训费标准、出国费标准等；材料、设备等价格，通过市场询价确定；对于工程修缮类项目，按照工程造价审核的方法通过识图算量、套用定额和市场价格确定；需要调整项目实施方案的，通过评审专家的专业审核，形成专家意见后，按专家意见调整，相应调整预算。

评审过程中要形成评审工作底稿，包括评审事项、审核过程、审核依据、审核结论、编制人及编制日期等内容，重大事项工作底稿还需附原始凭证或取证材料。同时，要做好评审工作底稿的复核工作。

评审中可建立重大事项会商机制，充分讨论，必要时可进一步聘请专家进行咨询。项目评审负责人要做好沟通协调，以及质量、进度控制等工作，并对初步评审结论进行复核。在此基础上，与项目申报单位交换意见，并根据交换意见情况，对初步评审结论进行调整，形成最终评审结论，由项目申报单位签署意见、盖章。

（4）报告撰写与稽核。评审报告主要围绕评审内容展开，一般应包括基本情况、评审结论、问题和建议，如有特殊情况需要说明的，可在报告中体现。基本情况是对项目情况的介绍，包括项目背景、项目内容、项目申报预算、项目实施周期等。评审结论主要是针对项目完整性、必要性、可行性和合理性的评审意见，其中一项重要内容是预算调整情况，对项目预算调整的内容、调整原因、调整依据等进行逐一描述。问题和建议主要是评审中发现的项目预算编制和管理等方面存在的问题以及相应的对策建议。此外，应建立评审稽核机制，做好评审报告的内部稽核工作，对评审结论的客观公正性和科学合理性，以及评审报告的完整性和表述的准确性进行稽核。

（5）出具报告和案卷归档。根据稽核意见对评审报告进行修改完善，按照规定程序报有关部门。同时，及时整理项目评审资料，做好案卷归档工作。

3. 中介机构与专家管理

根据预算评审工作需要，可建立中介机构库和专家库，采取市场化运作方式购买服务。中介机构和专家的管理主要包括入库选择、项目评审中介机构与专家的选取、使用、考核与付费等。为规范管理，可制定中介机构库和专家库管理办法，明确中介机构和专家的选取、使用、考核等内容。

（1）入库选择。中介机构库的建立可根据部门预算评审业务需要，采用公开招标方式，择优选择若干会计师事务所和工程造价咨询公司。专家库的建立可根据业务需要，采取业内公开招聘、单位推荐、自荐等方式，按照入库标准，择优聘请。

（2）选取。项目预算评审所需中介机构和专家应从中介机构库和专家库中选取。中介机构的选取可采取排队循环的方式确定，签订项目预算评审协议，年度中介机构排队次序可根据评审任务安排和年度考核情况确定；专家的选取可根据项目专业特点和考核情况，在框定选择范围后以随机抽取的形式确定。

（3）使用。项目预算评审过程中，需做好对中介机构人员和专家的管理，严肃工作纪律和工作要求，严格质量控制，有效控制预算评审风险。项目预算评审实行回避制度，中介机构及其工作人员以及行业专家中凡与项目申报单位有关联关系的，应实行回避制度。

（4）考核与付费。建立中介机构和专家考核机制，针对每个评审项目，从业务水平、工作质量、工作纪律等方面对中介机构和专家进行考核，在此基础上进行年度考核，并依据年度考核结果对中介机构库和专家库进行动态调整，对不合格的中介机构和专家可从中介机构库和专家库中剔除。中介机构的付费可根据市场水平和考核情况确定，在基本付费基础上给予一定比例的奖励或处罚，专家付费按照有关规定执行。

（五）进一步完善部门的预算评审工作

1. 加强预算评审制度建设

根据预算评审工作开展情况，及时制定相关业务制度，明确预算评审工作内容、组织方式，优化工作流程，确保预算评审管理的程序化、规范化。

2. 将预算评审与项目支出标准化建设相结合

中央部门在评审项目时，要注重评审数据的积累和有效利用。一方面，为以后年度开展同类项目评审提供参考；另一方面，可与部门内部项目支出标准建设计划相结合，对于适宜标准化管理的项目，通过数据的积累和分析，逐步建立项目支出标准和规范，实现项目的标准化管理。

3. 注重评审专家的遴选和使用

对于专业性较强的项目，预算评审要充分利用行业专家的专业技术优势。行业专家的选择和使用很大程度上决定了项目评审结论的客观公正性，因此选择使用专家是目前评审工作中非常重要的一项内容。一是要合理确定专家的数量，坚持专家集体评审方式，对预算评审各事项要经过专家的集体讨论形成共同意见，避免项目评审结论由个别专家确定的情况。二是要明确对专家的专业背景、业务能力等要求，综合考虑专业、工作单位等因素，优化专家结构。

4. 加强对中介机构的使用管理

近年来，随着预算评审工作深入开展，预算评审的业务量大幅增加，社会中介机构对预算评审工作的重视程度明显提高，一些社会中介机构成立了专门负责预算评审业务的部门。但总体上，目前，中介机构普遍存在人员流动性大，对预算评审工作认识不到位，预算评审工作经验不足等问题，难以很好地满足预算评审工作需要。为规范评审行为，提高评审质量，加强对中介机构的使用管理十分必要。一是要加强前期入选时的审核，审核中介机构的资质、主要业务、业绩等。二是评审过程中，要明确中介机构的工作内容、工作程序、工作成果，责任与权利等。三是要注重考核，根据工作表现、工作成果，对中介机构进行考核、奖惩。

5. 强化评审结果的运用

预算评审的生命力在于结果的有效运用，因此，各部门在开展评审工作时，要强化评审结果的运用。在提高客观公正性的基础上，从评审制度安排和预算评审程序设计方面为评审结果的有效运用提供保障。

（七）结合评审改进部门预算编制

1. 规范部门内部项目立项程序，加强项目前期论证工作

中央部门内部应建立一套完整、规范的项目立项审核程序，明确项目立项各环节主要工作、不同审核级次的审核责任，并形成必要的审核文件材料，减少项目立项的随意性。加强项目的前期论证工作，结合国家政策、发展规划、部门职责，充分论证项目设置的必要性，将必要性

不强的项目挡在部门项目库之外。结合部门人才、技术储备、设施条件、预算总规模等，充分论证项目的可行性，科学设计项目实施方案，力求选择最优路径，降低成本，提高效率和产出绩效。

2. 规范项目预算编制

一是充实完善项目申报文本。部门在申报项目预算时，要根据项目预算的类型提供相应的申报资料，充实项目立项申报资料，全面、深入阐述项目设置的必要性和可行性，必要时可附相关依据资料；应根据不同项目类型，提交不同的实施方案，明确项目的目标、技术路线、组织方式、经费预算等。资本性工程类项目预算，必须附上具有资质单位提供的可行研究报告；延续性费用类项目预算，应提供该项目以前年度预算批复和执行情况说明。

以信息化建设项目为例，其立项依据一般应包括：法律法规规定的政府义务、部门（单位）的职责、政策文件或规划中明确的事项或活动等。无上述立项依据的新项目，应对项目的必要性进行全面阐述和论证，应包括如下内容（项目如适用）：实施信息化手段的紧迫性；信息化手段的有效性，信息技术是否能够解决现有问题；项目建设内容与部门（单位）主职责的相关性；对信息化现状分析；业务需求分析；数据需求分析；系统需求分析等。实施方案一般包括建设原则及策略、总体目标、总体设计、分项设计、主要指标、项目实施方案及保障措施等。

二是细化预算编制，提高预算科学合理性。要明确不同类型项目预算支出范围，在此基础上，对预算进行细化分解，体现具体费用构成。要对项目预算进行合理的测算和分析，明确测算依据、测算过程。

3. 加强财务部门与业务部门的沟通协调

从近几年部门预算项目评审情况来看，中央部门内部在进行预算编制时，不同程度地存在财务部门与业务部门之间沟通协调、配合协作不充分的问题，这也是目前项目预算管理中普遍存在的问题。为此，在明确内部预算编制职责分工的同时，要建立财务部门与业务部门的协调机制，业务部门将经充分论证的项目申报材料及时报财务部门，财务部门将经过统筹考虑后的项目预算审核意见及时反馈业务部门，协商调整优化，提高项目预算管理的整体性、协调性。

八、全面实施预算绩效管理的重要意义

预算绩效管理是政府绩效管理的重要组成部分，是一种以结果为导向的现代预算管理模式。它强化政府预算为民服务的理念，突出责任和效率，注重成本和质量，关注支出结果和政策目标实现程度，强调预算决策民主和信息公开，要求政府部门节约公共支出成本，不断提升公共服务质量和水平，使政府行为更加务实、高效。

党中央、全国人大、国务院高度重视预算绩效管理工作，多次强调要深化预算制度改革，加强预算绩效管理，提高财政资金使用效益和政府工作效率。习近平总书记在党的十九大报告中，从全局和战略高度要求“全面实施绩效管理”。中共中央政治局审议通过的《深化财税体制改革总体方案》明确提出“推进科学理财和预算绩效管理”。2004年以来，全国人大财经委在关于预算审查结果的报告中多次提出，要进一步加强预算绩效管理，提高资金使用效益。中共中央《关于人大预算审查监督重点向支出预算和政策拓展的指导意见》提出，人大预算审查监督重点向支出预算和政策实施效果拓展。2014 年修订的《预算法》要求，各级预算遵循“讲求绩效”原则，并对绩效目标管理、绩效评价、绩效结果应用等作出明确规定。《国务院关于深化预算管理制度改革的决定》进一步要求“健全预算绩效管理机制”。李克强总理

在2018年《政府工作报告》中明确提出："全面实施绩效管理，使财政资金花得其所、用得安全。"

全面实施预算绩效管理是适应我国社会主要矛盾变化，落实以人民为中心发展思想的必然要求。财政收入取之于民、用之于民。在预算管理各环节树立绩效意识、体现绩效要求，提高财政政策的精准性、有效性，有利于推动提高公共服务质量和水平，做到少花钱、多办事、办好事，使人民获得感、幸福感、安全感更加充实、更有保障、更可持续。

全面实施预算绩效管理是建设高效、责任、透明政府，推进国家治理体系和治理能力现代化的有力举措。财政是国家治理的基础和重要支柱，预算是政府活动和宏观政策的集中反映。在预算领域全面实施绩效管理，将"花钱和办事"相结合，有利于督促各级政府部门认真履职尽责，更好地贯彻落实党中央、国务院重大方针政策和决策部署，全面提升政府效能，增强政府公信力和执行力。

全面实施预算绩效管理是提高财政资源配置效率和使用效益、推动高质量发展的有效途径。当前我国经济发展进入新常态，财政收入增长放缓，支出刚性需求较大，财政运行紧平衡特征明显。全面实施预算绩效管理，将管理方式从"重投入"向"重绩效"转变，加强成本效益分析，有利于挖掘内部潜力，把有限的财政资金用在刀刃上，推动实现更高质量、更有效率、更加公平、更可持续的发展。

九、全面实施预算绩效管理的思路

尽管当前我国预算绩效管理取得了一定成效，但一些中央部门和地方"重投入、轻管理，重支出、轻绩效"的意识尚未根本改变，缺乏政府花钱必须讲求绩效的行动自觉，预算绩效管理工作仍然存在广度和深度不足，结果应用机制不健全等问题。按照党的十九大关于全面实施绩效管理的决策部署，下一步，要紧紧围绕提高财政资源配置效率和使用效益，加快构建“全方位、全过程、全覆盖”的预算绩效管理体系，建立“注重结果导向、强调成本效益、硬化责任约束”的预算管理新机制，实现预算和绩效管理一体化，加快建立现代财政制度，持续推动政府效能和公共服务质量水平提升，促进国家治理体系和治理能力现代化。

1. 构建全方位预算绩效管理体系

将预算绩效管理实施对象从项目为主向政策、部门整体拓展，从转移支付为主向政府财政运行拓展，形成政府预算、部门预算、政策和项目预算等全方位绩效管理格局。各级政府预算收支全面实施绩效管理，预算收入应当讲求质量，预算支出应当符合统筹兼顾、勤俭节约、量力而行、讲求绩效、收支平衡的原则。加强部门和单位预算绩效管理，赋予部门和资金使用单位更多的管理自主权，推动提高整体绩效水平。深化政策和项目预算绩效管理，对中长期重大政策和项目实行全周期跟踪问效，建立动态调整、清理和退出机制。

2. 将绩效管理深度融入预算管理全过程

将绩效理念和方法深度融入预算编制、执行、决算、监督全过程，构建事前、事中、事后“三位一体”的绩效管理闭环系统。一是建立事前绩效评估机制。对新增重大政策、项目及转移支付开展事前绩效评估，重点论证与党中央决策部署关联性、立项必要性、投入经济性、绩效目标合理性、实施方案可行性和筹资合规性等。二是强化绩效目标管理。提高绩效目标编制质量，加强绩效目标审核，绩效目标与预算同步批复下达，并逐步公开。三是做好绩效运行监控。对绩效目标实现程度和预算执行进度实行“双监控”，发现问题及时纠正，确保绩效目标按期保质实现。四是开展多维度绩效评价。提高绩效自评质量，完善重点民生政策和重大专项绩效评价常态机制，健全绩效评价结果反馈制度和绩效问题整改责任制，加强绩效评价结果应用。

3. 使绩效管理覆盖各级政府和所有财政资金

推动各级政府、各部门、各单位全面实施预算绩效管理，将绩效管理责任层层传导和落实到基层政府及部门，延伸至资金使用终端。将一般公共预算、政府性基金预算、国有资本经营预算、社会保险基金预算全部纳入绩效管理范围，积极开展政府投资基金、政府和社会资本合作（PPP）、政府采购、政府购买服务、政府债务项目绩效管理。

4. 加强预算绩效管理制度建设

完善预算绩效管理制度，建立健全各环节管理办法，制定预算绩效管理工作流程和实施细则，增强实用性和可操作性。建立专家咨询机制，引导并规范第三方机构参与预算绩效管理，严格执业质量监督管理。健全绩效指标和标准体系，实现细化量化、科学合理、可比可测、动态调整、共建共享。创新绩效评估评价方法，提高绩效评价结果的客观性和准确性。

5. 硬化预算绩效责任约束

压实绩效管理责任，强化各部门、各单位的预算绩效管理主体责任，体现“谁使用、谁负责”。实施绩效激励约束，建立绩效结果与预算安排和政策调整的挂钩机制，鼓励高绩效行为。推进绩效信息公开，建立预算绩效信息向同级政府和全国人大报告制度，并与预算草案、决算草案同步向社会公开，促使部门和单位从“要我有绩效”转变为“我要有绩效”。加强绩效监督问责，充分发挥人大、审计等机关的职能作用，对预算绩效目标实现程度及绩效管理情况进行监督，建立“花钱必问效、无效必问责”机制。

第二节 全面预算

一、全面预算管理基本理论

（一）全面预算管理起源与背景

预算最初起源于18世纪的英国政府预算，在20世纪的美国，预算被引入到现代企业管理之中。预算在我国理论与实务界不断发展，已经历了从传统财务预算到全面预算的转变，对于企业的规划、运营和控制起到了很好的作用。随着企业规模的日益扩大，集团成为重要的组织形式，为了加强对子公司的控制，促进公司协同发展，实现集团的整体战略目标，预算管理作为一个有效的工具，被越来越多的集团公司采用。在公司规模比较小的时候，他们一般仅对成本费用进行预算，随着规模的扩大，组织结构的完善，成本预算管理已经不能满足发展的需要，进而逐步过渡到全面预算管理，即对企业进行资本预算、经营预算、筹资预算和财务预算等，但是由于全面预算管理的固有缺陷和自身的经验不足，在全面预算管理实施初期，管理人员会产生迷茫。

我国拥有数量庞大的国有资产，国有企业产值在我国的经济总量中占有较大比例，国有企业在我国经济中占有举足轻重的地位。随着市场经济的发展，传统的企业管理方式已经制约了国有企业的发展，为迎合市场规律，促进我国经济高速发展，2000年9月国家经济贸易委员会发布了《关于国有大中型企业建立现代企业制度和加强管理的基本规范》，明确提出了企业应建立全面预算管理制度；2001年4月，财政部发布的

《企业国有资本和财务管理暂行办法》明确要求国有企业应实行财务预算管理制度；2002 年 7 月财政部在《关于企业实行财务预算管理的指导意见》中进一步指出，企业应实行包括财务预算在内的全面预算管理；2008 年 6 月，财政部、证监会、审计署、银监会、保监会（现为中国银行保险监督管理委员会，即银保监会，下同）联合制定了《企业内部控制基本规范》，要求企业实施全面预算管理制度，并明确了各责任单位在预算管理中的职责权限，规范预算的编制、审定、下达和执行程序；2010 年 4 月，财政部、证监会、审计署、银监会、保监会制定了《企业内部控制应用指引》，其中第 15 号指引为《全面预算》，对全面预算的应用进行了说明。2018 年 9 月，《中共中央　国务院关于全面实施预算绩效管理的意见》的发布，对预算绩效管理有了明确详细的要求。这些政策的不断更新代表着我国全面预算理念的发展，同时也代表着我国的全面预算管理逐步进入规范阶段。

在我国全面深化改革的过程中，国有企业作为重点改革对象，通过实施全面预算管理有助于提高企业的经营管理水平，帮助国有企业做大做强。但是与西方发达国家相比，我国企业的全面预算管理还处于发展阶段。相对于民营企业而言，预算管理在国有企业的应用中比较普遍，在不断的探索和改进过程中，国有企业已经取得了一定的成果，不过仍然存在诸多不足之处。主要体现在：由于对全面预算管理的认识不足，很多企业存在着领导不够重视、机构构建不合理、目标设定不准确、考核方式不科学等问题，造成全面预算管理达不到预期的效果甚至加大了企业负担。

（二）全面预算管理相关理论

国外学者对于全面预算管理的研究已经取得了较为丰富的成果。James O. Mckinsey（1922）首先基于控制的理念提出将全面预算应用于现代企业，这是企业全面预算管理理论开始形成的标志。Onsi M.（1973）研究发现，大多数员工编制预算时倾向于作出比自身实际水平低的预算，认为预算编制是上下级博弈的过程，下级通常比上级掌握更多的信息，很可能出现企业确定的预算目标低于下级自身能力水平实际可以达到的部分，即："预算松弛"现象，这导致企业资源不能得到最优配置，无法发掘企业获利的潜力。Weitzman（1976）的研究验证在不确定情况下，基于预算计算的报酬，能减少基层工作人员隐瞒或低报工作业绩的动机。此理论验证后的合理应用，有助于促进基层工作人员真实信息的披露，从而依据合理的信息对企业进行预算的编制。Birnberg（1988）基于权变理论对企业的预算管理进行了研究，认为组织特征、个体特征以及经济激励影响预算管理模式的选择。Kerry and Jacobs（1995）通过对企业管理层进行深入采访调查后发现，预算与组织结构有一定关系。他认为预算沟通了内部结构与外部环境变化，起到桥梁的衔接作用。Kaplan and Norton（1996）利用平衡计分卡将传统预算与战略、非财务指标联系起来，增强预算的适应性和灵活性。Peter Pyle（1997）首次提出零基预算的现代管理理念，强调预算的"计划性"，改变了传统企业预算管理的定位，而将其与决策相结合，进而提升内部管理能力。Theresa Libby（2001）通过实验研究发现预算目标不公平性会导致工作业绩低下，预算目标的设定对于预算管理至关重要。Mariana（2015）集中分析了全面预算管理的优势和劣势，提出过度监督和约束员工往往会产生反作用，人事是企业管理中最重要的因素，不可忽略。Jianxin Li（2016）提出企业经营管理层应在预算决策和控制之间做好协调辅助工作，避免各执行部门发生摩擦和冲突，互相制衡，不利于企业长远发展。Y. X. Pan，E. S. Qi and D. An（2016）都认为之前的预算方式有很多的缺陷和漏洞，因此选择将预算和考核分开，以此抵消这些不足。因此提出了一种全新的观点，即超越预算。S. Aguila（2016）非常重视成本费用控制的问题，他基于研究西班牙公共大学金融的成本控制问题，从融资和成本的关系和管理入手，找到了合适的成本控制方法。John L. Mikesell（2017）认为对于预算的编制方式，企业应根据行业特征和发展现状进行修改和优化，不能整体机械性地复制其他企业，同时全面预算要按照企业所处周期阶段、市场状况调整。Smith and Bempah（2017）提出对于决定全面预算管理执行效果的重点因素要利用路径分析法进行研究，优化经营管理团队的组建，通过结合各执行部门的特性辅助长期战略规划，推进全面预算管理的实践效果。

我国学者对企业全面预算管理理论的系统研究起步较晚，于 20 世纪 90 年代开始展开，迄今也已取得了较为丰富的成果。

国内学者的研究主要从以下几个方面展开：王斌（1999）提出，全面预算管理是作为企业战略与公司经营业绩之间的联系工具。他将预算管理划分成四种管理模式，分别是以资本预算为起点的预算管理模式、以销售为起点的预算管理模式、以成本控制为起点的预算管理模式、以现金流量为起点的预算管理模式。汤谷良、李苹莉（2000）从经营机制角度理解预算管理的内涵，指出预算管理绝不只是财务部门的事情，而是企业综合的、全面的管理，企业健全的预算管理制度是完善的法人治理结构的表现。于增彪等（2004）提出“中国式”预算管理系统模式，该模式按照企业所有制形式和产品或服务的供求关系，结合财务会计、战略、平衡计分卡、非财务指标、奖惩制度等，将预算管理分成产能导向、销售导向和利润导向三种模式。焦勇（2008）认为，全面预算管理是企业以战略为指导，为实现企业经营目标而开展的对企业全部经营活动过程所需资源进行合理配置以使企业整个的经营活动处于受控状态的管理机制。扶群英、彭小平（2010）认为，全面预算管理是建立企业战略方针来有效管理企业的机制，从而对公司未来的经营活动和财务活动等情况进行预期，控制并安排企业营运情况，随时监测公司的状况，及早发现问题并提出有效的解决方案。许蔚君（2010）指出传统预算管理体系与企业战略目标脱节，应构建战略预算管理体系，主要方法是利用作业分析法编制基础预算，利用平衡计分卡将战略转化为年度预算。郭颖（2012）指出，全面预算管理的起点是实现企业经营目标，通过评价企业的生产、经营等情况，制定一系列量化后的企业未来一定时期内与筹资活动、投资活动以及经营活动有关的预算，进而监控和协调企业执行预算的一种企业管理模式。梅刚（2013）鉴于国资委自 2010 年起对中央企业全面推行 EVA 考核体系，结合实践经验，提出建立以 EVA 为导向的预算管理模式。文惠明（2015）从现代国内企业预算战略目标与预算管理之间的关系出发，指出了目前企业组织需要重点注意的相关问题和要点，并提出集团企业在基于企业总体战略目标基础上要做好上下级公司的预算管理工作并提供合适的思路给集团下属多元化产业公司的预算管理工作。杨茂东（2016）对于集团型企业预算管理中的预算考评机制进行了研究，透过成本视角对预算激励、预算管理松弛现象进行了分析，指出构建合理的预算基数，有利于预算考核与激励机制的高效实现。周培根（2017）从动态竞争视角下研究企业的全面预算管理。通过对企业预算管理现状的研究，找出存在问题并以动态竞争视角下的预算管理理论来进行完善，指出预算管理是可以为企业作出长远规划的重要职能，能降低企业经营风险，实现长期战略发展目标。李沐瑶和张田田（2017）对具体案例运用定性、定量分析法进行研究得出全面预算管理绩效考评环节出现的问题经过科学合理地协调处理可以优化企业整体绩效评价，有效地激励员工，有针对性地完善组织体系，实现企业经营过程的管理。李作炜（2018）强调实行全面预算管理是所有公司集团进行扩张的主要方式，公司主要借助全面预算管理对内部资源开展科学分配和决策优化，能实际地实现企业的战略目标。

（三）全面预算管理基本概念

20 世纪第二次工业革命爆发后，经济的飞速发展使企业规模不断扩大，现有的管理模式已经不能满足企业的需求，而在市场竞争日趋激烈的时代背景下，企业要想获得长久的竞争力，不得不作出改变。一些经济管理学者和会计学者不断地深化预算管理的职能和作用，同时使用一些财务管理方法，如弹性预算法、变动成本计算法等帮助管理层进行预算、决策，而这些方法也促进了预算制度的发展和完善，促使全面预算管理于 20 世纪中晚期诞生。企业为实现总体利润，对企业的发展现状进行评估，以销售预测为起点，预算企业当期的销售额，进而计算当期生产所需成本和现金收入、现金支出，并编制预算表格，以此来反映企业在预算期内所有生产经营活动所需的对应的财务计划，便于在预算期内开展经营活动，这即是全面预算，是指包括经营预算、财务预算和资本预算在内的企业整体预算管理。企业全面预算管理作为落实企业战略的具体行动方案，在所有企业——无论是单一法人企业还是集团企业以及其他形式的各种组织中都发挥着重要作用。全面预算管理体现了管理层对于组织未来生产经营活动的战略布局和规划，不仅可以落实企业战略目标，优化企业资源配置，还有助于化解风险、优化绩效考核并激发企业员工的积极性。

1. 全面预算管理的组成部分

全面预算管理体系应当是以预算为主线，按照企业的经营活动性质对一个完整的企业全面预算管理进行分类后得到的三大部分，即经营预算、财务预算和资本预算。一是经营预算，作为企业的关键部分，企业的目标是利润的最大化，因为企业主要是靠销售产品或提供劳务等方式获得收入，所以经营预算通常建立在销售预测的基础上，首先对企业的销售市场执行预算，即能够卖出多少产品或者提供多少劳务，然后再确定生产量并对生产所需成本等方面执行预算。二是资本预算，首先涉及的是筹资预算，资本筹资作为企业经营过程中必不可少的过程，是企业所有工作的前提。筹资来源、信用度、筹资量的大小都直接影响企业的发展。其次涉及投资预算，根据企业的发展战略，制定企业发展规划，再根据企业的发展规划进行合理的投资，避免冲动型投资和教条主义投资。最后，资本预算还涉及工人的工资、绩效和奖金，这部分预算跟每个员工息息相关，能否调动员工的积极性与这部分密不可分。三是财务预算，主要涉及企业的收入、费用和利润，通过企业的销售收入、销售成本、税金及附加、其他业务收入、其他业务成本、营业外收入、营业外支出计算企业的利润所得。财务预算为全面预算提供了数据基础，各个业务部门根据财务预算将预算目标进行优化分解，即分别完成自己的小目标。只有通过各部门的合作经营，才能达到利润的最大化。

2. 全面预算管理的特点

全面预算管理的重点是突出全面性。一是指企业的各个层次，上至董事长，下至基层所有部门的所有岗位涉及的所有人员都要参与到企业的全面预算管理。二是指对于企业所有的资金和业务都要执行预算，即在财务预算的基础上还要进行资本预算和业务预算。三是指全面预算管理的整个预算流程，包括预算的编制、执行与控制、对执行的考核等。全面预算管理是企业实现战略目标不可或缺的内容，同时，其战略目标又指导着全面预算管理的实施。

（四）全面预算管理的组织机构

全面预算管理的组织机构一般由三个层次构成：一是预算决策机构，主要负责全面预算管理的组织、领导及决策，它是企业全面预算管理的最高权力机构；二是预算工作机构，主要负责制定全面预算的目标和政策，制定全面预算的具体措施和办法，审查和平衡全面预算方案，组织预算的下达，协调和解决预算准备工作中的问题，组织预算的审计和评估，敦促公司实现预算目标等；三是预算执行机构，在企业预算管理机构的领导下，负责本单位经营预算与成本费用预算的编制、执行与分析工作，接受预算管理机构的检查、评估，并对本单位的预算执行结果承担相应的责任。在全面预算管理的组织机构中，预算决策机构、预算工作机构和预算执行机构之间相互联系。因为有效的全面预算管理需要企业内部每个部门的真实全面的信息，因此在整个体系中，一般负责预算管理执行的负责人中的一部分通常也在预算管理工作机构中承担管理工作，同时负责预算管理工作的一部分负责人也拥有预算管理决策的权力。这种自下而上的组织体系，不仅可以将企业的各方面信息有效地传递到上层，帮助上层管理决策机构制定更符合企业情况的战略方向，同时也保障了基本问题可以及时反馈，维持上层指挥和下层需求的统一。

二、中储粮集团公司全面预算管理工作开展情况

（一）中储粮集团公司基本业务简介

中储粮集团公司成立于2000年，是关系国家安全和国民经济命脉的国有大型骨干企业，集团公司受国务院委托，既自主履行企业的正常经营管理活动并自负盈亏，又需要在国家的监督指导下执行宏观调控任务，同时承担国有资产保值增值的重要责任。具体而言，集团公司的经营范围包括：粮食等的生产、储备、贸易、物流、加工、进出口以及仓储技术研究和服务。二十多年来，集团公司已逐步发展成国内最大农产品储备企业集团，年均主营业务收入2500亿元左右，是维护国家粮食安全的

重要力量和粮食宏观调控的主力军。

集团公司实行集团公司—分（子）公司—直属库“三级架构”的垂直管理体制，现有24家分公司，8家专业子公司，机构及业务覆盖全国31个省（自治区、直辖市）。从治理结构来看，集团公司是产权结构单一的国有独资企业，自2012年4月起在中央的指导下建立了董事会制度，实行董事会决策、经理层执行、监事会监督的企业法人治理模式，集团董事会作出重大决策并监督执行，国务院国资委依法履行出资人职责，集团公司逐步形成了各负其责、协调运转、有效制衡的决策执行监督机制。具体而言，国资委作为出资人，党组对涉及国家宏观调控等重大经营管理事项给出意见；董事会属于决策机构，负责听取党组意见并在公司章程规定的职权内决定重大事项；董事会下设规划与提名委员会、薪酬与考核委员会、审计与风险管理委员会；经理层为日常经营管理机构，维护出资人和公司利益，在经营管理中体现党组的要求并执行董事会决议和要求。

2018年以来，面对复杂的粮食政策调整、市场转换提速、调控任务加压、改革攻坚倒逼等多重考验，集团公司在服务国家粮食安全战略、服务乡村振兴战略和农业供给侧结构性改革大局中不断作出努力，在深化改革、提升企业运行质量和效益上取得了一定的进步。一方面，从业务角度来看，集团公司通过不断巩固和提升管理水平提高绿色储粮和科技储粮的覆盖率，并以智能化粮库的建成实现对储备粮管理的全过程在线监控，切实增强了企业内生动力和经营活力，在实现业务目标的同时减轻了财政负担，并积极完成宏观调控政策目标，为促进粮食丰产、农民增收和市场稳定发挥了重要作用。另一方面，从企业改革来看，集团公司全面剥离非主业经营，完成公司制改制，实施集约化运营改革，建立了覆盖全系统的人、财、物三条垂直管理线，有力加强了集团公司的风险管控。

（二）集团公司预算管理发展历程

集团公司的全面预算管理已推行了十多年，迄今为止可大概分为三个阶段，分别为：试点、推广、信息化建设阶段，“十三五”时期管理优化阶段，完善提升阶段（见表2-1）。

表2-1 集团公司全面预算管理的三个阶段

序号	阶段	时间	主要内容
1	试点、推广、信息化建设阶段	2006—2015年	建立全面预算管理的基本框架及模板。
2	“十三五”时期管理优化阶段	2016—2020年	“十三五”时期完成由财务预算到“战略规划+滚动预算”模式
3	完善提升阶段	2021至今	落实集团财务管控“四位一体”预算管控新格局。

1. 试点、推广、信息化建设阶段

2006—2007年，集团公司首先进行了制订管理制度、健全管理机构的工作，致力于从制度、组织、人员等方面为预算推进做好准备。首先，制订并下发了体现集团公司经营目标和业务特点的全面预算管理制度；其次，从组织架构的角度，调整了预算委员会成员，真正体现了“一把手工程”的要求，使预算委员会更具权威性；再次，从具体执行的角度，选定首批试点的22家直属企业并培训了试点单位的主要负责人、财务科长等关键人员；最后，出台了第一阶段试点方案，并明确试点工作的指导思想、基本原则、重点环节及配套措施等，为全面预算管理的初步运行打牢基础。

2007—2009年，集团公司正式开始试行预算制度，全力营造推进全面预算管理的环境。试点直属单位按照集团公司全面预算管理制度的要求，开始试行全面预算编制、反馈、监控、考核的全过程，探索预算管理与单位日常管理的结合之路。在试点期限过半之际，集团公司即开展

了全面预算管理评审工作，整体掌握了 22 家试点单位的预算制度落实情况，并组织哈尔滨、平顶山等有典型经验的直属单位进行经验介绍，既促进直属单位之间的经验交流，又能动员和引导未参加试点的直属单位加快预算基础工作的健全和完善。与此同时，集团公司及时总结经验，修改并下发了更具实际操作性的《全面预算工作指南》。

2009—2016 年，重点推广试点经验，完善全面预算管理开展的配套措施。集团公司着力从落实配套措施、提高人员素质、建立信息平台等方面，继续为系统内全面预算管理的推行创造必要条件。首先，开展了对试点单位财务科长以及分公司预算工作机构办事人员的全面预算管理培训；其次，配合软件公司完成了预算软件设计，全面修订预算管理报表体系，为预算管理信息化提供基础，便于各实施单位预算编制和反馈工作的开展；再次，监控试点单位预算执行情况，督促尚未参与试点的直属单位做好全面推广前的准备工作，在集团公司层面协调资产、人事、主要业务部门参与预算管理，促进各项业务计划的有效衔接；最后，进一步将预算管理实施单位扩展到子公司、收储公司、新上收直属企业和具备条件的整体接管库，聘请中介机构组成工作组，到当年新实施预算管理的单位开展现场指导、驻点帮扶，协助完成梳理流程、人员培训、建章立制等工作，促进直属企业预算管理的标准化、系统化以及规范化。

2. “十三五”时期管理优化阶段

2016—2020 年，集团公司加大全面预算管理推进力度，强化预算管理理念，提升预算管理工作的效率和效果。其一，坚持战略引领，发挥统领与管控作用。在预算编制过程中，根据公司五年发展规划，结合行业发展形势和集团公司实际，通过实施“两上两下”的预算编制流程，推动分公司以经营预算为基础，实现经营预算与财务预算、投资预算与资金预算的有机结合。在预算批复时，逐步采取“逐一批复”的方式，针对各家单位预算管理的薄弱环节，提出改进建议和具体工作要求，切实发挥集团公司的统领和总控作用。其二，加强预算执行监督与分析力度，努力提升经济运行质量。继续推行预算执行偏差问责制度，及时跟踪预算执行进度，认真分析差异形成的原因，明确整改措施；加强对成本费用、投资项目、应收款项、金融工具、捐赠等重大事项的管控，强化预算管理的严肃性和约束力。其三，将预算执行结果纳入业绩考核。在新的业绩考核办法中，将利润预算执行偏差率纳入考核体系，对偏差超过一定标准的单位给予扣分处理。预算执行结果与业绩考核挂钩，落实了管理责任，真正实现了预算的闭环管理。其四，大力推进信息化建设，保障全面预算管理顺利实施。预算编制、反馈、调整、分析、监控、部门预算等模块陆续上线应用，信息平台的搭建固化了预算流程，明确了各环节的岗位职责，促进了各部门之间的协作与沟通，并通过与会计信息核算系统的对接，加强了预算执行的在线分析监测力度。

3. 完善提升阶段

2021 年至今，构建集团公司全面预算管理 2.0 版，落实“一切都在预算内”管理理念，围绕全员预算管理，树立全员参与的管理意识，营造人人参与的浓烈氛围；围绕全系统预算管理，打通财务与所有业务部门的协同联动，将各业务预算项目的管理权归口至业务部门，业务部门指导监控全过程；围绕全价值链预算管理，将产购销、人财物的各要素，各环节全部融入预算管理中去。加强业财融合，形成闭环管理，进一步提升企业全面预算管理水平，构建适应“四位一体”财务管控新格局的管控体制机制。

（三）集团公司全面预算管理机构的设置

形成预算委员会、预算委员会办公室二级预算管理机构。下面详细介绍集团公司各级预算管理机构的组成及责任，分公司和直属企业参照集团公司的方式设置预算管理组织体系。

一是预算委员会。由集团公司总经理担任集团公司预算委员会主任，总会计师担任预算委员会副主任，各部部长为预算委员会成员。预算委员会主要职责为：根据《集团公司预算委员会议事规则》，定期召开预算工作会议；审议批准集团公司年度预算方案、中期预算调整方案；批准集团公司预算考评工作方案等。

二是预算委员会办公室。由财务部主要负责人任主任、相关业务处长任成员。集团公司预算委员会办公室主要职责为：完善全面预算管理制度和全面预算工作指引；制定《集团公司预算委员会办公室工作规则》，定期召开预算委员会办公室工作会议；建立跨部门、跨级次协调机制；建立重大预算事项归口监控制度，关注重大预算事项的执行情况，对重大预算事项出现较大偏差进行问责；建立预算基础资料数据库、预算指标数据库、预算指标标准值数据库，提出主要预算指标体系及标准值；组织各部门对分（子）公司的年度预算进行初审，并提出初审意见；组织全系统的预算管理培训工作；协调信息化专业公司对预算管理工作提供信息技术支持，提出改进意见等。

三、全面预算的编制流程

（一）全面预算的编制整体情况

集团公司预算委员会原则上每年10月研究确定下年度全面预算管理工作方案，确定分（子）公司预算编制目标，分（子）公司根据集团公司下达预算目标，确定直属库预算编制目标。总体上，预算编制采用“自上而下、自下而上、上下结合”的流程。

一是自上而下。集团公司预算委员会办公室提出主要预算指标及标准参考值，并分区域确定各分（子）公司标准参考值，下达到各分（子）公司。分（子）公司预算委员会办公室根据集团公司下达的预算指标和标准参考值，结合不同区域，分别确定各直属企业预算指标和标准参考值，并下达到各直属企业。直属库预算委员会办公室根据分（子）公司下达的预算指标和标准参考值，根据本单位前三年预算实际完成情况，结合本年工作实际，提出预算编制指导意见和要求，下发到各预算责任部门。

二是自下而上。直属企业各预算责任部门按预算编制指导意见和要求编制本部门预算，编制完成后报直属企业预算委员会办公室审核。直属企业预算委员会办公室对各部门预算审核汇总后，编制直属企业预算报表，经直属库预算委员会审定后报分（子）公司。分（子）公司预算委员会办公室对辖区内预算报表审核汇总后，编制分（子）公司预算汇总报表，经分（子）公司预算委员会审定后上报集团公司。

三是上下结合。分（子）公司汇总预算指标平均值与集团公司下达的标准参考值有较大差异的，分（子）公司预算委员会办公室与集团公司预算委员会办公室沟通；直属企业上报预算数与分（子）公司下达标准参考值差异较大的，分（子）公司预算委员会办公室与直属企业预算委员会办公室沟通。经集团公司与分（子）公司、分（子）公司与直属企业上下沟通，达成一致意见后，确定分（子）公司辖区预算数，经分（子）公司预算委员会审定上报集团公司。集团公司预算委员会办公室负责汇总全系统预算数。

（二）全面预算的编制内容

全面预算编制主要包括两个确保指标预算、风险防控指标预算和主要经济指标预算。一是两个确保指标预算，主要包括粮油质量达标率、中央储备粮宜存率、中央储备粮账实相符率、轮换计划完成率等。二是风险防控指标预算，主要是对各单位新发重大经济风险案件、重大安全生产责任事故、重大违法违规违纪案件均以零为标准进行要求；实际发生时，在业绩考核时作为否定事项予以扣分处理。为了应对可能出现的风险事件，在编制预算时按照政策性粮食去库存数量的0.5%预留风险消化资金，为积极处理风险事件做好准备、留足余地。三是主要经济指标预算，主要包括利润总额预算、营业收入预算、期间费用预算。就利润总额预算而言，集团公司设置利润总额总体，并按一定的标准逐级对下分解，主要考虑以往各分（子）公司的利润情况，同时考虑国家政策、市场情况的影响。

四、全面预算管理工作重点

集团公司建立了预算的执行分析和调整机制。首先是预算反馈机制，预算反馈作为反映预算执行效果的一种手段，包括月度分析、季度反馈、年度总结。月度、季度反馈主要分析利润、收入、费用等重点指标的预算执行情况；遇重大事项，一事一议，分析影响，提出保障措施。按照“月度分析、季度反馈、年度报告”的原则，月度、季度对预算执行情况进行分析、落实责任、督促整改；每年年初工作会通报上年度预算执行情况，全面总结预算管理工作。直属库在每季度结束后10日内，向分（子）公司上报季度分析报告。分（子）公司结合直属企业情况整合辖区内情况向集团公司报送执行分析报告，集团公司最后形成总体分析报告。其次是预算调整机制，正常情况下进行预算中期调整。预算的调整首先是业务预算的调整，在此基础上再进行财务预算的调整。对于确实需要调整预算的，直属企业各科室必须首先提出预算调整书面申请，详细说明调整的理由、具体的调整事项、调整后的预算指标测算、指标前后对比差异以及相应的补救措施等。预算的调整由执行部门逐级向上级单位提出申请，经集团公司相关职能部门审核后，提交集团公司预算委员会办公室审核，报经集团公司预算管理委员会批准后可下达执行。

第三章

会计核算

第一节　主要会计政策

一、基本会计政策

（一）会计主体

会计主体，是企业会计确认、计量和报告的空间范围。会计主体的作用在于界定不同会计主体会计核算的范围。中储粮集团公司所属法人单位应当作为独立的会计主体，设置账簿，进行会计核算。非法人单位根据管理要求由上级法人单位确定是否作为独立的会计主体。

（二）持续经营

持续经营，是指在可以预见的将来，企业将会按当前的规模和状态继续经营下去，不会停业，也不会大规模削减业务。

企业会计确认、计量和报告以持续经营为前提。

企业处于非持续经营状态时，应当采用其他基础编制财务报表，并在附注中声明财务报表未以持续经营为基础编制的事实，披露未以持续经营为基础的原因和财务报表的编制基础。

（三）会计分期

会计核算应当划分会计期间，分期结算账目和编制财务会计报告。会计期间通常分为年度和中期。中期是指短于一个完整的会计年度的报告期间，包括半年度、季度和月度。会计年度自公历1月1日起至12月31日止。月度结账日是公历月度每月的最后一天，年度结账日指公历年度每年的12月31日。

（四）记账本位币

境内企业通常以人民币作为记账本位币。业务收支以人民币以外的货币为主的企业，可以选定其中一种货币作为记账本位币，但是编制的财务报告应按集团公司规定的方法折算为人民币。

记账本位币一经确定，不得随意改变。如果企业因为经营所处主要经济环境发生重大变化需要变更记账本位币，需报经集团公司财务部批准。

（五）记账基础和计价原则

会计记账采用借贷记账法。

企业应当以权责发生制为基础进行会计确认、计量和报告。权责发生制要求，凡是当期已经实现的收入和已经发生或应当负担的费用，无论款项是否收付，都应当作为当期收入和费用，计入利润表；凡是不属于当期的收入和费用，即使款项已在当期收付，也不应作为当期的收入和费用。

企业对会计要素进行计量时：一般采用历史成本计价，对个别会计要素采用重置成本、可变现净值、现值、公允价值计价。

会计记录的文字应当使用中文，少数民族自治地区可以同时使用少数民族文字。境外公司也可以同时使用某种外国文字。

（六）会计信息质量基本原则

（1）可靠性原则，要求企业应当以实际发生的交易或者事项为依据进行确认、计量和报告，如实反映符合确认和计量要求的各项会计要素及其他相关信息。保证会计信息真实可靠、内容完整。

（2）相关性原则，要求企业提供的会计信息应当与财务会计报告使用者的经济决策需要相关，有助于财务会计报告使用者对企业过去和现在的情况作出评价，对未来的情况作出预测。

（3）可理解性原则，要求企业提供的会计信息应当清晰明了，便于财务会计报告使用者理解和使用。

（4）可比性原则，要求企业提供的会计信息应当相互可比，同一企业不同时期发生的相同或者相似的交易或者事项，应当采用一致的会计政策，不得随意变更。确需变更的，应当符合集团公司的规定，并在附注中说明。

不同企业发生的相同或者相似的交易或者事项，应当采用规定的会计政策、确保会计信息口径一致、相互可比。

（5）实质重于形式原则，要求企业应当按照交易或者事项的经济实质进行会计确认、计量和报告，不应仅以交易或者事项的法律形式为依据。

（6）重要性原则，要求企业提供的会计信息应当反映与企业财务状况、经营成果和现金流量有关的所有重要交易或者事项。

（7）谨慎性原则，要求企业对交易或者事项进行会计确认、计量和报告时保持应有的谨慎，不应高估资产或者收益、不应低估负债或者费用。

（8）及时性原则，要求企业对于已经发生的交易或者事项，应当及时进行确认、计量和报告，不得提前或者延后。

（七）外币业务

外币交易应当在初始确认时，采用交易发生日的即期汇率将外币金额折算为人民币金额，月末对外币货币性项目，采用资产负债表日即期汇率折算。符合资本化条件的汇兑差额，应予资本化。

外币业务交易在初始确认时，采用交易发生日的即期汇率作为折算汇率折合成人民币记账。

资产负债表日，外币货币性项目按资产负债表日即期汇率折算，由此产生的汇兑差额，除属于与购建符合资本化条件的资产相关的外币专门借款产生的汇兑差额按照借款费用资本化的原则处理外，均计入当期损益。以历史成本计量的外币非货币性项目，仍采用交易发生日的即期汇率折算，不改变其记账本位币金额。

以公允价值计量的外币非货币性项目，采用公允价值确定日的即期汇率折算，由此产生的汇兑差额作为公允价值变动损益计入当期损益。如属于可供出售外币非货币性项目的，形成的汇兑差额计入其他综合收益。

（八）会计要素及确认条件

会计对象所做的基本分类，是会计核算对象的具体化，是用于反映会计主体财务状况和经营成果的基本单位。会计要素包括资产、负债、所有者权益、收入、费用和利润。资产、负债和所有者权益要素侧重于反映企业的财务状况，收入、费用和利润要素侧重于反映企业的经营成果。

1. 资产

资产是指企业过去的交易或者事项形成的、由企业拥有或者控制的、预期会给企业带来经济利益的资源。符合资产定义的资源，在同时满足以下条件时确认为资产：

（1）与该资源有关的经济利益很可能流入企业；

（2）该资源的成本或者价值能够可靠地计量。

符合资产定义和资产确认条件的项目，应当列入资产负债表；符合资产定义、但不符合资产确认条件的项目，不应当列入资产负债表。

2. 负债

负债是指企业过去的交易或者事项形成的、预期会导致经济利益流出企业的现时义务。符合负债定义的义务，在同时满足以下条件时，确认为负债：

（1）与该义务有关的经济利益很可能流出企业；

（2）未来流出的经济利益的金额能够可靠地计量。

符合负债定义和负债确认条件的项目，应当列入资产负债表；符合负债定义、但不符合负债确认条件的项目，不应当列入资产负债表。

3. 所有者权益

所有者权益是指企业资产扣除负债后由所有者享有的剩余权益。所有者权益的来源包括所有者投入的资本、直接计入所有者权益的利得和损失、留存收益等。所有者权益金额取决于资产和负债的计量。所有者权益项目应当列入资产负债表。

4. 收入

收入是指企业在日常活动中形成的、会导致所有者权益增加的、与所有者投入资本无关的经济利益的总流入。符合收入定义且同时满足以下条件时，确认为收入：

（1）与收入相关的经济利益很可能流入企业；

（2）经济利益流入企业的结果会导致资产的增加或者负债的减少；

（3）经济利益的流入额能够可靠计量。

符合收入定义和收入确认条件的项目，应当列入利润表。

5. 费用

费用是指企业在日常活动中发生的、会导致所有者权益减少的、与向所有者分配利润无关的经济利益的总流出。符合费用定义且同时满足以下条件时，确认为费用：

（1）与费用相关的经济利益很可能流出企业；

（2）经济利益流出企业的结果会导致资产的减少或者负债的增加；

（3）经济利益的流出额能够可靠计量。

企业为生产产品、提供劳务等发生的可归属于产品成本、劳务成本等的费用，应当在确认产品销售收入、劳务收入等时，将已销售产品、已提供劳务的成本等计入当期损益。

企业发生的支出不产生经济利益的，或者即使能够产生经济利益但不符合或者不再符合资产确认条件的，应当在发生时确认为费用，计入当期损益。

企业发生的交易或者事项导致其承担了一项负债而又不确认为一项资产的，应当在发生时确认为费用，计入当期损益。

符合费用定义和费用确认条件的项目，应当列入利润表。

6. 利润

利润是指企业在一定会计期间的经营成果。利润包括收入减去费用后的净额、直接计入当期利润的利得和损失等。利润金额取决于收入和费用、直接计入当期利润的利得和损失金额的计量。

二、重要会计政策

（一）金融工具

1. 金融资产和金融负债的分类

金融资产在初始确认时划分为以下三类：（1）以摊余成本计量的金

融资产；（2）以公允价值计量且其变动计入其他综合收益的金融资产；（3）以公允价值计量且其变动计入当期损益的金融资产。

金融负债在初始确认时划分为以下四类：（1）以公允价值计量且其变动计入当期损益的金融负债；（2）金融资产转移不符合终止确认条件或继续涉入被转移金融资产所形成的金融负债；（3）不属于上述（1）或（2）的财务担保合同，以及不属于上述（1）并以低于市场利率贷款的贷款承诺；（4）以摊余成本计量的金融负债。

2. 金融资产和金融负债的确认依据、计量方法和终止确认条件

（1）金融资产和金融负债的确认依据和初始计量方法。公司成为金融工具合同的一方时，确认一项金融资产或金融负债。初始确认金融资产或金融负债时，按照公允价值计量；对于以公允价值计量且其变动计入当期损益的金融资产和金融负债，相关交易费用直接计入当期损益；对于其他类别的金融资产或金融负债，相关交易费用计入初始确认金额。但是，公司初始确认的应收账款未包含重大融资成分或公司不考虑未超过一年的合同中的融资成分的，按照交易价格进行初始计量。

（2）金融资产的后续计量方法。

①以摊余成本计量的金融资产。此类金融资产采用实际利率法，按照摊余成本进行后续计量。以摊余成本计量且不属于任何套期关系的一部分的金融资产所产生的利得或损失，在终止确认、重分类、按照实际利率法摊销或确认减值时，计入当期损益。

②以公允价值计量且其变动计入其他综合收益的债务工具投资。此类金融资产采用公允价值进行后续计量。采用实际利率法计算的利息、减值损失或利得及汇兑损益计入当期损益，其他利得或损失计入其他综合收益。终止确认时，将之前计入其他综合收益的累计利得或损失从其他综合收益中转出，计入当期损益。

③以公允价值计量且其变动计入其他综合收益的权益工具投资。此类金融资产采用公允价值进行后续计量。获得的股利（属于投资成本收回部分的除外）计入当期损益，其他利得或损失计入其他综合收益。终止确认时，将之前计入其他综合收益的累计利得或损失从其他综合收益中转出，计入留存收益。

④以公允价值计量且其变动计入当期损益的金融资产。此类金融资产采用公允价值进行后续计量，产生的利得或损失（包括利息和股利收入）计入当期损益，除非该金融资产属于套期关系的一部分。

（3）金融负债的后续计量方法。

①以公允价值计量且其变动计入当期损益的金融负债。此类金融负债包括交易性金融负债（含属于金融负债的衍生工具）和指定为以公允价值计量且其变动计入当期损益的金融负债。对于此类金融负债以公允价值进行后续计量。因公司自身信用风险变动引起的指定为以公允价值计量且其变动计入当期损益的金融负债的公允价值变动金额计入其他综合收益，除非该处理会造成或扩大损益中的会计错配。此类金融负债产生的其他利得或损失（包括利息费用、除因公司自身信用风险变动引起的公允价值变动）计入当期损益，除非该金融负债属于套期关系的一部分。终止确认时，将之前计入其他综合收益的累计利得或损失从其他综合收益中转出，计入留存收益。

②以摊余成本计量的金融负债。此类金融负债采用实际利率法以摊余成本计量。以摊余成本计量且不属于任何套期关系的一部分的金融负债所产生的利得或损失，在终止确认、按照实际利率法摊销时计入当期损益。

（4）金融资产和金融负债的终止确认。

① 当满足下列条件之一时，终止确认金融资产：

A. 收取金融资产现金流量的合同权利已终止;

B. 金融资产已转移，且该转移满足《企业会计准则第 23 号——金融资产转移》关于金融资产终止确认的规定。

② 当金融负债（或其一部分）的现时义务已经解除时，相应终止确认该金融负债（或该部分金融负债）。

（5）金融资产转移的确认依据和计量方法。

公司转移了金融资产所有权上几乎所有的风险和报酬的，终止确认该金融资产。公司既没有转移也没有保留金融资产所有权上几乎所有的风险和报酬的，分下列情况处理：①未保留对该金融资产控制的，终止确认该金融资产，并将转移中产生或保留的权利和义务单独确认为资产或负债；②保留了对该金融资产控制的，按照继续涉入所转移金融资产的程度确认有关金融资产，并相应确认有关负债。

（6）金融工具减值。

①金融工具减值计量和会计处理。公司以预期信用损失为基础，对以摊余成本计量的金融资产、以公允价值计量且其变动计入其他综合收益的债务工具投资、合同资产、租赁应收款、分类为以公允价值计量且其变动计入当期损益的金融负债以外的贷款承诺、不属于以公允价值计量且其变动计入当期损益的金融负债或不属于金融资产转移不符合终止确认条件或继续涉入被转移金融资产所形成的金融负债的财务担保合同进行减值处理并确认损失准备。

预期信用损失，是指以发生违约的风险为权重的金融工具信用损失的加权平均值。信用损失，是指公司按照原实际利率折现的、根据合同应收的所有合同现金流量与预期收取的所有现金流量之间的差额，即全部现金短缺的现值。其中，对于公司购买或源生的已发生信用减值的金融资产，按照该金融资产经信用调整的实际利率折现。

②按组合评估预期信用风险和计量预期信用损失的金融工具。对于应收票据、应收账款和合同资产，无论是否存在重大融资成分，始终按照相当于整个存续期内预期信用损失的金额计量其损失准备。当单项金融资产无法以合理成本评估预期信用损失的信息时，依据信用风险特征对应收票据、应收账款和合同资产划分组合，在组合基础上计算预期信用损失。

（二）应收款项

1. 单项金额重大并单项计提坏账准备的应收款项

（1）确认标准：应收款项余额前五名或占应收款项余额 10% 以上且金额在 100 万元以上。

（2）计提方法：单独进行减值测试，按预计未来现金流量现值低于其账面价值的差额计提坏账准备，计入当期损益。单独测试未发生减值的应收款项，将其归入相应组合计提坏账准备。

2. 按信用风险特征组合计提坏账准备的应收账款

（1）确认标准：对于单项金额不重大的应收款项，与经单独测试后未减值的单项金额重大的应收款项一起按信用风险特征划分为若干组合，再按这些应收款项组合期末余额的一定比例计算确定减值损失，计提坏账准备。

（2）计提方法：账龄 1 年以内（含 1 年）的应收款项坏账准备计提比例为 10%；账龄 1—2 年以内（含 2 年）的应收款项坏账准备计提比例不超过 30%；账龄 2—3 年以内（含 3 年）的应收款项坏账准备计提比例为 50%；账龄 3 年以上的应收款项坏账准备计提比例为 100%。

3. 单项金额虽不重大但单项计提坏账准备的应收款项

（1）确认标准：存在客观证据表明将无法按应收款项的原有条款收回款项。

（2）计提方法：根据应收款项的预计未来现金流量现值低于其账面价值的差额进行计提。

4. 其他计提方法说明

政策性原因（如应收中央储备粮棉油保管费用补贴、政策性财务挂账等）、内部往来形成的应收款项原则上不计提坏账准备，但有确凿证据表明不能收回或收回的可能性不大时，可按其不可收回的金额计提坏账准备。集团公司本部发生的应收款项不计提坏账准备。

（三）存货

1. 存货的分类

存货是指在日常活动中持有以备出售的产成品或商品、处在生产过程中的在产品、在生产过程或提供劳务过程中耗用的材料和物料等。集团公司的存货主要包括中央事权粮棉油（包括中央储备、国家临时储备、一次性储备、最低收购价等）、轮换粮棉油、周转粮棉油以及原材料、包装物、低值易耗品等。

2. 存货的计价方法

中央事权粮棉油以国家财政部门核定的价格或其规定的计价方法计价。中央事权粮棉油以外的存货取得时按照实际成本计价。

存货发出时的计价方法为加权平均法。

3. 存货可变现净值的确定依据及存货跌价准备的计提方法

期末对存货进行全面清查后，按存货的成本与可变现净值孰低提取或调整存货跌价准备。

期末按照单个存货项目计提存货跌价准备；但对于数量繁多、单价较低的存货，按照存货类别计提存货跌价准备；与在同一地区生产和销售的产品系列相关、具有相同或类似最终用途或目的，且难以与其他项目分开计量的存货，则合并计提存货跌价准备。

以前减记存货价值的影响因素已经消失的，减记的金额予以恢复，并在原已计提的存货跌价准备金额内转回，转回的金额计入当期损益。

中央事权粮棉油不计提存货跌价准备。

（四）长期股权投资

1. 投资成本的确定

（1）企业合并形成的长期股权投资。

①同一控制下的企业合并：以支付现金、转让非现金资产或承担债务方式作为合并对价的，在合并日按照取得被合并方所有者权益在最终控制方合并财务报表中的账面价值的份额作为长期股权投资的初始投资成本。

②非同一控制下的企业合并：在购买日按照《企业会计准则第20号——企业合并》确定的合并成本作为长期股权投资的初始投资成本。

（2）以支付现金取得的长期股权投资，应当按照实际支付的购买价款作为初始投资成本。初始投资成本包括与取得长期股权投资直接相关的费用、税金及其他必要支出。

（3）通过国有产权无偿划拨方式取得的长期股权投资，按被划拨单位经审计或评估核定的账面价值作为初始投资成本。

（4）其他方式取得的长期股权投资，初始投资成本按照《企业会计准则》的相关规定计量。

2. 后续计量及损益确认

对子公司的长期股权投资采用成本法核算，并按照初始投资成本计价，追加或收回投资调整长期股权投资的成本。

对联营企业和合营企业的长期股权投资采用权益法核算。长期股权投资的初始投资成本大于投资时应享有被投资单位可辨认净资产公允价值份额的差额，不调整长期股权投资的初始投资成本；初始投资成本小于投资时应享有被投资单位可辨认净资产公允价值份额的差额，计入当期损益。

（五）固定资产

1. 固定资产确认条件

固定资产是为生产商品、提供劳务、出租或经营管理而持有，使用寿命超过一个会计年度的有形资产。

企业确认固定资产的标准为单位价值在5000元（含5000元）以上。企业难以单独计量的非经常性出租不动产暂不划分为投资性房地产，仍按照固定资产核算。固定资产在同时满足下列条件时予以确认：

（1）与该固定资产有关的经济利益很可能流入企业；

（2）该固定资产的成本能够可靠地计量。

2. 固定资产分类

固定资产分类为：土地资产、房屋及建筑物、机器设备、运输工具、电子设备、办公设备和其他。

3. 固定资产初始计量

固定资产取得时按照实际成本进行初始计量。其中：

（1）外购的固定资产的成本包括买价、进口关税等相关税费，以及为使固定资产达到预定可使用状态前所发生的一切合理、必要的支出。

（2）自行建造固定资产的成本，由建造该项资产达到预定可使用状态前所发生的必要支出构成。

（3）投资者投入的固定资产，按投资合同或协议约定的价值作为入账价值，但合同或协议约定价值不公允的除外。

4. 固定资产折旧

折旧方法原则上采用年限平均法。直属库发生的固定资产折旧全部计入管理费用，其他企业按照资产用途进行折旧核算。

各类固定资产预计净残值率统一确定为5%，折旧年限如表3－1所示。

表3－1　　各类固定资产折旧年限

资产类别	资产明细	折旧年限（年）
房屋及建筑物	储备用仓房	50
	办公及生活用房（包括警消楼、锅炉房）	25—35
	油池、油罐、锅炉	10—15
	危险物品专用仓库	20—25
	简易房（仓）	8—15
	围墙、挡土墙	4—15
	库（厂）内铁路专用线	10—20
	烘干塔	12—20
	地坪、晒场、晒台、货场	5—15
	港口码头基础设施	25—30
	其他建筑物（包括罩棚、道路、给排水系统）	10—20
机器设备	机械设备（包括刨、钻、磨床，焊机、加工设备等）	10—15
	制冷设备（包括谷物冷却机、通风机）	10—15
	动力设备	11—20
	传导设备	15—30
	运输设备（包括输送机、皮带机、提升机、登车桥、叉车、牵引车、吊动机械设备等）	8—15
	农田基本建设机械（包括谷物联合收获机）	8—12
	拖拉机	6—10
	通用测试仪器设备（包括粮情检测装置）、棉检专用设备	7—15
	粮油整理筛选、烘干设备（包括烘干机）	6—15
	废旧物资加工设备	4—10
	地磅	7—15
	消防安全设备（包括消防车、消防报警系统、防雷设施等消防安全用设备等）	4—10
	营业柜台、货架	8—15
	其他通用设备	3

续表

资产类别	资产明细	折旧年限（年）
运输工具	散粮车	15
	办公用汽车	8
	铁路机车	6—15
	运输设备	6—12
电子设备	计算机	3—6
	自动化、半自动化控制设备（包括网络设备、服务器、信息安全设备、视频会议系统、电子屏、考勤系统、交换机系统等系统设备）	8—15
办公设备	复印机、打印机、传真机、移动电话、扫描仪	3—6
	空调器、空气压缩机、电气设备、应急电源、变压器、发电机组、高低压照明等电箱柜、电缆、电磁阀等电气变电设备等	10—15
	电视机、音响、录（摄）像机	8—15
其他	沙发、办公桌、柜子	3—10
	其他	3

5. 固定资产的后续支出

企业的固定资产更新改造和维修（包括大修理及日常性维护修理）应当在满足资本化条件时予以资本化。除此以外的其他维修性支出计入当期损益。

更新改造和维修资本化应同时满足以下条件：

（1）具有明确固定资产更新改造和维修计划及预算。

（2）能明显延长固定资产使用年限，经内部固定资产管理部门鉴定后确认；或者明显改变使用功能，致使固定资产经济利益实现方式有重大改变，经内部资产管理部门鉴定后确认。

6. 固定资产减值

企业的固定资产应当在期末时按照账面价值与可收回金额孰低计量，

对可收回金额低于账面价值的差额，计提固定资产减值准备。固定资产减值损失一经确认，在以后会计期间不得转回。

存在下列迹象的，表明资产可能发生了减值：

（1）资产的市价当期大幅度下跌，其跌幅明显高于因时间的推移或者正常使用而预计的下跌。

（2）企业经营所处的经济、技术或者法律等环境以及资产所处的市场在当期或者将在近期发生重大变化，从而对企业产生不利影响。

7. 固定资产处置

固定资产满足下列条件之一的，应当予以终止确认：

（1）该固定资产处于处置状态。固定资产处置包括固定资产的出售、转让、报废或毁损、对外投资、非货币性资产交换、债务重组等。处于处置状态的固定资产不再用于生产商品、提供劳务、出租或经营管理，因此不再符合固定资产的定义，应予终止确认。

（2）该固定资产预期通过使用或处置不能产生经济利益。固定资产的确认条件之一是“与该固定资产有关的经济利益很可能流入企业”，如果一项固定资产预期通过使用或处置不能产生经济利益，就不再符合固定资产的定义和确认条件，应予终止确认。

企业出售、转让、报废固定资产或发生固定资产毁损，应当将处置收入扣除账面价值和相关税费后的金额计入当期损益。

（六）在建工程

1. 在建工程的类别

企业自行建造的在建工程按实际成本计价，实际成本由建造该项资产达到预定可使用状态前所发生的必要支出构成，包括工程用物资成本、人工成本、交纳的相关税费、应予资本化的借款费用以及应分摊的间接费用等。在建工程以项目分类核算。

2. 在建工程结转为固定资产的标准和时点

在建工程项目按建造该项资产达到预定可使用状态前所发生的全部支出，作为固定资产的入账价值。所建造的在建工程已达到预定可使用状态，但尚未办理竣工决算的，自达到预定可使用状态之日起，根据工程预算、造价或者工程实际成本等，按估计的价值转入固定资产，并按固定资产折旧政策计提固定资产的折旧，待办理竣工决算后，再按实际成本调整原来的暂估价值，但不调整原已计提的折旧额。

3. 在建工程的减值测试方法、减值准备计提方法

企业在每期末判断在建工程是否存在可能发生减值的迹象。

有迹象表明一项在建工程可能发生减值的，企业以单项在建工程为基础估计其可收回金额。企业难以对单项在建工程的可收回金额进行估计的，以该在建工程所属的资产组为基础确定资产组的可收回金额。可收回金额根据在建工程的公允价值减去处置费用后的净额与在建工程预计未来现金流量的现值两者之间较高者确定。

当在建工程的可收回金额低于其账面价值的，将在建工程的账面价值减记至可收回金额，减记的金额确认为在建工程减值损失，计入当期损益，同时计提相应的在建工程减值准备。在建工程的减值损失一经确认，在以后会计期间不再转回。

（七）借款费用资本化

1. 借款费用资本化的确认原则

发生的借款费用，可直接归属于符合资本化条件的资产的购建或者生产的，予以资本化，计入相关资产成本；其他借款费用，在发生时根据其发生额确认为费用，计入当期损益。

借款费用同时满足下列条件时开始资本化：

（1）资产支出已经发生，资产支出包括为购建或者生产符合资本化

条件的资产而以支付现金、转移非现金资产或者承担带息债务形式发生的支出；

（2）借款费用已经发生；

（3）为使资产达到预定可使用或者可销售状态所必要的购建或者生产活动已经开始。

2. 借款费用资本化期间

资本化期间，指从借款费用开始资本化时点到停止资本化时点的期间，借款费用暂停资本化的期间不包括在内。

3. 借款费用资本化金额的计算方法

为购建或者生产符合资本化条件的资产而占用了一般借款的，企业应当根据累计资产支出超过专门借款部分的资产支出加权平均数乘以所占用一般借款的资本化率，计算确定一般借款应予资本化的利息金额。资本化率应当根据一般借款加权平均利率计算确定。

专门借款的利息费用（扣除尚未动用的借款资金存入银行取得的利息收入或者进行暂时性投资取得的投资收益）及其辅助费用在所购建或者生产的符合资本化条件的资产达到预定可使用或者可销售状态前，予以资本化。

根据累计资产支出超过专门借款部分的资产支出加权平均数乘以所占用一般借款的资本化率，计算确定一般借款应予资本化的利息金额。资本化率根据一般借款加权平均利率计算确定。

借款存在折价或者溢价的，按照实际利率法确定每一会计期间应摊销的折价或者溢价金额，调整每期利息金额。

4. 符合资本化条件的资产在购建或者生产过程中发生非正常中断、且中断时间连续超过 3 个月的，应当暂停借款费用的资本化。

（八）收入

1. 商品销售收入确认条件

企业应当在履行了合同中的履约义务，即在客户取得相关商品控制权时确认收入。取得相关商品控制权，是指能够主导该商品的使用并从中获得几乎全部的经济利益，也包括有能力阻止其他方主导该商品的使用并从中获得经济利益。企业在判断商品的控制权是否发生转移时，应当从客户的角度进行分析，即客户是否取得了相关商品的控制权以及何时取得该控制权。取得商品控制权同时包括下列三项要素：

（1）权利。企业只有在客户拥有现时权利，能够主导该商品的使用并从中获得几乎全部经济利益时，才能确认收入。如果客户只能在未来的某一期间主导该商品的使用并从中获益，则表明其尚未取得该商品的控制权。例如，企业与客户签订合同为其生产产品，虽然合同约定该客户最终将能够主导该产品的使用，并获得几乎全部的经济利益，但是，只有在客户真正获得这些权利时（根据合同约定，可能是在生产过程中或更晚的时点），企业才能确认收入，在此之前，企业不应当确认收入。

（2）主导该商品的使用。客户有能力主导该商品的使用，是指客户在其活动中有权使用该商品，或者能够允许或阻止其他方使用该商品。

（3）能够获得几乎全部的经济利益。客户必须拥有获得商品几乎全部经济利益的能力，才能被视为获得了对该商品的控制权。商品的经济利益，是指该商品的潜在现金流量，既包括现金流入的增加，也包括现金流出的减少。客户可以通过使用、消耗、出售、处置、交换、抵押或持有等多种方式直接或间接地获得商品的经济利益。

根据《企业会计准则》，收入确认和计量大致分为五步：第一步，识别与客户订立的合同；第二步，识别合同中的单项履约义务；第三步，确定交易价格；第四步，将交易价格分摊至各单项履约义务；第五步，履行各单项履约义务时确认收入。其中，第一步、第二步和第五步主要与收入的确认有关，第三步和第四步主要与收入的计量有关。

2. 其他条件

中央储备、国家临时储备、最低收购价、一次性储备等中央事权粮棉油销售收入确认，除了应满足上述商品销售收入确认条件之外，还需符合国家有关部门文件的要求。中央储备销售发生的价差亏损（含费用），由中央财政全额负担；发生的价差收入，冲减企业的销售收入，并就地解缴中央金库。价差亏损和收入均由国务院财政部门负责核定。

储备粮棉油轮换销售收入确认，除了应满足上述商品销售收入确认条件之外，还应符合国家下达的轮换计划文件规定的条件。储备粮棉油轮换销售收入按如下规定计量：

（1）同品种储备粮棉油轮换，企业按照轮出储备粮棉油的实际售价确认收入。

（2）储备粮棉油品种串换，企业按照被串换粮棉油品种的售价确认收入。

（3）储备粮棉油异地轮换，轮出企业轮出粮棉油时，按照售价确认收入。

（九）费用

费用只有在经济利益很可能流出从而导致企业资产减少或者负债增加且经济利益的流出额能够可靠计量时才能予以确认。企业为生产产品、提供劳务等发生的可归属于产品成本、劳务成本等的费用，应当在确认产品销售收入、劳务收入等时，计入当期损益。企业发生的支出不产生经济利益的，或者即使能够产生经济利益但不符合或者不再符合资产确认条件的，应当在发生时确认为费用，计入当期损益。企业发生的交易或者事项导致其承担了一项负债而又不确认为一项资产的，应当在发生时确认为费用，计入当期损益。

（十）利润

利润包括收入减去费用后的净额、直接计入当期利润的利得和损失等。直接计入当期利润的利得和损失，是指应当计入当期损益、会导致所有者权益发生增减变动的、与所有者投入资本或者向所有者分配利润无关的利得或者损失。利润金额取决于收入和费用、直接计入当期利润的利得和损失金额的计量。

三、其他会计政策

（一）政府补助

1. 与资产相关的政府补助

与资产相关的政府补助指企业取得的、用于购建或以其他方式形成长期资产的政府补助。

2. 与收益相关的政府补助

（1）政策性粮棉油补贴。政策性粮棉油补贴指企业承储中央储备粮棉油等中央事权粮棉油，按规定标准计算，应向中央财政或主管部门申请拨补的政策性粮棉油费用、价差和利息等补贴。

主要的政策性粮棉油补贴按如下规定进行确认和计量：

储备粮棉油轮换费用补贴的确认和计量按照补贴标准和补贴年限将轮换费用补贴调整为月度补贴标准，在实际轮换时，以轮出储备粮棉油的储存时间（月）和月度补贴标准计量应确认的补贴收入，轮换完成后予以确认。

储备粮棉油保管费用补贴按权责发生制的原则每期确认保管费用补

贴收入，要按照储备粮棉油保管费用补贴标准、储存数量、储存时间进行计量。对于应拨付的“统贷统还”储备粮棉油保管费用补贴，作为结算性补贴处理，不确认为企业的保管费用补贴收入。

与政策性粮棉油业务相关的价差补贴（包括中央储备粮棉油销售发生的价差补贴、最低收购价粮食公开竞价销售发生的价差补贴等），在实际发生相关业务且符合国家相关文件规定后确认，并按国家相关文件规定的标准进行计量。

进口退税于实际收到时予以确认和计量，冲减企业当期的相关成本。

(2) 其他与收益相关的政府补助。其他与收益相关的政府补助指除与资产相关的政府补助、政策性粮棉油补贴之外的政府补助。企业收到的与收益有关的政府补助用于补偿企业以后期间费用和损失的，在初始取得时应该先确认为递延收益，然后在相关费用得到确认的期间计入当期的营业外收入。

（二）租赁

租赁是指在一定期间内，出租人将资产的使用权让与承租人以获取对价的合同。如果合同一方让出了在一定期间内控制一项或者多项已识别资产使用的权利以换取对价，则该合同为租赁合同。

1. 承租人的会计处理

在租赁期开始日，承租人应当对租赁确认使用权资产和租赁负债。应用短期租赁和低价值租赁简化处理的除外。

承租人在租赁谈判和签订租赁合同过程中发生的，可归属于租赁项目的手续费、律师费、差旅费、印花税等初始直接费用，应当计入租入资产价值。

承租人在计算租赁付款额的现值时，承租人应当采用租赁内含利率作为折现率；无法确定租赁内含利率的，应当采用承租人增量借款利率作为折现率，并按照租赁付款额的现值与租赁付款额之间的差额确认租赁期间未确认融资费用。

2. 出租人的会计处理

出租人应当在租赁开始日将租赁分为融资租赁和经营租赁。在租赁开始日后，出租人无需对租赁的分类进行重新评估，除非发生租赁变更。

租赁资产预计使用寿命、预计余值等会计估计变更或发生承租人违约等情况变化的，出租人不对租赁的分类进行重新评估。

融资租赁是指实质上转移了与租赁资产所有权有关的几乎全部风险和报酬的租赁。其所有权最终可能转移，也可能不转移。

经营租赁是指除融资租赁以外的其他租赁。

（三）或有事项

或有事项是指过去的交易或者事项形成的，其结果须由某些未来事项的发生或不发生才能决定的不确定事项，企业不应当确认或有负债和或有资产。

预计负债应在同时满足下列条件时确认：

（1）该义务是企业承担的现时义务；

（2）履行该义务很可能导致经济利益流出企业；

（3）该义务的金额能够可靠计量。

预计负债应当按照履行相关现时义务所需支出的最佳估计数进行初始计量。资产负债表日应当对预计负债的账面价值进行复核。有确凿证据表明该账面价值不能真实反映当前最佳估计数的，企业应当按照当前最佳估计数对该账面价值进行调整。

（四）会计政策、会计估计变更和差错更正

1. 会计政策变更

会计政策变更，指企业在会计核算过程中所采用的原则、基础和会

计处理方法。

企业应当对相同或者相似的交易或者事项采用相同的会计政策进行处理。但是，会计准则另有规定的除外。

集团公司各合并报表单位应采用与集团公司一致的会计政策。

会计政策前后各期应当保持一致，不得随意变更。

由于国家相关法规要求或企业经济业务变化需要进行会计政策变更时，须报集团公司批准。

会计政策变更一般采用追溯调整法进行处理。如果会计政策变更的累计影响属不切实可行的，应采用未来适用法。

2. 会计估计变更

会计估计变更，是指由于资产和负债的当前状况及预期未来经济利益和义务发生了变化，从而对资产或负债的账面价值或者资产的定期消耗金额进行的重估和调整。

企业应对发生的交易或事项根据当时所掌握的资料作出合理估计，企业赖以进行估计的基础发生了变化，或者由于取得新信息、积累更多经验以及后来的发展变化，可能需要对会计估计进行修订。

会计估计变更应当采用未来适用法。

企业难以区分会计政策变更和会计估计变更的，应当将其作为会计估计变更进行处理。

3. 差错更正

会计差错更正是指对企业在会计核算中，由于计量、确认、记录等方面出现的错误进行的纠正。

会计差错分为本期差错和前期差错。企业对于发现属于当期的会计差错，应当调整当期相关项目。企业发现与以前期间相关的非重大会计差错，不调整会计报表相关项目的期初数，但应调整发现当期与前期相同的相关项目。企业发现与以前期间相关的重大会计差错，经集团公司批准后，采用追溯重述法进行更正，调整发现当期期初留存收益及会计报表其他相关项目的期初数。如果影响损益，应将其对损益的影响数调整发现当期的期初留存收益，会计报表其他相关项目的期初数也应一并调整；如不影响损益，应调整会计报表相关项目的期初数。

第二节　储备粮棉油购进业务的会计核算

一、储备粮棉油购进业务概述

（一）中央储备粮棉油购进的定义

中央储备粮棉油的购进是指中央储备粮棉油承储企业根据国家下达的中央储备粮棉油的收购计划，严格按照规定的品质标准从农民、国有粮棉油购销企业购进或通过批发市场公开招标拍买粮棉油的一种交易行为。中央储备粮棉油的收购计划，由国家行政管理部门根据国务院批准的中央储备粮棉油储存规模、品种和总体布局方案提出建议，经国务院发展改革部门、国务院财政部门审核同意后，由国务院发展和改革委员会及国家粮食行政管理部门会同国务院财政部门和农发行共同下达至中国储备粮管理集团有限公司。中国储备粮管理集团有限公司根据中央储备粮棉油的收购计划，具体负责组织中央储备粮棉油收购的实施。中央储备粮棉油购进具有如下特点：一是增加中央储备粮棉油的整体规模。二是入库成本须经国家财政部门核定。

（二）中央储备粮棉油入库结算价格的确定

中央储备粮棉油的入库结算价格由收购价格和合理收购费用两部分组成，由国务院财政部门负责核定。入库结算价格一经核定，承储企业必须遵照执行，任何单位和个人无权擅自更改。具体可以分为以下几种情况：

（1）企业按照国家下达的收购计划，直接收购的中央储备粮棉油，其入库成本结算价格按照国家规定的收购价加收购费用确定。移库调入的中央储备粮棉油入库成本结算价格按调出方的入库结算价格加移库发生的合理费用确定。

（2）计划内进口转中央储备粮棉油的入库结算价格，按到岸价加税金和进口各环节发生的合理费用确定。

（3）国务院财政部门核定的入库结算价格与企业实际发生的结算价格的差额，计入企业的盈亏。在企业实际操作过程中，为确保中央储备粮棉油库贷挂钩，财政部门尚未核定中央储备粮棉油入库成本时，暂将实际收购过程中发生的价款和费用计入中央储备粮棉油的库存成本，待财政部门核定后再将二者的差额计入企业的损益。

承储企业应该单独设立入库结算价格的台账，反映分地区、分库点、分年限的入库结算价格。承储企业的会计账、统计账和库存登记卡都必须反映入库结算价格，做到账实相符，账账相符。

（三）中央储备粮棉油购进资金的管理

中央储备粮棉油收购所需资金（含收购费用和合理运杂费）由农发行根据收购文件安排储备贷款解决。中央储备粮棉油贷款的发放依据中央储备粮棉油计划或批次，采取集中一次审批、一次发放或分次发放的办法。

（1）在当地直接从农民手中收购粮食用于中央储备的，开户行在财政部等有关部门核定的入库结算价（包括价款和收购费用）标准内按粮食入库进度据实发放贷款。对只规定收购价格幅度，未明确具体价格标准的，开户行可在规定的价格幅度范围内掌握。

（2）从外地调入（含进口、移入）粮食用于增加中央储备的，开户行应在财政部等有关部门核定的入库结算价（包括价款和合理费用）标准内按照粮食入库进度据实发放贷款。

（3）在中央储备粮棉油全部入库后，开户行应按财政部核定的中央储备粮棉油入库结算价对中央储备粮棉油贷款进行相应的调整。实际发放的贷款小于按照入库结算价计算的库存成本，开户行按两者的差额补放贷款；实际发放的贷款高于按照入库结算价计算的库存成本，开户行从借款人财务资金账户中收回超额发放的贷款。做完贷款与核定入库结算价差额的清收和补放工作后，根据“一省一价”的要求，农发行负责制定承储企业间规模划转的具体方案，统一组织全省的资金划转清算工作，通过采取企业票据结算形式，在一个工作日内完成资金划转清算工作，确保中央储备粮棉油库存成本与贷款规模保持一致。

二、储备粮棉油购进的会计核算

（一）会计科目的设置

（1）设置“储备粮棉油”科目，核算粮食企业库存用于调节粮食供求总量、稳定粮食市场，以及应对重大自然灾害或其他突发事件的中央或地方储备粮棉油的实际成本（或进价）或计划成本（或售价）。本科目分别设置以下明细科目：

①“中央储备粮棉油”明细科目，核算企业按照计划收购、调拨、进口中央储备粮棉油或将其他性质的粮棉油转作中央储备粮棉油时，按照中央财政核定入库结算价格计算粮棉油库存成本。

②“待核中央储备粮棉油价款”明细科目，核算企业按照计划收购、

调入、进口中央储备粮棉油或将其他性质的粮棉油转作中央储备粮棉油时，实际发生的收购、调入或进口粮棉油的价款。

③“待核中央储备粮棉油费用”明细科目，核算企业按照计划收购、调入、进口中央储备粮棉油或将其他性质的粮棉油转作中央储备粮棉油过程中实际发生的运输费、装卸费、保险费、包装费、烘晒费、运输途中的合理损耗、粮棉油定额损耗、入库前挑选整理费用和按照规定可以计入中央储备粮棉油成本的税金及其他费用。

（2）在“短期借款”科目中设置“中央储备粮棉油借款”明细科目，核算企业根据相关政策规定向银行或其他金融机构借入的中央储备粮棉油借款情况。

（3）设置“储备粮棉油结算价差收入”科目，核算企业按照国家计划收购、调拨、进口储备粮棉油，或将其他性质的粮棉油转作储备粮棉油实际发生的价款和费用低于按照财政部门核定的入库结算价格计算的库存成本的差额。

（4）设置“储备粮棉油结算价差支出”科目，核算企业按照国家计划收购、调拨、进口储备粮棉油，或将其他性质的粮棉油转作储备粮棉油实际发生的价款和费用高于按照财政部门核定的入库结算价格计算的库存成本的差额。

（二）中央储备粮棉油购进核算科目的使用

1. 企业购进的中央储备粮棉油的入库结算价格构成

（1）买价；

（2）运杂费（包括运输费、装卸费、保险费、包装费、烘晒费等）；

（3）运输途中的合理损耗；

（4）入库前的挑选整理费用（包括挑选整理中发生的人工、费用支出和必要的损耗）；

（5）购入粮食负担的税金（如关税）和其他按照规定可以计入成本的费用。

中央储备粮棉油的入库结算价格的确认与一般商品流通企业有所不同，商品流通企业购入商品抵达仓库前发生的包装费、运杂费、运输过程中的保险费、装卸费、运输途中的合理损耗和入库前的挑选整理费用等采购费用直接计入企业的当期销售费用，不计入购入商品的库存成本。中央储备粮棉油的入库结算价格除买价外，还包括购进环节发生的合理费用。

2. 中央储备粮棉油购进的主要账务处理

（1）企业按照国家下达的计划收购、调入、进口中央储备粮棉油或将其他粮棉油转作中央储备粮棉油时，按照实际发生的收购、调入或进口价款借记“储备粮棉油——待核中央储备粮棉油价款”科目，贷记“银行存款”或“库存现金”等科目；发生的运输费、装卸费、保险费、包装费、烘晒费、运输途中的合理损耗、粮油定额损耗、入库前挑选整理费用和按照规定可以计入中央储备粮棉油成本的税金及其他费用，按照实际发生金额借记“储备粮棉油——待核中央储备粮棉油费用”科目，贷记“银行存款”或“库存现金”等科目。

（2）中央财政核定中央储备粮棉油入库结算价格后，企业按照核定的入库成本计算的粮棉油库存成本，借记“储备粮棉油——中央储备粮棉油”科目，贷记“储备粮棉油——待核中央储备粮棉油价款”和“储备粮棉油——待核中央储备粮棉油费用”科目，差额部分计入企业当期损益。对于中央财政跨年度核定中央储备粮棉油入库成本对企业损益产生的影响调整当期的期初留存收益。

（3）企业按照中央财政核定的入库结算价格贷款额，向农发行申请补放资金或归还资金时，应区分下列两种情况进行账务处理：

①当按照核定的入库结算价格计算的贷款额高于企业实际发生的贷款额时，根据两者的差额向农发行申请补放资金，收到资金时，借记“银行存款”科目，贷记“短期借款——中央储备粮棉油借款”科目。

②当按照核定的入库结算价格计算的贷款额低于企业实际发生的贷款额时，根据两者的差额归还农发行资金时，借记“短期借款——中央储备粮棉油借款”科目，贷记“银行存款”科目。

（4）做完贷款与核定入库结算价差额的清收和补放工作后，根据“一省一价”的要求，由分公司与农发行负责制定承储企业间棉粮油规模划转的具体方案，统一组织全省的资金划转清算工作。企业应区分下列两种情况，调整中央储备粮棉油借款规模。

①当核定的入库结算价格高于全省的加权平均入库结算价格时，根据两者计算的库存成本差额，借记“短期借款——中央储备粮棉油借款”科目，贷记“储备粮棉油——中央储备粮棉油”科目。

②当核定的入库结算价格低于全省的加权平均入库结算价格时，根据两者计算的库存成本差额，借记“储备粮棉油——中央储备粮棉油”科目，贷记“短期借款——中央储备粮棉油借款”科目。

“储备粮棉油”科目应按粮食品种设置明细账，进行明细核算。中央储备粮棉油期末不计提存货跌价准备。

“储备粮棉油”科目的期末余额在资产负债表中“存货”项目下的“库存商品”反映，并应当在会计报表附注中披露中央储备粮棉油当期期初和期末的账面价值和数量。

（三）中央储备粮棉油购进业务的会计处理案例

1. 中央储备粮棉油承储库点按照国家计划收购中央储备粮棉油

［**例3－1**］2001年，国家下达某省中央储备小麦收购计划15万吨，要求收购的粮食必须是当年生产的，必须达到国家中等以上质量标准和

规定的安全水分，原则上应直接从农民手里收购，收购价格为0.65元/斤，收购费用每公斤不超过0.05元，收购所需资金由农发行按有关政策规定安排储备贷款解决，具体收购工作由中国储备粮管理集团有限公司负责实施。按照计划安排，中国储备粮管理集团有限公司将计划分解给某省甲直属库7万吨，乙直属库5万吨，丙直属库3万吨。在实际收购时，甲直属库发生支出为9660万元，其中：收购均价为1330元/吨，收购费用为50元/吨。乙直属库在收购时发生支出6750万元，其中：收购均价为1290元/吨，收购费用为60元/吨。丙直属库在收购时发生支出4080万元，其中：收购均价为1310元/吨，收购费用为50元/吨。

收购完成后，当年中央财政按照“一省一价”的总体水平核定这批中央储备小麦的该省入库结算价为1355元/吨，其中，核定甲直属库的入库成本价为1365元/吨，核定乙直属库的入库成本价为1350元/吨，核定丙直属库的入库成本价为1340元/吨。文件下达后，农发行按照中央财政核定的入库成本与各直属库实际已占用贷款的差额，进行贷款的清收和补放工作，并在全省贷款清平后，根据“一省一价”的要求，通过企业票据结算的方式，在一个工作日完成全省的资金划转清算。

（1）甲直属库、乙直属库和丙直属库的会计处理（单元：万元）。

①甲直属库的会计处理。

A. 根据中央储备小麦收购进度向农发行借入收购资金：

借：银行存款　　9660

　　贷：短期借款——中央储备粮棉油借款　　9660

B. 收购小麦并完成验收入库：

借：储备粮棉油——待核中央储备粮棉油价款　　9310

　　　　　　　——待核中央储备粮棉油费用　　350

　　贷：银行存款　　9660

C. 根据中央财政核定的入库成本调整中央储备小麦的库存成本：

借：储备粮棉油——中央储备粮棉油　　9555（1365×7）

　　储备粮棉油结算价差支出　　105

　　贷：储备粮棉油——待核中央储备粮棉油价款　　9310

　　　　　　　　——待核中央储备粮棉油费用　　350

D. 根据中央财政核定的入库成本向农发行归还贷款：

借：短期借款——中央储备粮棉油借款　　105

　　贷：银行存款　　105

E. 在农发行根据“一省一价”的要求，通过企业票据结算的方式，在一个工作日完成全省的资金划转清算时，按照贷款的划转规模处理：

借：短期借款——中央储备粮棉油借款

　　70（1365×7－1355×7）

　　贷：储备粮棉油——中央储备粮棉油　　70

②乙直属库的会计处理。

A. 根据中央储备小麦收购进度向农发行借入收购资金：

借：银行存款　　6750

　　贷：短期借款——中央储备粮棉油借款　　6750

B. 收购小麦并完成验收入库：

借：储备粮棉油——待核中央储备粮棉油价款　　6450

　　　　　　　——待核中央储备粮棉油费用　　300

　　贷：银行存款　　6750

由于中央财政核定入库成本与企业实际发生的成本一致，不用调整企业的库存成本和贷款。

借：储备粮棉油——中央储备粮棉油　　6750

　　贷：储备粮棉油——待核中央储备粮棉油价款　　6450

——待核中央储备粮棉油费用　　300

C. 农发行根据“一省一价”的要求，通过企业票据结算的方式，在一个工作日完成全省的资金划转清算时，按照贷款的划转规模处理：

借：储备粮棉油——中央储备粮棉油　　25

贷：短期借款——中央储备粮棉油借款

25（1355×5－1350×5）

③丙直属库的会计处理。

A. 根据中央储备小麦收购进度向农发行借入收购资金：

借：银行存款　　4080

贷：短期借款——中央储备粮棉油借款　　4080

B. 收购小麦并完成验收入库：

借：储备粮棉油——待核中央储备粮棉油价款　　3930

——待核中央储备粮棉油费用　　150

贷：银行存款　　4080

C. 根据中央财政核定的入库成本调整中央储备小麦的库存成本：

借：储备粮棉油——中央储备粮棉油　　4020（1340×3）

储备粮棉油结算价差支出　　60

贷：储备粮棉油——待核中央储备粮棉油价款　　3930

——待核中央储备粮棉油费用　　150

D. 根据中央财政核定的入库成本向农发行归还贷款：

借：短期借款——中央储备粮棉油借款　　60

贷：银行存款　　60

E. 在农发行根据“一省一价”的要求，通过企业票据结算的方式，在一个工作日完成全省的资金规模划转时，按照贷款的划转规模处理：

借：储备粮棉油——中央储备粮棉油　　45

贷：短期借款——中央储备粮棉油借款

45（1355×3－1340×3）

（2）［例3－1］中，各省在进行省内资金规模划转时，也有不采取企业票据结算的方式，而是根据全省加权平均价与核定的库点入库结算价的差额发放或收回贷款资金。企业在划转贷款规模时则进行如下的会计处理：

①甲直属库按照“一省一价”的要求，划转贷款规模时：

A. 按照全省加权平均价低于入库成本价格的差额，收到乙、丙直属库汇来的资金时：

借：银行存款　　70（1365×7－1355×7）

　贷：储备粮棉油——中央储备粮棉油　　70

B. 归还农发行资金时：

借：短期借款——中央储备粮棉油借款

70（1365×7－1355×7）

　贷：银行存款　　70

②乙直属库按照“一省一价”的要求，划转贷款规模时：

A. 按照全省加权平均价高于入库成本价格的差额，向农发行贷款时：

借：银行存款　　25（1355×5－1350×5）

　贷：短期借款——中央储备粮棉油借款　　25

B. 将资金划到甲直属库时：

借：储备粮棉油——中央储备粮棉油　　25

　贷：银行存款　　25

③丙直属库按照“一省一价”的要求，划转贷款规模时：

A. 按照全省加权平均价高于入库成本价格的差额，向农发行贷款时：

借：银行存款　　45（1355×3－1340×3）

贷：短期借款——中央储备粮棉油借款 45

B. 将资金划到甲直属库时：

借：储备粮棉油——中央储备粮棉油 45

贷：银行存款 45

从［例 3－1］可见，中央储备粮棉油购进的核算类似于成本核算方法中的计划成本法，只不过这里的计划成本是中央财政核定的入库成本。企业先将中央储备粮棉油购进过程时发生的价款和费用归集到“储备粮棉油”科目下的“待核中央储备粮棉油价款”和“待核中央储备粮棉油费用”明细科目中，待中央财政核定入库结算价格后，按照核定的入库结算价计算的粮油库存成本从“待核中央储备粮棉油价款”和“待核中央储备粮棉油费用”明细科目中转入“中央储备粮棉油”明细科目，差额部分通过“储备粮棉油结算价差收入”或“储备粮棉油结算价差支出”科目计入企业的损益。

中央财政在核定中央储备粮棉油入库结算价时，既核定承储库点的入库成本价，也以省为单位计算核定省内统一的入库结算价。核定的省内统一入库结算价不涉及企业的损益，其目的是便于加强中央储备粮棉油的管理，保持同一批次的中央储备粮棉油在省内的入库结算价一致，是按照核定的省内各库的入库成本予以加权平均计算得出的。农发行根据中央财政按照“一省一价”核定的入库结算价，通过企业票据结算的方式，在一个工作日完成全省的资金规模划转，只是将企业的库存成本调整为按照核定的入库结算价计算的中央储备粮棉油库存成本，并相应调整中央储备粮棉油的贷款规模，以保持中央储备粮棉油的库存成本与贷款规模的一致。

（3）［例 3－1］中，如果中央财政 2003 年度才核定该批购进中央储备小麦的入库结算价和入库成本，则前述（1）中甲直属库、丙直属库

C—E 环节，乙直属库 C 环节在 2003 年时再进行会计处理，其中甲直属库和丙直属库的 C 环节会计处理与前述有所不同。

①甲直属库的会计处理：

C. 根据中央财政核定的入库成本调整中央储备小麦的库存成本：

借：储备粮棉油——中央储备粮棉油　　9555（1365 ×7）

　　以前年度损益调整　　105

　　贷：储备粮棉油——待核中央储备粮棉油价款　　9310

　　　　　　　　　——待核中央储备粮棉油费用　　350

②丙直属库的会计处理：

（2）根据中央财政核定的入库成本调整中央储备小麦的库存成本：

借：储备粮棉油——中央储备粮棉油　　4020（1340 ×3）

　　以前年度损益调整　　60

　　贷：储备粮棉油——待核中央储备粮棉油价款　　3930

　　　　　　　　　——待核中央储备粮棉油费用　　150

2. 根据国家计划划转中央储备粮棉油

［**例 3 –2**］2003 年 9 月国家组织由 ABC 公司负责进口了 100 万吨小麦，发生进口价款 198000 万元，由某省甲、乙和丙直属库分别负责接运储存 1 万吨，粮权归属 ABC 公司。在实际接运时，甲直属库发生中转费 25 万元，杂费 10 万元；乙直属库发生中转费 20 万元，杂费 15 万元，丙直属库发生中转费 20 万元，杂费 8 万元，所需中转资金由 ABC 公司预付，杂费由库点垫支。2004 年 10 月国家下达转储计划，规定凡是质量符合国家有关标准的小麦转为国家临时储备，粮权由 ABC 公司划归甲直属库、乙直属库和丙直属库，入库成本由到岸价格加合理费用构成，由财政部负责核查。品质达不到储存品质标准的由 ABC 公司负责销售处理，自负盈亏。经过检验，甲直属库、乙直属库和丙直属库各自储存的 1 万

吨小麦品质均符合储存要求，转为国家临时储备。财政核定的甲直属库转储的入库成本价为 2010 元/吨（其中：中转费 25 万元、运杂费 5 万元），乙直属库转储的入库成本价为 2010 元/吨（其中：中转费 18 万元、运杂费 12 万元），丙直属库转储的入库成本价为 2001 元/吨（其中：中转费 15 万元、运杂费 6 万元），甲直属库、乙直属库和丙直属库所在省份的全省加权平均价为 2007 元/吨。甲直属库、乙直属库和丙直属库的会计处理如下（单位：万元）：

（1）甲直属库的会计处理。

①收到 ABC 公司预付的中转费：

借：银行存款　　25

　　贷：其他应付款——ABC 公司——中转费　　25

②接运进口小麦发生中转费支出：

借：其他应付款——ABC 公司——中转费　　25

　　贷：银行存款　　25

③支付杂费支出：

借：其他应付款——杂费　　10

　　贷：银行存款　　10

④根据财政核定的入库结算价向农发行贷款：

借：银行存款　　2010

　　贷：短期借款——中央储备粮棉油借款　　2010

⑤划转中央储备小麦：

借：储备粮棉油——中央储备粮棉油　　2010

　　储备粮棉油结算价差支出　　5

　　贷：其他应付款——ABC 公司　　2005

　　　　其他应付款——杂费　　10

同时划转资金：

借：其他应付款——ABC 公司　　2005

　　贷：银行存款　　2005

⑥按照全省加权平均价低于入库成本的差额，收到丙直属库汇来的资金时：

借：银行存款　　3

　　贷：储备粮棉油——中央储备粮棉油　　3

⑦归还农发行资金时：

借：短期借款——中央储备粮棉油借款　　3

　　贷：银行存款　　3

（2）乙直属库的会计处理。

①收到 ABC 公司预付的中转费：

借：银行存款　　20

　　贷：其他应付款——ABC 公司——中转费　　20

②接运进口小麦发生中转费支出：

借：其他应付款——ABC 公司——中转费　　20

　　贷：银行存款　　20

③支付杂费支出：

借：其他应付款——杂费　　15

　　贷：银行存款　　15

④根据财政核定的入库结算价向农发行贷款：

借：银行存款　　2010

　　贷：短期借款——中央储备粮棉油借款　　2010

⑤划转中央储备小麦：

借：储备粮棉油——中央储备粮棉油　　2010

储备粮棉油结算价差支出　　3

贷：其他应付款——ABC 公司　　1998

其他应付款——杂费　　15

同时划转资金：

借：其他应付款——ABC 公司　　1998

贷：银行存款　　1998

⑥按照全省加权平均价低于入库成本的差额，收到丙直属库汇来的资金时：

借：银行存款　　3

贷：储备粮棉油——中央储备粮棉油　　3

⑦归还农发行资金时：

借：短期借款——中央储备粮棉油借款　　3

贷：银行存款　　3

（3）丙直属库的会计处理。

①收到 ABC 公司预付的中转费：

借：银行存款　　20

贷：其他应付款——ABC 公司——中转费　　20

②接运进口小麦发生中转费支出：

借：其他应付款——ABC 公司——中转费　　20

贷：银行存款　　20

③支付杂费支出：

借：其他应付款——杂费　　8

贷：银行存款　　8

④根据财政核定的入库结算价向农发行贷款：

借：银行存款　　2001

贷：短期借款——中央储备粮棉油借款 2001

⑤划转中央储备小麦：

借：储备粮棉油——中央储备粮棉油 2001

储备粮棉油结算价差支出 2

贷：其他应付款——ABC 公司 1995

其他应付款——杂费 8

同时划转资金：

借：其他应付款——ABC 公司 1995

贷：银行存款 1995

⑥按照全省加权平均价高于入库成本价格的差额，向农发行贷款时：

借：银行存款 6

贷：短期借款——中央储备粮棉油借款 6

⑦将资金划转到甲、乙直属库：

借：储备粮棉油——中央储备粮棉油 6

贷：银行存款 6

第三节 储备粮棉油销售业务的会计核算

一、储备粮棉油销售业务概论

（一）中央储备粮棉油销售的定义

中央储备粮棉油销售是指企业按照国家下达的销售计划，通过批发市场公开拍卖的形式以及国家规定的其他方式抛售（竞价销售）、出口中央储备粮棉油的一种交易行为，其主要目的是调控粮油市场。中央储备粮棉油的销售计划，由国务院发展改革部门及国家行政管理部门会同国务院财政部门和农发行共同下达给中国储备粮管理集团有限公司，中国储备粮管理集团有限公司根据中央储备粮棉油的销售计划，具体负责组织中央储备粮棉油销售的实施。

（二）中央储备粮棉油销售盈亏的处理原则

中央储备粮棉油承储企业按照国家的有关规定销售中央储备粮棉油时，在满足下列四个条件时，按照实际销售款或国家有关规定确认收入。

（1）企业已经将粮棉油所有权的主要风险和报酬转移给买方。风险主要指粮棉油由于贬值、损坏等造成的损失；报酬是指粮棉油中包含的未来经济利益，包括价格上涨给企业带来的经济利益。如果粮棉油发生的任何损失不需要本企业承担，带来的经济利益也不归本企业所有，则意味着该商品所有权上的风险和报酬已移出该企业。

（2）企业既没有保留通常与所有权相联系的继续管理权，也没有对已售出的粮棉油实施控制。企业将粮棉油所有权上的主要风险和报酬转移给买方后，如仍继续保留通常与所有权相联系的继续管理权，或仍然对售出的粮棉油实施控制，则此项销售不能成立，不能确认相应的销售收入。

（3）与交易相关的经济利益能够流入企业。经济利益，是指直接或间接流入企业的现金或现金等价物。在销售粮棉油的交易中，与交易相关的经济利益即为销售粮棉油的价款。销售粮棉油的价款能否有把握收回，是收入确认的一个重要条件。企业在销售时，如估计价款收回的可能性不大，即使收入确认的其他条件均已满足，也不应当确认收入。

（4）相关的收入和成本能够可靠地计量。收入能否可靠地计量，是确认收入的基本前提。企业在销售时，售价通常已经确定，但销售过程中由于某种不确定性因素，也可能出现售价变动的情况，则在新的售价未确定前不应确认收入。

根据收入和费用配比原则，与同一项销售有关的收入和成本应在同一会计期间予以确认。因此，成本不能可靠地计量，相关的收入也不能确认，即使其他条件均已满足，也不能确认收入。一般来说，中央储备粮棉油销售成本的确认应该是中央储备粮棉油的账面库存成本。

按照目前的中央储备粮棉油财政管理办法，中央储备粮棉油销售发生的价差亏损（含费用），由中央财政全额负担；发生的价差收入，冲减企业的销售收入，并就地解缴中央金库。价差亏损和收入均由财政部负责核定。

（三）中央储备粮棉油销售的资金管理

中央储备粮棉油出库销售后，销售货款必须全部回笼到企业在开户行开立的基本存款账户，开户行按规定及时收回中央储备粮棉油贷款，还贷后仍有剩余的，全部转入企业的资金账户。

采取由批发市场进行中央储备粮棉油销售的，买方按照竞拍成交的价格和数量将货款汇存到批发市场在农发行开设的存款账户后，由批发市场开具《出库通知单》通知卖方发货。卖方承储库收到出库通知后及时在合同规定的交货期内进行交割，交割完毕后，由批发市场确认并将货款拨付至卖方承储库点。卖方承储库负责及时将销售货款（成交价扣除交易费用）归还农发行，价差亏损部分由中国储备粮管理集团有限公司报经财政部审核后，由财政部拨付至中国储备粮管理集团有限公司。中国储备粮管理集团有限公司负责将补贴款拨补到卖方承储库，由承储库及时将补贴款归还农发行。如果竞价销售的成交价扣除入库成本和交易费用后有盈余，盈余部分上缴中央财政。

二、储备粮棉油销售的会计核算

（一）会计科目的设置

（1）在“主营业务收入”科目下增设“中央储备粮棉油销售收入”明细科目，核算企业执行国家计划抛售（竞价销售）、出口中央储备粮棉油等减少中央储备粮棉油规模业务所取得的收入。

（2）在“主营业务成本”科目下增设“中央储备粮棉油销售成本”明细科目，核算企业执行国家计划抛售（竞价销售）、出口中央储备粮棉油等减少中央储备粮棉油规模业务所发生的成本。

（3）在“其他应收款”科目下增设“应交中央储备粮棉油差价款”明细科目，核算企业按照计划抛售（竞价销售）、出口中央储备粮棉油等形成的应上缴财政部门的差价款。

（二）中央储备粮棉油销售会计科目的使用

（1）企业按照规定抛售（竞价销售）、出口中央储备粮棉油时，符合收入确认条件的确认为本期营业收入。按照实际收到或应收的价款，借记“银行存款”“应收账款”等科目，按实现的营业收入，贷记“主营业务收入——中央储备粮棉油销售收入”科目，如果专用发票上注明增值税额，贷记“应交税费——应交增值税（销项税额）”科目。

同时结转成本，按照中央财政核定的中央储备粮棉油账面库存成本，借记“主营业务成本——中央储备粮棉油销售成本”科目，贷记“储备粮棉油——中央储备粮棉油”科目。对尚未核定入库成本的，暂按账面实际收购成本结转成本，待入库成本核定后再做相应调整。

（2）在销售过程中发生的应由中央财政负担的价差亏损（含费用），按照中央财政核定金额，借记“应收补贴款——中央储备粮棉油补贴”科目，贷记“其他收益——中央储备粮棉油补贴”科目；收到补贴时，借记“银行存款”科目，贷记“应收补贴款——中央储备粮棉油补贴”科目。

（3）在销售过程中形成的应上缴中央财政的差价收入，按照中央财政核定金额，借记“主营业务收入——中央储备粮棉油销售收入”科目，贷记“其他应收款——应交储备粮棉油差价款”科目；上缴中央财政时，借记“其他应收款——应交储备粮棉油差价款”科目，贷记“银行存款”科目。

（三）中央储备粮棉油销售业务的会计处理案例

［**例 3－3**］2003 年为缓解国内市场大豆供求矛盾，满足大豆加工企业的需要，国家在大连北方粮食批发市场进行中央储备粮棉油大豆竞价销售。安排大豆销售出库计划 10 万吨，合同成交价格包括车板前费用 50 元/吨，车板前费用是指粮食出库到装车（火车）所发生的正常合理费用，具体包括粮食出库费用、短途运费、火车站台使用费，站台上车的搬运费。买方如需要包装物的，包装物费用由买方负担。卖方承储库点依据税务管理的有关规定按照实际成交价格、结算标准数量、金额开具增值税专用发票，根据《财政部　国家税务总局关于增值税一般纳税人向小规模纳税人购进农产品进项税抵扣率问题的通知》规定，按照 13% 的抵扣率计算进项税额，卖方承储库点在其所在地申报缴纳增值税。中央储备大豆竞价成交价扣除中央储备大豆的入库成本、车板前费用及缴纳的增值税款（由中国储备粮管理集团有限公司统一报财政部审核）后，全部上缴中央财政。批发市场垫付的广告费用和向卖方企业收取的交易费用由中央财政承担。

（1）在本次中央储备大豆竞价销售过程中，A 省甲直属库在大连北方粮食批发市场竞价销售大豆 2 万吨，竞价成交价为 2480 元/吨，账面库存成本为 2100 元/吨。甲直属库的会计处理（单位：万元）如下：

①按照合同约定已经完成大豆出库并按照竞价销售成交价开具增值税发票，销项税额 = 2 × 2480 × 13% = 644.8（万元）。

借：应收账款　　5604.8

　　贷：主营业务收入——中央储备粮棉油销售收入　　4960

　　　　应交税费——应交增值税（销项税额）　　644.8

按照文件规定，国家允许按照中央储备大豆的入库成本计算可以抵扣的进项税额，企业计算出可以予以抵扣的进项税额 = 2 × 2100 × 13% = 546（万元）。

借：应交税费——应交增值税（进项税额）　　546

　　贷：储备粮棉油——中央储备粮棉油——大豆　　546

同时结转成本：

借：主营业务成本——中央储备粮棉油销售成本　　3654

　　贷：储备粮棉油——中央储备粮棉油——大豆

　　　　3654（2 × 2100 − 546）

根据增值税原理，世界各国都允许将购进的免税农产品中所包含的增值税予以抵扣，这是因为，虽然对农民销售免税农产品没有征收增值税，但生产农产品的投入物都是含税的，所以农产品价格中包含增值税，如果购进免税农产品价格中所包含的增值税不予抵扣，则农产品的流通和以农产品为原料的生产，必然存在着重复征税因素。

②收到批发市场拨来的车板前费用：

借：银行存款　　100

　　贷：应收账款　　100

大豆出库时，企业按照实际发生的费用借记费用有关科目。

③收到拨付应缴纳的增值税款：

借：银行存款　　98.8

贷：应收账款　　98.8

④向税务部门申报缴纳增值税：

借：应交税费——应交增值税（已交税金）　　98.8

　　贷：银行存款　　98.8

⑤收到批发市场拨来的用于归还农发行储备贷款的销售价款：

借：银行存款　　4200

　　贷：应收账款　　4200

⑥归还农发行储备贷款：

借：短期借款——中央储备粮棉油借款　　4200

　　贷：银行存款　　4200

⑦中央财政最后确认应上缴的差价款为：$2480\times2-2100\times2-98.8-100=561.2$（万元）。

借：主营业务收入——中央储备粮棉油销售收入　　561.2

　　贷：其他应收款——应交储备粮棉油差价款　　561.2

同时，按照批发市场转来的代上缴通知上缴财政：

借：其他应收款——应交储备粮棉油差价款　　561.2

　　贷：应收账款　　561.2

从本例可以看出，中央储备粮棉油销售的结果是减少了中央储备粮棉油库存和中央储备粮棉油贷款规模，中央储备粮棉油销售的盈亏归属中央财政，承储企业作为执行者，不反映中央储备粮棉油销售的盈亏。

（2）如果本例中，A省甲直属库在大连北方粮食批发市场竞价销售大豆的竞价成交价为2050元/吨，甲直属库的会计处理就有所不同，具体如下（单位：万元）：

①按照合同约定已经完成大豆出库并按照竞价销售成交价开具增值税发票，销项税额 $=2\times2050\times13\%=533$（万元）。

借：应收账款 4633

贷：主营业务收入——中央储备粮棉油销售收入 4100

应交税费——应交增值税（销项税额） 533

按照相关文件规定，国家允许按照中央储备大豆的入库成本计算可以抵扣的进项税额，企业计算出可以予以抵扣的进项税额 = 2 × 2100 × 13% = 546（万元）。

借：应交税费——应交增值税（进项税额） 546

贷：储备粮棉油——中央储备粮棉油——大豆 546

同时结转成本：

借：主营业务成本——中央储备粮棉油销售成本 3654

贷：储备粮棉油——中央储备粮棉油——大豆

3654（2 × 2100 − 546）

②收到批发市场拨来的车板前费用：

借：银行存款 100

贷：应收账款 100

大豆出库时，企业按照实际发生的费用借记费用有关科目。

由于按照中央储备大豆的入库成本计算可以抵扣的进项税额高于销项税额，表示企业存在尚未抵扣完的进项税额，按照增值税管理的相关规定，企业不用缴纳增值税。

③收到批发市场拨来的用于归还农发行储备贷款的销售价款：

借：银行存款 4000

贷：应收账款 4000

④归还农发行储备贷款：

借：短期借款——中央储备粮棉油借款 4000

贷：银行存款 4000

⑤企业按照中央财政最后确认应弥补的价差亏损计提的应拨补的补贴：$2100\times2-(2050\times2-100)=200$（万元）。

借：应收补贴款　　200

　　贷：其他收益　　200

收到补贴时：

借：银行存款　　200

　　贷：应收补贴款　　200

⑥归还农发行剩余的储备贷款：

借：短期借款——中央储备粮棉油借款　　200

　　贷：银行存款　　200

对于中央储备粮棉油的抛售、出口等减少中央储备粮棉油规模的业务，其核算原则与中央储备粮棉油的销售相同。

第四节　储备粮棉油保管业务的会计核算

一、储备粮棉油保管业务概述

储备粮棉油保管业务是指企业按照国家规定的数量、质量以及储存年限对储备粮棉油进行日常的储存管理的业务行为。该业务按照财政部下发的政策性储备粮棉油保管期间发生费用补贴标准，确认相关费用补贴。

（一）保管费用补贴

保管费用补贴是用于支付储备粮棉油储存期间发生的所必需的各项保管开支，由国家给予定额补贴。企业按权责发生制的原则每月计提保管费用补贴。

保管费用补贴专项用于各承储库点负责保管的中央事权粮棉油所需各项合理费用开支（含损耗），按不同地区确定补贴标准，实行费用包干，超支不补。同一地区、不同性质、不同品质的中央政策性粮食保管费补贴标准一致。

保管费用补贴的计提以统计库存量为准。

（二）利息费用补贴

利息费用补贴是指专项用于最低收购价粮食、国家临时存储粮棉油等政策性粮棉油贷款利息发生的费用补贴。由财政部根据集团公司提供的粮食库存情况及补贴标准核算，按季预拨，年度结束后根据统计年报中账面库存数量进行清算。

利息费用补贴按照粮食库存成本及当期一年期流动资金基准贷款利率计量，其计算公式如下：

利息费用补贴＝政策性粮棉油统计账面库存数量×库存成本×当期人民银行公布的一年期流动资金基准贷款利率÷12×N（月）

（三）监管和质检费用补贴

监管和质检费用补贴是指专项用于储备粮棉油监管、质检工作合理的日常费用开支，包括外聘监管人员的工资性支出、公务性费用及中央政策性粮食的质检费用等。年度终了后，财政部根据最低收购价粮食、国家临时存储粮棉油年度实际平均库存数量对集团公司清算。集团公司根据财政部清算结果，结合对分、子公司的包干标准进行清算。分公司根据制定的标准进行清算。

监管和质检费用补贴标准的规定如下：

（1）集团公司制订监管和质检费用拨付补贴标准，分（子）公司包干，超支不补。

（2）除中央储备粮棉油的监管和质检费用全部拨付直属企业外，其他政策性粮监管和质检费用补贴，各分（子）公司可根据实际情况，制定本辖区内监管、质检费用分配办法，并报集团公司备案。补贴标准一经确定，不得随意调整。

（四）储备粮棉油损失损耗

储备粮棉油损失损耗是指粮棉油在储存保管过程中，由于自然灾害或责任事故等造成的粮棉油的损失或损耗，包括库存粮棉油发生的盘亏、保管自然减量、超标准水分减量、出入库清杂减量、出入库检斤计量误差、搬倒过程中的零星抛洒等，以及保管期间发生的变质、毁损、被盗等造成的净损失。

二、储备粮棉油保管的会计核算

（一）储备粮棉油保管业务会计科目的设置

（1）企业应设置“递延收益”科目及“×××储备粮棉油补贴”二级科目及“保管费用补贴”“监管和质检费用补贴”等三级科目和“×××品种”四级明细科目，核算应在以后期间计入其他收益的中央储备粮棉油补贴、一次性储备粮棉油补贴、国家临时储备粮棉油补贴、地方储备粮棉油补贴、最低收购价粮食补贴等政策性粮棉油补贴。年末根据保管数量，按规定标准计算，确认到“其他收益”科目。

（2）在“其他收益”科目中设置“×××储备粮棉油补贴（根据具体性质填列）”二级科目及“保管费用补贴”“监管和质检费用补贴”等三级科目和“×××品种”四级明细科目，核算根据实际保管数量计算应确认的补贴收入情况。

（3）收到的利息费用补贴在“财务费用——利息收入——×××储备粮棉油贷款利息补贴”科目下核算。

（4）在“销售费用”科目中设置“仓储保管费”“租赁费”“粮棉油损耗”等明细科目，核算企业在保管过程中发生的熏蒸费用、统贷统还租赁费以及保管的正常损失损耗等与保管相关的费用。

（二）储备粮棉油保管业务会计科目的使用

1. 储备粮棉油保管费用补贴

根据不同保管形式，以补贴计算单、补贴文件、银行收款单以及下拨代储库点补贴文件、代储库点收据等为原始凭证进行账务处理。

（1）计提保管补贴。对本库储存粮棉油的保管费用补贴，以补贴计算单为原始凭证，借记“递延收益——×××储备粮棉油补贴——保管费用补贴——×××品种”科目，贷记“其他收益——×××储备粮棉油补贴——保管费用补贴——×××品种”科目。对代储点储存的，以补贴计算单为原始凭证，借记“递延收益——×××储备粮棉油补贴——保管费用补贴——×××品种”科目，贷记“其他应付款——待拨储备粮棉油补贴——×××单位”科目。

（2）收到下拨的保管补贴。以补贴文件、银行收款单为原始凭证，借记“银行存款”科目，贷记“递延收益——×××储备粮棉油补贴——保管费用补贴——×××品种”科目。

（3）转拨储存库点保管补贴。以银行单据、下拨代储库点补贴文件、代储库点收据为原始凭证，借记“其他应付款——待拨储备粮棉油补贴——×××单位”科目，贷记“银行存款”科目。

（4）支付租仓储存保管费。以租赁合同、租赁费计算表、租赁费发票、银行转账回单为原始凭证，借记“销售费用——租赁费”科目，贷记“银行存款”科目。

2. 储备粮棉油利息费用补贴

月末，按标准计提补贴时，借记“递延收益——×××储备粮棉油贷款利息补贴”科目，贷记“财务费用——利息收入——×××储备粮棉油贷款利息补贴”科目。按应付农发行政策性粮油贷款利息费用确认财务费用时，以利息计算单为原始凭证，借记“财务费用——利息支出——×××储备粮棉油贷款利息”科目，贷记“应付利息——×××银行贷款利息”科目；农发行季末收取利息，借记“应付利息——×××银行贷款利息”科目，贷记“银行存款”科目。

3. 储备粮棉油监管和质检费用补贴

按照规定的标准与年度实际平均库存数量按期计提补贴收入时，借记“递延收益——×××储备粮棉油补贴——监管质检费用补贴”等科目，贷记“其他收益——×××储备粮棉油补贴——监管质检费用补贴”等科目；实际收到上级拨付的补贴时，借记“银行存款”科目，贷记“递延收益——×××储备粮棉油补贴——监管质检费用补贴”等科目。

4. 储备粮棉油保管过程中其他情况处理

（1）储备粮棉油损失损耗、补库。

①在保管过程中发生的损失损耗，未查明原因以前，根据实际损失情况，借记“待处理财产损溢——流动资产损溢”科目，贷记“周转粮棉油——×××品种——损耗补库”等科目。

要进行补库时，借记“待处理财产损溢”科目，贷记“周转粮棉油——×××品种”科目。购入补库粮食时，借记“周转粮棉油——×××品种”科目，贷记“银行存款”科目。将验收合格的周转粮棉油转为储备粮棉油时，借记“储备粮棉油——×××储备粮棉油——×××品种”科目，贷记“周转粮棉油——×××品种”科目，并将收购成本与原储备指标成本的差额结转至“待处理财产损溢”科目。

②查明原因后，储备粮棉油发生因自然灾害或者被盗等产生非正常

损失的，应及时向保险公司报损，追究个人的责任。经认定由保险公司或者个人赔偿的，借记“其他应收款——保险公司（或个人）”科目，贷记“待处理财产损溢——储备粮棉油损失”科目。

若核减储备粮棉油规模，在收到保险公司或个人赔款后，应当及时归还农发行政策性粮棉油贷款。借记“短期借款——×××储备粮棉油借款——×××品种”，贷记“银行存款”科目。

如因不可抗力等发生非正常损失，应将净损益结转至营业外收支，借记“营业外支出”科目或者贷记“营业外收入”科目，借记或者贷记“待处理财产损溢——储备粮棉油损失”科目。

如因管理不善如被盗、亏库等发生非正常损失，应将净损益结转至管理费用，借记“管理费用——存货盘亏、毁损”科目，贷记“待处理财产损溢——×××储备粮棉油损失”科目。

（2）清杂整理费用。对于检测为不达标的粮棉油，企业采取清杂整理，涉及的搬倒、整晒等费用，按实际发生的费用，计入当期损益，借记“销售费用——运输费”“销售费用——装卸费”“销售费用——仓储保管费——整晒费”等科目，贷记“银行存款”科目。清杂整理过程中发生粮棉油数量损耗，还需进行补库的，相关会计核算参照储备粮棉油补库的账务处理。

（3）不宜存粮棉油。对于检测为不宜存储的储备粮棉油，要及时安排轮换或拍卖销售，具体处理参照“中央储备粮棉油同品种”“储备粮棉油销售业务”的相关要求。

三、储备粮棉油保管业务的会计处理案例

［**例 3-4**］某省直属库 20×8 年末共储存一次性储备进口小麦 7 万吨，年补贴标准为 86 元/吨。按每个月实际储存数量计算，20×9 年度应

确认保管补贴50万元。该直属库的会计处理如下（单位：万元）：

借：递延收益——一次性储备补贴——保管费用补贴——进口小麦　50

　贷：其他收益——一次性储备补贴——保管费用补贴——进口小麦　50

［**例3－5**］某省直属库20×9年7月计提临储玉米贷款利息880万元，并确认利息收入，9月根据农发行单据支付利息2000万元。该直属库的会计处理如下（单位：万元）：

借：财务费用——利息支出——国家临时存储粮棉油贷款利息支出　880

　贷：应付利息　880

借：银行存款　880

　贷：财务费用——利息收入——国家临时存储粮棉油贷款利息收入　880

借：应付利息　2000

　贷：银行存款　2000

第五节　中央储备粮棉油轮换的会计核算

一、中央储备粮棉油轮换业务概论

（一）中央储备粮棉油轮换的定义

中央储备粮棉油轮换是指在中央储备规模不变的情况下，为保证中央储备粮棉油品质符合国家储备标准要求，由中国储备粮管理集团有限公司根据中央储备粮棉油的品质情况和入库年限，提出中央储备粮棉油年度轮换的数量、品种和分地区计划，报国家粮食行政管理部门、国务院财政部门和农发行批准，以符合国家储存标准的新粮油替换库存中已不适宜继续储存的粮油。

中央储备粮棉油实行均衡轮换制度，每年轮换的数量一般为中央储备粮棉油储存总量的20%—30%。中国储备粮管理集团有限公司负责在年度轮换计划内根据粮食市场供求状况，具体组织实施中央储备粮棉油的轮换。

中央储备粮棉油轮换前必须经过检测，品质认定以粮油储存品质控制标准作为依据，以储存年限作为参考。按照目前的规定，中央储备粮棉油的质量必须达到国家标准规定的中等（含）以上标准，食油质量必须符合国家标准规定的二级（含）以上标准。储存年限是以粮食的生产时间计算，不同储存条件的地区其适宜储存的年限不同。具体标准为：长江以南地区：稻谷2—3年；小麦3—4年；玉米1—2年；豆类1—2年。长江以北地区：稻谷2—3年；小麦3—5年；玉米2—3年；豆类1—2年。食油1—2年。

对于储存条件差的，储存年限取低值；储存条件好的，储存年限取高值。地下库粮油的储存时间，可根据质量情况酌情延长。

中央储备粮棉油执行定期质量检查制度和质量报告制度。质量检查由中国储备粮管理集团有限公司负责组织，每年检查两次，每次检查后要根据《粮油储存品质判定规则》的规定，将质量检查结果判定为宜存粮油、不宜存粮油和陈化粮油三个类别，检查结果于每年5月末、11月末报国家粮食和物资储备局、财政部等有关部门。国家粮食和物资储备局、财政部可根据情况对中央储备粮棉油质量组织抽查。

（二）中央储备粮棉油轮换的审批权限、程序和形式

中央储备粮棉油轮换以质量检查结果作为依据，对不宜存的粮油，必须进行轮换；对宜存粮油中接近品质控制指标或超过储存规定年限的，也要按照先入先出、均衡轮换、降低费用的原则进行轮换。中国储备粮管理集团有限公司在每年 11 月底前提出下年度轮换计划（分省、分品种），报国家粮食和物资储备局、财政部、农发行等有关部门综合权衡决定后，在当年 12 月底前将轮换计划下达至中国储备粮管理集团有限公司，中国储备粮管理集团有限公司具体负责组织实施。

中央储备粮棉油轮换工作应严格执行国家计划和有关规定，轮空期最长不得超过 4 个月，如遇特殊情况，4 个月还不能轮入的，须向国家有关部门报告，否则按照擅自动用中央储备粮棉油处理。轮换工作中如确需调整国家计划，须由国家粮食和物资储备局等有关部门审批。下列事项必须审批：

（1）不同品种粮油的串换；

（2）根据市场情况及轮换需要，确需超过 4 个月轮空期的；

（3）变更国家下达的轮换计划；

（4）有利于提高储备质量，但又超越国家计划和有关规定的轮换事项。

对于未经批准自行决定轮换的单位，视同擅自动用中央储备粮棉油处理。中央储备粮棉油轮换的主要形式有：同品种轮换、不同品种轮换、同库点轮换和不同库点轮换等。具体轮换方式主要有：先销后购、先购后销、边销边购等，除此之外，中央储备粮棉油轮换还可以结合以下方式进行：

（1）结合国家计划进行轮换，即根据国家下达的中央储备粮棉油购、销计划，收购新粮、销售存粮，实行轮换。

（2）进出口轮换，即通过中央储备粮棉油进出口实现的轮换。其中属于国家指令性计划、涉及储备粮棉油规模增减变化的进出口，根据情况安排库存粮食，进口新粮补库，实现轮换；属于涉及储备规模增减变化的进出口轮换，可以采取多种方式：如北出南进、进口粮国内等量推陈销售、出口粮国内等量销售、新粮补库等。

（3）加工轮换，即将轮出的储备粮加工为成品粮或制成品后销售，或将购入（进口）的油料加工后轮入。

（三）中央储备粮棉油轮换的财务规定

1. 中央储备粮棉油轮换的盈亏处理

中央储备粮棉油轮换采取成本不变、实物兑换的方式进行。即轮入的粮油，按轮出粮油的入库成本记账，轮出粮油销售在轮换费用补贴后由企业自负盈亏（不含进出口轮换）。结合进出口进行中央储备粮棉油轮换，国家有特殊规定的，按照国家规定的财务政策进行处理。具体财务处理方式为：原则上采取成本不变，实物兑换方式。另外也可以采取进口轮入和轮出分别核算的方式，即对轮入的进口粮油由财政部根据购进价及有关费用重新核定入库成本，对轮出的粮油实行竞卖等方式公开销售，相应结转轮出粮油的原库存成本。根据进出口的需要，由财政部会同有关部门另行确定财务处理方式及进出口轮换盈亏负担办法。

2. 中央储备粮棉油轮换的贷款管理

中央储备粮棉油轮换所需资金由农发行提供，承储企业根据中国储备粮管理集团有限公司及分公司分解下达的轮换计划和国家规定的价格政策向农发行及其分支机构办理贷款手续。中央储备粮棉油轮换贷款既可以用于解决企业以先购后销轮换方式轮入粮油的价款需要，也可以用于解决企业以先销后购轮换方式轮入粮油而销售货款尚未回笼情况下的价款需要，还可以垫付企业必要的轮换费用，同时允许先销后购轮换中央储备粮棉油的货款回笼到企业在农发行的基本存款账户后，开户行可以不收回所占用的中央储备粮棉油贷款。

3. 中央储备粮棉油轮换补贴的管理

中央储备粮棉油轮换费用是对中央储备粮棉油轮换过程中发生的费用和品质价差给予的定额补贴，费用补贴标准由中国储备粮管理集团有限公司核定。轮换费用补贴按品种和轮换周期可分解为季度、月度标准。每季度末，由分公司按统计库存量、季度补贴标准测算下季度补贴总额，编制用款计划，上报集团公司。

季度轮换费用补贴 = $\sum$ 分品种统计库存量 × 分品种轮换补贴标准 ÷ 分品种轮换补贴期(以“季”计)

集团公司审核汇总分公司用款计划后，上报财政部。财政部批复用款计划后，在规定的支付额度内，各分公司按季向承储企业预拨轮换费用补贴，对于集团公司已明文规定停拨费用补贴的中央储备粮棉油轮换业务，分公司不得再行拨付。年终，集团公司按分公司当年各月统计库存量和月度补贴标准计算年度补贴总额对分公司清算，多退少补。分公司拨付的轮换费用补贴，由分公司负责与承储企业清算。

二、储备粮棉油轮换业务的会计核算

（一）会计科目的设置

（1）企业应设置“轮换粮棉油”科目，核算粮食企业按照主管部门下达的轮换计划轮换中央或地方储备粮棉油的实际成本（或进价）或计划成本（或售价）。本科目应按粮油品种设置明细账，进行明细核算。期末借方余额，反映已经轮入尚未轮出的储备粮棉油的实际购价；

贷方余额，反映已经轮出尚未轮入的储备粮棉油按照轮出粮油售价结转的成本。

(2) 在“主营业务收入”科目下增设“中央储备粮棉油轮换销售收入”明细科目。本科目核算企业轮换中央储备粮棉油所取得的收入。

(3) 在“主营业务成本”科目下增设“中央储备粮棉油轮换销售成本”明细科目。本科目核算企业轮换中央储备粮棉油所发生的成本。

（二）同品种中央储备粮棉油轮换的账务处理

轮换方式可以划分为：先购后销和先销后购两种方式，二者都是按照销价确认销售收入。成本结转按照以下原则：对已购进的粮食按购进成本结转，尚未购进的粮食按销价结转，待购进时再根据实际购价调整这部分成本，其实质是按照轮出粮食的售价确认收入，按照轮入粮食的购价结转成本，保持中央储备粮棉油库存成本不变，轮换的购销差价就是企业的盈亏。只是由于中央储备粮棉油的轮换是个动态的过程，所以在实际结转成本过程中出现了不同的处理方式，但无论情况怎样变化，其会计处理均可以归纳如下：

(1) 企业轮出中央储备粮棉油时，按照实际售价确认收入，借记“银行存款”或“应收账款”等科目，贷记“主营业务收入——中央储备粮棉油轮换销售收入”科目，同时按照实际售价结转成本，借记“主营业务成本”科目，贷记“轮换粮棉油”科目。

(2) 期末区分以下三种情况调整本期中央储备粮棉油的轮换销售成本：

①本期中央储备粮棉油轮入数量等于轮出数量时，按照轮换购销差价，借记或贷记“主营业务成本——中央储备粮棉油轮换销售成本”科目，贷记或借记“轮换粮棉油——××品种”科日。

②本期中央储备粮棉油轮入数量大于轮出数量时，按照轮出粮油的

数量和轮入粮油的加权平均进价的乘积与本期轮出粮油销售价款之间的差额，调整当期轮换销售成本。

③本期中央储备粮棉油轮入数量小于轮出数量时，按照轮入粮油数量和轮出粮油的加权平均售价的乘积与本期轮入粮油的购进价款之间的差额，调整当期轮换销售成本。

（三）同品种中央储备粮棉油轮换业务的会计处理案例

［**例3－6**］2003年3月30日，分公司下达A直属库储备粮小麦轮换计划1万吨，账面成本为1350元/吨，根据当时市场形势，有关小麦轮换业务的交易和事项的资料如下：

4月1日，该库先从某购销企业购进轮换小麦3000吨，单价0.55元/斤，货款已支付，小麦已经验收入库；

4月8日，该库以0.65元/斤的市场价格向某面粉厂销售小麦3000吨，同日收到货款和结算凭证；

5月21日，该库以0.60/斤的价格购进小麦2000吨；

5月28日，该库向某加工企业销售小麦5000吨，单价为0.7元/斤，随后收到货款与结算凭证；

6月10日，该库从某购销企业购进小麦5000吨，价格为0.6元/斤，本月没有进行轮出；

7月24日，该库最后将2000吨小麦以0.65元/斤的价格全部售给南方某食品厂，小麦已发出并且该库收到货款，至此轮换计划已完成。

假设企业不存在应收应付款项，也不考虑轮换补贴和轮换费用问题。

①企业在进行会计处理时可以用表格的形式分析此轮换业务（见表3－2）。

表 3－2　企业轮换业务会计处理过程的相关数据（不考虑损耗）

会计期间	轮入数量（吨）	轮入价款（万元）	累计轮入数量（吨）	待结转的数量（吨）	待结转的成本（万元）	轮出数量（吨）	轮出价款（万元）	累计轮出数量（吨）	待结转的数量（吨）	待结转的成本（万元）
4 月	3000	330	3000	3000	330	3000	390	3000	3000	390
5 月	2000	240	5000	2000	240	5000	700	8000	5000	700
6 月	5000	600	10000	5000	600	—	—	8000	3000	420
7 月	—	—	—	2000	240	2000	260	10000	2000	260
小 计	10000	1170	—	—	—	10000	1350	—	—	—

②进行账务处理（单位：万元）。

4 月 1 日，购进小麦 3000 吨：

借：轮换粮棉油——小麦（轮入）　　330

　　贷：银行存款　　330

4 月 8 日，销售小麦 3000 吨：

借：银行存款　　390

　　贷：主营业务收入——中央储备粮棉油轮换销售收入　　390

同时结转成本：

借：主营业务成本——中央储备粮棉油轮换销售成本　　390

　　贷：轮换粮棉油——小麦（轮出）　　390

4 月末分析调整当期轮换销售成本：由于本月轮入数量等于轮出数量，可以直接按照轮换购销差价调整本月的轮换销售成本。由于轮出价款 > 轮入价款，故调减本月的轮换销售成本：轮换价差 = 330 － 390 = －60（万元）。

借：轮换粮棉油——小麦（轮入）　　60

　　贷：主营业务成本——中央储备粮棉油轮换销售成本　　60

5 月 21 日，购进小麦 2000 吨：

借：轮换粮棉油——小麦（轮入）　　240

　贷：银行存款　　240

5 月 28 日，销售小麦 5000 吨：

借：银行存款　　700

　贷：主营业务收入——中央储备粮棉油轮换销售收入　　700

同时结转成本：

借：主营业务成本——中央储备粮棉油轮换销售成本　　700

　贷：轮换粮棉油——小麦（轮出）　　700

5 月末分析调整当期轮换销售成本：截至 5 月末，企业累计轮入小麦 5000 吨，累计轮出 8000 吨，已结转 3000 吨成本，轮入数量 < 轮出数量，期末按照待结转成本的轮入小麦数量和待结转轮出小麦的加权平均售价的乘积与本期轮入小麦的购进价款之间的差额，调整当期轮换销售成本。轮换价差 = 240 − 2000 × 700 ÷ 5000 = −40（万元）。

借：轮换粮棉油——小麦（轮入）　　40

　贷：主营业务成本——中央储备粮棉油轮换销售成本　　40

2003 年 6 月 10 日，购入小麦 5000 吨：

借：轮换粮棉油——小麦（轮入）　　600

　贷：银行存款　　600

6 月末分析调整当期轮换销售成本：截至 6 月末，累计轮入数量 > 累计轮出数量，按照待结转轮出小麦的数量和待结转轮入小麦的加权平均进价的乘积与待结转轮出小麦销售价款之间的差额，调整当期轮换销售成本。轮换价差 = 3000 × 600 ÷ 5000 − 420 = −60（万元）。

借：轮换粮棉油（轮入）　　60

　贷：主营业务成本——中央储备粮棉油轮换销售成本　　60

7 月份销售小麦 2000 吨：

借：银行存款 260

　贷：主营业务收入——中央储备粮棉油轮换销售收入 260

借：主营业务成本——中央储备粮棉油轮换销售成本 260

　贷：轮换粮棉油——小麦（轮出） 260

7 月末分析调整当期轮换销售成本：截至 7 月末，累计轮入数量 = 累计轮出数量，按照尚未结转成本的轮入小麦数量和尚未结转成本轮出小麦的加权平均售价的乘积与本期轮入小麦的购进价款之间的差额，调整当期轮换销售成本。轮换价差 = 240 − 260 = −20（万元）。

借：轮换粮棉油——小麦（轮入） 20

　贷：主营业务成本——中央储备粮棉油轮换销售成本 20

账务处理完成后，我们将上述收入和成本过入到盈亏计算表（见表 3 − 3）中，可以发现，此笔轮换业务的盈亏实际上就是轮换的购销差价 180 万元。

表 3 − 3　企业盈亏计算表（不考虑损耗）　单位：万元

会计期间	收入	成本	盈亏
4 月	390	390	60
		−60	
5 月	700	700	40
		−40	
6 月	0	−60	60
7 月	260	260	20
		−20	
小计	1350	1170	180

若企业在实际轮换过程中发生了损耗，损耗部分计入企业的销售成本。本例中，企业在实际轮出粮食时，发生损耗 500 吨，在 7 月 24 日只

有1500吨小麦以0.65元/斤的价格全部售给南方某食品厂，小麦已发出且企业已收到货款，至此轮换计划已完成。具体轮换情况见表3-4。

表3-4　企业轮换业务会计处理过程的相关数据（考虑损耗）

会计期间	轮入数量（吨）	轮入价款（万元）	累计轮入数量（吨）	待结转的数量（吨）	待结转的成本（万元）	轮出数量（吨）	轮出价款（万元）	累计轮出数量（吨）	待结转的数量（吨）	待结转的成本（万元）
4月	3000	330	3000	3000	330	3000	390	3000	3000	390
5月	2000	240	5000	2000	240	5000	700	8000	5000	700
6月	5000	600	10000	5000	600	—	—	8000	3000	420
7月	—	—	—	2000	240	1500	195	10000	1500	195
小计	10000	1170	—	—	—	9500	1285	—	—	—

则企业7月份按照以下步骤进行会计处理：

7月份销售小麦1500吨：

借：银行存款　195

　　贷：主营业务收入——中央储备粮棉油轮换销售收入　195

借：主营业务成本——中央储备粮棉油轮换销售成本　195

　　贷：轮换粮棉油——小麦（轮出）　195

7月末分析调整当期轮换销售成本：由于轮换计划全部完成，按照尚未结转成本的轮入小麦数量和尚未结转成本轮出小麦的加权平均售价的乘积与本期轮入小麦的购进价款之间的差额，调整当期轮换销售成本。轮换价差 = 240 - 195 = 45（万元）。

借：主营业务成本——中央储备粮棉油轮换销售成本　45

　　贷：轮换粮棉油——小麦（轮出）　45

企业发生的损耗在轮换完成时通过成本的结转，消化计入了企业的损益。此笔轮换业务的盈亏减少为115万元，盈亏计算表见表3-5。

表 3－5　　企业盈亏计算表（考虑损耗）　　单位：万元

会计期间	收入	成本	盈亏
4 月	390	390	60
		－60	
5 月	700	700	40
		－40	
6 月	0	－60	60
7 月	195	195	－45
		45	
小计	1285	1170	115

（四）中央储备粮棉油异地轮换的账务处理

中央储备粮棉油异地轮换多数是根据分公司计划安排，在保持中央储备粮棉油规模不变的前提下，中央储备粮棉油承储计划在轮出库点和轮入库点之间的划转。但对于轮出库点来说，轮出中央储备粮棉油即是销售，而对于轮入库点来说，轮入中央储备粮棉油即是收购。轮换业务实质是中央储备粮棉油在一个承储库轮出后，由另一个承储库轮入，储备粮计划和贷款规模随粮划转。具体会计处理如下：

1. 轮出企业的会计处理

（1）企业根据国家有关主管部门资金划转文件确定的中央储备粮棉油调出价格，借记“轮换粮棉油——××品种（轮出）”科目，贷记“储备粮棉油——中央储备粮棉油”科目。

（2）企业轮出粮油时，按照售价借记“银行存款”等科目，贷记“中央储备粮棉油轮换销售收入”科目，同时按照售价结转成本，借记“主营业务成本——中央储备粮棉油轮换销售成本”科目，贷记“轮换粮棉油——××品种（轮出）”科目。待确定调出价格后，再按照调出价格与实际售价的差额调整当期轮换销售成本。

（3）企业按照调出价格归还农发行贷款时，借记“短期借款——中央储备粮棉油借款”科目，贷记“银行存款”科目。

（4）划转中央储备粮棉油剩余贷款时，根据中央储备粮棉油账面成本与调出价格的差额借记“短期借款——中央储备粮棉油借款”科目，贷记“储备粮棉油——中央储备粮棉油”科目。

2. 轮入企业的会计处理

（1）根据主管部门资金划转文件规定的中央储备粮棉油调入价格向农发行贷款时，借记“银行存款”科目，贷记“短期借款——中央储备粮棉油借款”科目。

（2）企业轮入粮油时，按照购价借记“轮换粮棉油——××品种（轮入）”科目，贷记“银行存款”科目，同时将轮入粮油转入“储备粮棉油”科目核算，借记“储备粮棉油——中央储备粮棉油”科目，贷记“轮换粮棉油——××品种（轮入）”科目。

（3）划入中央储备粮棉油剩余贷款时，借记“储备粮棉油——中央储备粮棉油”科目，贷记“短期借款——中央储备粮棉油借款”科目，同时调整中央储备粮棉油库存成本，按照轮出企业轮出与本企业轮入的中央储备粮棉油库存成本差额借记“储备粮棉油结算价差支出”科目，贷记“储备粮棉油——中央储备粮棉油”科目；或借记“储备粮棉油——中央储备粮棉油”科目，贷记“储备粮棉油结算价差收入”科目。

（五）中央储备粮棉油异地轮换的会计处理案例

［**例3-7**］A库接到轮换计划将10000吨小麦轮出，账面成本为1350元/吨，同时将中央储备粮棉油储存计划划转到B库，由B库负责轮入，确定的调出价格为1100元/吨。A库轮出小麦售价为1200元/吨，农发行按每吨1100元收贷并将其贷给B库作为轮入资金，轮换补贴全额拨付B

库弥补价差亏损，补贴标准为 0.06 元/斤，B 库实际轮入小麦价格为 1400 元/吨，轮入后由农发行划转 A 库中央储备粮棉油的剩余贷款规模至 B 库。相关会计处理如下（单位：万元）：

（1）轮出库 A 库的会计处理。

①确定调出价格时：

借：轮换粮棉油——小麦（轮出）　1100

　　贷：储备粮棉油——中央储备粮棉油——小麦　1100

②轮出小麦时：

借：银行存款　1200

　　贷：主营业务收入——中央储备粮棉油轮换销售收入　1200

同时结转成本：

借：主营业务成本——中央储备粮棉油轮换销售成本　1200

　　贷：轮换粮棉油——小麦（轮出）　1200

期末按照调出价格与实际售价的差额调整当期轮换销售成本：

借：轮换粮棉油——小麦（轮出）　100

　　贷：主营业务成本——中央储备粮棉油轮换销售成本　100

③按照调出价款归还农发行贷款：

借：短期借款——中央储备粮棉油借款　1100

　　贷：银行存款　1100

④划转中央储备小麦剩余贷款规模：

借：短期借款——中央储备粮棉油借款　250

　　贷：储备粮棉油——中央储备粮棉油——小麦　250

（2）轮入库 B 库的会计处理。

①根据调入价格向农发行贷款时：

借：银行存款　1100

贷：短期借款——中央储备粮棉油借款 1100

②轮入小麦时：

借：轮换粮棉油——小麦（轮入） 1400

贷：银行存款 1400

同时将其转入“储备粮棉油”科目核算：

借：储备粮棉油——中央储备粮棉油——小麦 1400

贷：轮换粮棉油——小麦（轮入） 1400

③划入中央储备小麦剩余贷款规模时：

借：储备粮棉油——中央储备粮棉油——小麦 250

贷：短期借款——中央储备粮棉油借款 250

同时将库存成本调整为轮出企业的中央储备小麦账面库存成本：

借：储备粮棉油结算价差支出 300

贷：储备粮棉油——中央储备粮棉油——小麦 300

④计提轮换补贴：

借：应收补贴款——中央储备粮棉油补贴——轮换补贴 120

贷：其他收益——中央储备粮棉油补贴——轮换补贴 120

实际收到补贴时：

借：银行存款 120

贷：应收补贴款——中央储备粮棉油补贴——轮换补贴 120

从上述会计处理可以看出，不考虑补贴和费用的因素，在中央储备粮棉油异库点轮换中，轮出库点的盈亏为轮出售价与分公司确定的调出价款的差额，而轮入库点的盈亏为中央储备粮棉油的实际购价与分公司确定的调入价款的差额。在实际操作过程中，分公司确定的调出价款和调入价款有可能不一致，在资金划转上，也可能采取由轮入库点按照轮换的中央储备粮棉油入库结算价款贷款，由轮出库点按照中央储备粮棉油入库结算价款归还贷款。

［**例3－8**］甲库按分公司的轮换计划轮出中央储备玉米10000吨，核定销价为1200元/吨，该玉米入库结算价为1120元/吨。根据分公司的中央储备粮棉油异库点轮换通知单的要求，甲库按1120万元还贷，其余80万元销售货款汇给乙库，核定乙库此批中央储备玉米收购价为1200元/吨，分公司拨入轮换补贴10万元。甲库实际销售价格为1205元/吨，乙库实际收购价格为1220元/吨。相关的会计处理如下（单位：万元）：

（1）甲库的会计处理。

①销售玉米时：

借：银行存款　1205

　　贷：主营业务收入——中央储备粮棉油轮换销售收入　1205

同时结转销售成本：

借：主营业务成本——中央储备粮棉油轮换销售成本　1205

　　贷：轮换粮棉油　1205

期末，按照分公司确定的调出价款与实际售价的差额调整当期轮换销售成本：

借：轮换粮棉油　5

　　贷：主营业务成本——中央储备粮棉油轮换销售成本　5

②归还银行贷款：

借：短期借款——中央储备粮棉油借款　1120

　　贷：银行存款　1120

③按核定销价款与入库结算价款的差额支付乙库：

借：轮换粮棉油　1200

　　贷：储备粮棉油——中央储备粮棉油——玉米　1120

　　　　银行存款　80

（2）乙库的会计处理。

①按入库结算价贷款时：

借：银行存款　　1120

　　贷：短期借款——中央储备粮棉油借款　　1120

②收到甲库汇来的差价款时：

借：银行存款　　80

　　贷：其他应付款——甲库　　80

③收购玉米时：

借：轮换粮棉油　　1220

　　贷：银行存款　　1220

④将收购的玉米转为中央储备玉米：

借：储备粮棉油——中央储备粮棉油——玉米　　1120

　　其他应付款——甲库　　80

　　储备粮结算价差支出　　20

　　贷：轮换粮棉油　　1220

⑤收到分公司拨来的轮换补贴时：

借：银行存款　　10

　　贷：其他收益　　10

本例中甲库此项业务盈利 5 万元，乙库亏损 10 万元。如果核定的甲库销价不同于核定的乙库购价，则会计处理有所不同。假设本例中其他条件不变，核定甲库的销价仍为 1200 元/吨，核定乙库的收购价为 1180 元/吨，则甲库 80 万元差价款中，60 万元付给乙库，20 万元付给分公司。甲库的会计处理没有大的变化，盈亏也没有发生变化，依然是盈利 5 万元。而乙库的第②和第④步的会计处理有所改变，盈亏也发生了变化，亏损增加到 30 万元。乙库的第②步和第④步的具体处理如下：

②收到甲库汇来的差价款时：

借：银行存款　　60

　贷：其他应付款——甲库　　60

④将收购的玉米转为中央储备玉米：

借：储备粮棉油——中央储备粮棉油——玉米　　1120

　其他应付款——甲库　　60

　储备粮结算价差支出　　40

　贷：轮换粮棉油　　1220

［例3－9］进行甲库的售价低于入库结算价情况下的会计处理。

［**例3－9**］甲库按分公司的轮换计划轮出中央储备玉米10000吨，核定销价为1200元/吨，该玉米入库结算价为1250元/吨。根据分公司的中央储备粮棉油异库点轮换通知单的要求，甲库归还1250万元储备贷款，不足部分由乙库汇入，乙库按入库结算价全额贷款，核定乙库此批中央储备玉米收购价为1210元/吨，分公司拨入轮换补贴10万元。乙库实际收购价格为1205元/吨，甲库实际销售价为1198元/吨。

（1）甲库的会计处理。

①销售时：

借：银行存款　　1198

　贷：主营业务收入——中央储备粮棉油轮换销售收入　1198

同时结转销售成本：

借：主营业务成本——中央储备粮棉油轮换销售成本　1198

　贷：轮换粮棉油　　1198

期末，按照分公司确定的调出价款与实际售价的差额调整当期轮换销售成本：

借：主营业务成本——中央储备粮棉油轮换销售成本　　2

贷：轮换粮棉油 2

②收到乙库汇来的50万元：

借：轮换粮棉油 1200

银行存款 50

贷：储备粮棉油——中央储备粮棉油——玉米 1250

③归还农发行贷款：

借：短期借款——中央储备粮棉油借款 1250

贷：银行存款 1250

（2）乙库的会计处理：

①按入库结算价向农发行贷款：

借：银行存款 1250

贷：短期借款——中央储备粮棉油借款 1250

②汇给甲库归还贷款不足部分：

借：其他应收款 50

贷：银行存款 50

③收购玉米完成后：

借：轮换粮棉油 1205

贷：银行存款 1205

④将收购的玉米转为中央储备玉米：

借：储备粮棉油——中央储备粮棉油——玉米 1250

储备粮棉油结算价差支出 5

贷：轮换粮棉油 1205

其他应收款 50

（5）收到分公司汇来的轮换补贴：

借：银行存款 10

贷：其他收益　　10

（六）中央储备粮棉油品种串换的账务处理

中央储备粮棉油品种串换是指为调整中央储备粮棉油品种结构，承储库点根据轮换计划将中央储备粮棉油的某个品种轮出后，轮入其他品种作为中央储备粮棉油储存，中央储备粮棉油的库存成本和贷款规模保持不变的轮换业务。

中央储备粮棉油品种串换的核算与中央储备粮棉油同库点同品种轮换核算基本相同。只是其销售收入按被串换粮食品种的销价确认，成本按串换粮食品种的购价结转。具体会计核算为：

（1）企业按照被串换粮油品种的实际售价确认销售收入，借记“银行存款”等科目，贷记“主营业务收入——中央储备粮棉油轮换销售收入”科目。

（2）期末按照已购入串换粮油品种的进价借记“轮换粮棉油——××串换品种（轮入）”科目，贷记“银行存款”或“应付账款”等科目，同时借记“轮换粮棉油——××被串换品种（轮入）”科目，贷记“轮换粮棉油——××串换品种（轮出）”科目；成本结转参照同品种中央储备粮棉油轮换成本结转的核算。

（3）串换完成后，按照被串换粮油品种原账面库存成本借记“储备粮棉油——中央储备粮棉油——××串换品种”科目，贷记“储备粮棉油——中央储备粮棉油——××被串换品种”科目。

（七）中央储备粮棉油品种串换的会计处理案例

［**例 3-10**］2003 年 6 月份，中国储备粮管理集团有限公司下达中央储备粮棉油品种串换计划的通知，安排甲直属库中央储备稻谷串换小麦计划 10000 吨，中央储备稻谷的价位为 2200 元/吨，不考虑轮换补贴和轮换费用问题，甲直属库 2003 年稻谷串换小麦发生的交易和事项相关资料

如下：

7月份共销售稻谷5000吨，实现轮换销售收入750万元，货款已经收讫；

8月8日轮入小麦10000吨，收购成本共计1600万元，货款已经支付；

9月20日轮出稻谷5000吨，实现轮换销售收入900万元，货款已经收讫。

（1）企业在进行会计处理时可以用表格的形式分析此轮换业务（见表3－6）。

表3－6　　企业轮换业务会计处理过程的相关数据

会计期间	轮入数量（吨）	轮入价款（万元）	累计轮入数量（吨）	待结转的数量（吨）	待结转的成本（万元）	轮出数量（吨）	轮出价款（万元）	累计轮出数量（吨）	待结转的数量（吨）	待结转的成本（万元）
7月	—	—	—	—	—	5000	750	5000	5000	750
8月	10000	1600	10000	10000	1600	—	—	5000	5000	750
9月	—	—	10000	5000	800	5000	900	10000	5000	900
小计	10000	1600	—	—	—	10000	1650	—	—	—

（2）账务处理（单位：万元）。

①7月份销售稻谷5000吨：

借：银行存款　　750

　　贷：主营业务收入——中央储备粮棉油轮换销售收入　　750

同时结转成本：

借：主营业务成本——中央储备粮棉油轮换销售收入　　750

　　贷：轮换粮棉油——稻谷　　750

由于本月没有发生轮入业务，期末不用调整本期的轮换销售成本。

②8 月 8 日轮入小麦 10000 吨：

借：轮换粮棉油——小麦　　1600

　　贷：银行存款　　1600

8 月末分析调整当期轮换销售成本：截至 8 月末，累计轮入数量 > 累计轮出数量，按照待结转轮出粮油的数量和待结转轮入粮油的加权平均进价的乘积与待结转轮出粮油销售价款之间的差额，调整当期轮换销售成本。轮换价差 = 5000 × 1600 ÷ 10000 − 750 = 50（万元）。

借：主营业务成本——中央储备粮棉油轮换销售成本　　50

　　贷：轮换粮棉油——稻谷　　50

③9 月 20 日轮出稻谷 5000 吨：

借：银行存款　　900

　　贷：主营业务收入——中央储备粮棉油轮换销售收入　　900

同时结转成本：

借：主营业务成本——中央储备粮棉油轮换销售收入　　900

　　贷：轮换粮棉油——稻谷　　900

9 月末分析调整当期轮换销售成本：由于轮换计划全部完成，按照尚未结转成本的轮入粮油数量和尚未结转成本轮出粮油的加权平均售价的乘积与本期轮入粮油的购进价款之间的差额，调整当期轮换销售成本。轮换价差 = 800 − 900 = −100（万元）。

借：轮换粮棉油——稻谷　　100

　　贷：主营业务成本——中央储备粮棉油轮换销售成本　　100

④由于 9 月末串换已经完成，企业进行中央储备粮棉油的品种账务调整：按照原账面成本增加中央储备小麦库存，减少稻谷库存。

借：储备粮棉油——中央储备粮棉油——小麦　　2200

　　贷：储备粮棉油——中央储备粮棉油——稻谷　　2200

再对“轮换粮棉油”科目进行调整（也可在计划下达时调整，具体可根据统计工作需要）：

借：轮换粮棉油——稻谷　　1600

　　贷：轮换粮棉油——小麦　　1600

第六节 储备粮棉油其他业务的会计处理

一、储备粮棉油损失损耗的会计处理

对中央储备粮棉油因灾损失的情况，经财政部批准，同意从 2002 年 1 月 1 日开始实行中央储备粮棉油财产保险制度。由中国储备粮管理集团有限公司统一向中国人民保险公司投保中央储备粮棉油财产综合险，中央储备粮棉油发生因灾损失后，承储企业要立即通知所在地的中国人民保险公司分支机构，由中国人民保险公司负责保险理赔；对中央储备粮棉油在储存保管环节过程中由于出入库检斤计量误差、搬倒过程中的零星抛撒、水分的自然挥发等原因发生的自然损耗，目前国家尚未有具体的补偿规定，企业在粮食出库销售时直接计入相关的成本费用；对中央储备粮棉油发生的人为损失则由有关责任单位和责任人承担。

（一）会计科目设置

企业在“待处理财产损溢”增设“储备粮棉油损失”明细科目，核算企业库存的储备粮棉油盘亏或毁损的价值。储存的储备粮棉油发生损失时，按照账面库存成本借记“待处理财产损溢——储备粮棉油损失”科目，贷记“储备粮棉油——中央（或地方）储备粮棉油”科目。待企业查明原因报经批准后，分别做以下处理：

（1）核减储备粮棉油规模时。企业按照残余粮油折价、可以收回的保险赔偿和过失人的赔偿金额，借记“周转粮棉油”“其他应收款”等科目，贷记“待处理财产损溢——储备粮棉油损失”科目。发生的净损失，属于非常损失部分，借记“营业外支出”科目，贷记“待处理财产损溢——储备粮棉油损失”科目；属于经营性损失部分，借记“管理费用”科目，贷记“待处理财产损溢——储备粮棉油损失”科目。

（2）不核减储备粮棉油规模时。企业购入新粮（油）补库，按发生损耗的储备粮棉油原账面库存成本借记“储备粮棉油——中央（或地方）储备粮棉油”科目，按照新粮棉油购价贷记“银行存款”等科目，并按照两者的差额贷记或借记“储备粮棉油结算价差收入”科目，同时参照核减储备粮棉油规模的核算方法进行处理。

（3）期末结账前尚未经批准的，企业在对外提供财务会计报告时先按上述规定进行处理，并在会计报表附注中作出说明；如果其后批准处理的金额与已处理的金额不一致，则调整会计报表相关项目的年初数。

（二）会计处理案例

［**例 3－11**］甲直属库 9 月份由于遭受暴雨袭击，有 1000 吨中央储备小麦发生霉变，账面库存成本为 1500 元/吨。经过认真清理和整晒，整理出小麦 500 吨，评估价值为 48 万元，经保险公司认定，予以理赔 100 万元。集团公司批准同意该库从市场上收购小麦予以补库，保持库存成本不变，该库发生收购价款支出 136 万元，不考虑费用支出和补贴因素。其会计处理如下（单位：万元）：

（1）发生中央储备小麦灾损时：

借：待处理财产损溢——储备粮棉油损失　　150

　　贷：储备粮棉油——中央储备粮棉油　　150

（2）整理受灾小麦转为周转粮棉油核算：

借：周转粮棉油　　48

　　贷：待处理财产损溢——储备粮棉油损失　　48

（3）收到保险公司理赔款时：

借：银行存款　　100

　　贷：待处理财产损溢——储备粮棉油损失　　100

（4）将净损失结转至企业的损益：

借：营业外支出　　2

　　贷：待处理财产损溢——储备粮棉油损失　　2

（5）收购小麦完成验收入库：

借：周转粮棉油　　136

　　贷：银行存款　　136

（6）将收购的小麦转为中央储备粮棉油：

借：储备粮棉油——中央储备粮棉油　　150

　　贷：周转粮棉油　　136

　　　　储备粮棉油结算价差收入　　14

二、政策性财务挂账的会计核算

（一）会计科目的设置

（1）企业增设“政策性财务挂账”科目，核算粮食企业经中央或地方政府清理认定的政策性财务挂账的本金。本科目设置以下明细科目：

①老粮食财务挂账，核算1992年3月31日以前发生的、经中央有关部门清理认定尚未消化的政策性财务挂账。

②新增粮食财务挂账，核算1992年4月1日至1998年5月31日期间发生的、经中央有关部门清理认定、尚未消化的中央财政和地方财政

共同贴息以及实行停息的政策性财务挂账和其他不合理占用贷款。

③陈化粮价差亏损挂账，核算经省级财政部门会同审计、粮食、农发行等部门认定的企业 1998 年 11 月—2000 年 8 月经省级人民政府有关部门批准销售商品周转库存陈化粮发生的价差亏损挂账，以及 2000 年 8 月以后按中央有关部门批准计划销售商品周转库存陈化粮发生的价差亏损挂账。

④保护价粮价差亏损挂账，核算经省级财政部门会同审计、粮食、农发行等部门认定的企业在放开粮食收购价格和市场、实行市场化改革前库存的保护价（含定购价）粮食，按照国家计划或省级人民政府有关部门下达的计划销售发生的价差亏损挂账。

⑤其他政策性亏损挂账，核算企业自 1998 年 6 月 1 日到放开粮食收购价格和市场、实行市场化改革之前经省级人民政府清理认定的其他政策性亏损挂账（不含陈化粮价差亏损挂账、保护价粮价差亏损挂账）。

⑥政策性粮棉油销售价差亏损挂账，核算企业经国家有关部门批准销售中央事权粮棉油库存形成的价差亏损，中央财政未弥补部分可纳入中央事权粮棉油价差亏损挂账范围。除此之外，未经国家有关部门批准同意销售形成的价差亏损不得纳入挂账范围。

（2）在“长期借款”科目下增设“政策性财务挂账借款”明细科目，核算企业经中央或地方政府清理认定的政策性财务挂账占用的银行借款。

（二）会计处理方法

1. 政策性财务挂账清理认定的核算

企业对中央或地方政府清理认定的政策性财务挂账，按照认定金额和挂账类别，借记“政策性财务挂账”科目，贷记“应收账款”“待处理财产损溢”“其他应收款”或“利润分配——未分配利润”等科目。

2. 政策性财务挂账上划至粮食行政管理部门管理的核算

对中央和地方政府清理认定的政策性财务挂账由企业上划至粮食行政管理部门时，企业借记“长期借款——政策性财务挂账借款”科目，贷记“政策性财务挂账”科目。

3. 中央事权粮棉油销售价差亏损挂账的核算

对在销售过程中发生的亏损（含费用），应由中央财政负担，按照中央财政核定金额，借记“政策性财务挂账——×××储备粮棉油——×××品种”科目，贷记“其他收益——×××储备粮棉油——×××品种”科目。

收到财政拨款时，借记“银行存款”科目，贷记“政策性财务挂账——×××储备粮棉油——×××品种”科目，同时归还农发行贷款。

（三）会计处理案例

［**例3－12**］甲直属库根据当地市财政局及发展和改革委员会文件，统计出1998年经审计署审计认定的新增粮食财务挂账占用贷款为521万元。企业这部分资金占用原在“应收补贴款”和“短期借款”科目中挂账，现剥离至当地市粮食局集中管理，由市粮食局在农发行开设“政策性粮食财务挂账专户”实行专户管理。

企业的会计处理如下（单位：万元）：

（1）收到文件后，首先调整企业账目：

借：政策性财务挂账——新增粮食财务挂账	521	
贷：应收补贴款		521
借：短期借款	521	
贷：长期借款——政策性财务挂账借款		521

（2）将挂账剥离至地方：

借：长期借款——政策性财务挂账借款	521	

贷：政策性财务挂账——新增粮食财务挂账　　　　521

三、储备粮棉油补贴的核算

对粮食进行补贴是世界各国的通行做法，也是国家对粮食市场实施保护性宏观调控的重要措施。我国对粮食的补贴，采取既对粮食生产者补贴，又对粮食流通企业和消费者补贴的办法。国家对中央储备粮棉油的补贴列入当年中央财政预算。

（一）中央储备粮棉油财政补贴的沿革

国务院1990年9月16日颁布《关于建立国家专项粮食储备制度的决定》之后，1991年7月19日，财政部、商业部、中国人民银行、国家粮食储备局联合印发《关于国家专项储备粮食和商品储备食油有关财务问题的通知》，对专储粮利息费用补贴政策作出了明确规定："粮食企业收购的专项储备粮食，在1991年4月1日前统购价部分的贷款利息由地方财政负担，统购价与结算价之间差额的贷款利息由中央财政负担。从1991年4月1日起，中央财政对粮食企业在国家计划内收购的专项储备粮食按结算价给予全额贴息。对库存专项储备粮食，在1991年1月1日前中央财政对粮食企业按实际库存量每年每斤给予2分2厘的费用补贴，从1991年1月1日起，专项储备粮食的费用补贴标准提高到每斤4分钱"。

此后，为切实有效地制止新的粮食财务挂账，调动地方解决粮食财务挂账的积极性，1992年7月8日，国务院第193次总理办公会议决定：从1992年起，国家储备粮和各地超储粮费用定额补贴标准每斤提高1—2分钱，地区间可有所不同，重点照顾粮食主产区。国务院于1992年8月7日在印发的《关于解决财政欠拨、欠补、欠退和企业挂账问题的通知》（国发〔1992〕43号）中重申了这一决定。

1995 年 6 月 10 日，国务院《关于粮食部门深化改革实行两条线运行的通知》（国发〔1995〕15 号）规定：“从今年 6 月份起，国家专储稻谷补贴费用标准按原粮计算，不再打折扣。”改变了长期以来专储稻谷按大米数量计算费用补贴的不合理状况，减轻了企业的经济负担。从 1999 年开始，将每年每斤 6 分钱的补贴费用划分为两部分，其中费用补贴每年每斤 4 分钱，轮换费补贴每年每斤 2 分钱。

中国储备粮管理集团有限公司成立后，按照《中央储备粮油管理条例》和《中央储备粮油财政、财务管理暂行办法》规定，中央储备粮棉油的管理费用补贴实行定额包干，由国务院财政部门按季拨付给中国储备粮管理集团有限公司，由中国储备粮管理集团有限公司按照国务院财政部门的有关规定，通过农发行补贴专户，及时、足额拨付到承储企业。中国储备粮管理集团有限公司在中央储备粮棉油管理费用补贴包干总额内，可以根据不同储存条件和实际费用水平，适当调整不同地区、不同品种、不同承储企业的管理费用补贴标准。

中央储备粮棉油管理费用补贴项目多，内容杂，但按照补贴的基本内容来划分，可分为保管费用补贴、轮换费用补贴、移库费用补贴和抛售差价补贴。目前，根据财政国库管理制度改革的要求，从 2004 年 1 月 1 日起，财政资金的申请、支付和清算通过国库单一账户体系完成。依据财政支付工作程序不同，可以将财政拨款分为财政授权支付和财政直接支付。财政授权支付是指由财政部门根据预算和用款计划，将每个月用款额度下达到用款单位零余额账户，用款单位支付时，在下达的用款额度内，向代理银行签发支付令，代理银行根据支付令，通过国库单一账户体系将资金支付到收款人账户的财政支付程序。目前集团公司授权支付的范围包括国库专项基建拨款中的电子政务项目、粮食事业费中的部分人员培训费以及国家储备粮棉油利息费用补贴中的直属库保管费用补贴；分公司授权支付的范围包括国家储备粮棉油利息费用补贴中的轮换费用、非直属库保管费用、进口小麦费用和托市收购粮食费用补贴。财政直接支付是指财政部门根据用款单位提出的用款申请，由财政部门签发支付指令，代理银行根据支付指令，通过国库单一账户体系将资金直接支付到收款人账户的财政支付程序。目前，集团公司直接支付范围包括国库专项基建拨款、粮食事业费（部分人员培训费除外）以及国家储备粮棉油利息费用补贴中的农发行利息。

（二）会计科目设置

（1）在“应收补贴款”科目下增设“中央储备粮棉油补贴”明细科目，核算粮食企业承储中央储备粮棉油按照规定标准计算的应向中央财政或主管部门申请拨补的中央储备粮棉油费用、价差和利息等各项补贴。

（2）在“其他收益”科目下增设“中央储备粮棉油补贴”明细科目，核算粮食企业承储中央储备粮棉油按照规定标准计算的应向中央财政或主管部门申请拨补的中央储备粮棉油费用、价差和利息等各项补贴。

（3）在“其他货币资金”科目下增设“零余额账户用款额度”科目，该科目用于核算财政授权支付额度。

（4）在“其他应付款——政策性补贴资金专户”科目下增设“国家粮油利息费用补贴”明细科目，该科目用于核算财政部授权支付的国家粮油利息费用补贴。

（5）在“其他应收款”科目下增设“财政应返还额度”科目，该科目用于核算财政部注销、恢复及不返还的额度。

（6）在“专项应付款”科目下按照资金项目增设明细科目，如“审计事业费”等，用于核算该资金项目的收支情况。

企业应区分收益性补贴和结算性补助并分别进行核算。国家拨入具有专门用途的拨款和国家财政对应扶持的领域而给予的补贴，应于实际收到时在有关科目核算，而不在本科目核算。上述二级科目应按补贴的具体项目、类别设置明细账，进行明细核算。

（三）会计处理方法

（1）企业期末按规定的标准计算应向财政部门或主管部门申请拨补的各项补贴，借记“应收补贴款——××补贴”科目，贷记“其他收益（××补贴）”科目；实际收到补贴时，借记“银行存款”科目，贷记“应收补贴款——××补贴”科目。

（2）中央储备粮棉油轮换补贴的核算方法。期末中央储备粮棉油轮入数量大于或等于轮出数量，按轮出粮油数量和轮换补贴标准计算应计提的轮换其他收益；期末中央储备粮棉油轮入数量小于轮出数量，按轮入粮油数量和轮换补贴标准计算应计提的轮换补贴收入。

（3）财政授权支付的会计核算。

①单位收到银行转来的《财政授权支付额度到账通知书》时，直接按金额记入“其他应付款——政策性补贴资金专户——国家粮油利息费用补贴”科目，即：借记“其他货币资金——零余额账户用款额度”科目，贷记“其他应付款——政策性补贴资金专户——国家粮油利息费用补贴”科目。

②单位实际拨款时，先按所拨资金用途，将下拨款的数额从“其他应付款——政策性补贴资金专户——国家粮油利息费用补贴”转入相应的明细科目，然后再通过这些明细科目对下拨款并进行账务处理，即：借记“其他应付款——政策性补贴资金专户——国家粮油利息费用补贴”科目，贷记“其他应付款——政策性补贴资金专户——××费用补贴——财政拨入”等科目，然后根据下拨各个单位的金额，借记“其他应付款——政策性补贴资金专户——××费用补贴——分公司下拨——××库”等科目，贷记“其他货币资金——零余额账户用款额度”科目。

③每年年底结余未用额度注销的账务处理统一在当年 12 月 31 日进行。依据银行提供的年末《代理财政授权支付对账单》将“其他货币资金——零余额账户用款额度”余额转入“其他应收款——财政应返还额度”，即：借记“其他应收款——财政应返还额度”科目，贷记“其他货币资金——零余额账户用款额度”科目。

④财政恢复额度和财政不返还额度的账务处理。目前，由于银行提供的《财政授权支付额度到账通知书》没有注明到账的额度是属于恢复去年额度还是属于今年财政新下达额度，所以各单位收到中国建设银行提供的《财政授权支付额度到账通知书》时，首先一律视为本年度财政新下达的额度，待收到关于财政恢复去年额度与财政不返还去年额度的有关文件后，再分别按财政恢复去年额度和财政不返还去年额度两种情况记账。两种情况的账务处理相同，即：红字贷记“其他应付款——政策性补贴资金专户——国家粮油利息费用补贴”科目，蓝字贷记“其他应收款——财政应返还额度”科目，但在记账凭证摘要栏中应写明是属于财政恢复的额度，还是属于财政不返还的额度。

（4）财政直接支付的会计核算。通过财政直接支付的项目资金，平时不计财政拨入情况，在发生财政直接支付的业务时，直接借记“专项应付款——×××费用——×××下拨”科目，贷记“专项应付款——×××费用——财政拨入”科目。

（四）会计处理案例

［**例 3－13**］2006 年 6 月 10 日某公司收到中国建设银行出具的《财政授权支付额度到账通知书》，在通知书上列明“科目名称：国家储备粮棉油利息费用补贴”“财政授权支付额度合计 50 万元”。在 6 月 15 日在对辖区内 A 直属库和 B 直属库分别拨付了 10 万元和 20 万元的第二季度轮换费，且取得了中国建设银行出具的电汇凭证，之后该公司会计处理

如下（单位：万元）：

（1）收到国家粮油利息费用补贴时：

借：其他货币资金——零余额账户用款额度 50

贷：其他应付款——政策性补贴——国家粮油利息费用补贴 50

（2）支付轮换费用时：

借：其他应付款——政策性补贴——国家粮油利息费用补贴 30

贷：其他应付款——政策性补贴——专储粮轮换费——财政拨入 30

借：其他应付款——政策性补贴——专储粮轮换费——A 直属库 10

贷：其他货币资金——零余额账户用款额度 10

［**例 3－14**］2006 年 5 月 10 日，某公司收到中国建设银行出具的《财政直接支付入账通知书》，在通知书上列明“科目名称：粮食事业费”“收款人全称：×××会计师事务所”“金额 20 万元”。该公司的会计处理如下（单位：万元）：

借：专项应付款——粮食事业费——审计事业费——集团公司下拨 20

贷：专项应付款——粮食事业费——审计事业费——财政拨入 20

第四章

资金管理

第一节　资金管理概述

企业生产经营过程中，为保证企业生存和发展的需要，企业管理者必须利用各种管理工具与方法实现对“人、财、物”的有效控制与管理。“财”即企业的“资金”，资金既是企业生产所需的资源，也是企业的经营成果，贯穿于企业整个生产经营过程中，是企业管理活动的核心。

从企业存在的第一天起，企业的管理者就需要管理企业经营所需的资金，随着企业经营活动范围的扩大，业务变得越来越复杂，对资金管理的要求也越来越高，为了解决企业发展所带来的资金管理问题，资金管理的各项职能也在不断完善与发展。资金管理的内涵由最开始的账户管理、资金调拨向资金流动性管理、资金融通、资金增值、资金风险管理等各个方向不断延伸和发展。

一、资金管理的职能

如图 4 - 1 所示，根据统一的企业财务政策与会计准则的规范要求，在企业财务管理架构中，财务部门负责基础的会计记录与财务报告，预算部门、资金部门、税务部门作为专门管理部门，分别承担不同的职能。预算部门承担企业规划、预算与预测工作，资金部门负责资金管理与风险管理，税务部门负责进行税务遵从与筹划工作。

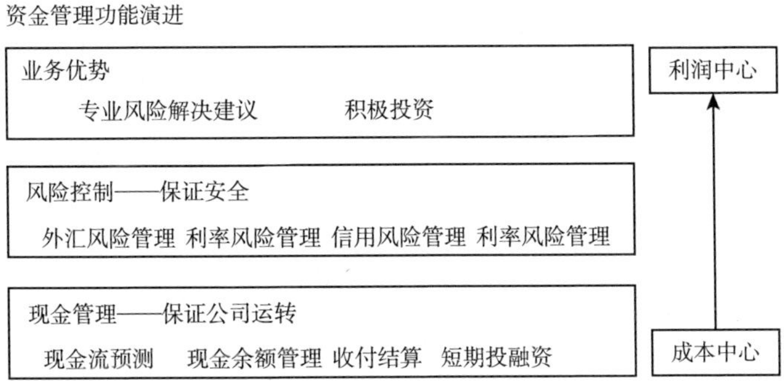

图4－1 企业资金管理功能演进图

资金管理作为企业核心财务管理职能，具有非常重要的作用，并与其他职能频繁沟通与互动，形成互相影响、不可分割的财务管理整体。例如，资金管理者的资金管理活动依赖于财务人员提供的现金流动数据与报告；对公司进行资金融通前需要从预算部门了解公司销售业务预算情况，以便于计算公司资金缺口。

随着现代企业管理制度、管理理论的发展变化，为适应企业越来越复杂的管理需求，企业资金管理的功能也从基础的“管钱”向“管理风险”“减少资金成本”“价值增值”等高级管理功能演进。

如图4－2所示，按功能上划分，企业资金管理可以分为以下几个层次。

（1）现金守护。现金守护与收支管理职能是企业资金管理的最基本职能。通过保证企业现金和银行账户内资金安全，以及正常资金收支功能的实现，使企业能够维持正常的持续经营，这是企业资金管理者最基本、也是最重要的职责。这类资金管理基本职能包括银行账户管理、电子银行管理、收款对账、对外支付等。作为企业资金管理人员，有效履行现金守护与收支管理职能是对其最基本的要求。

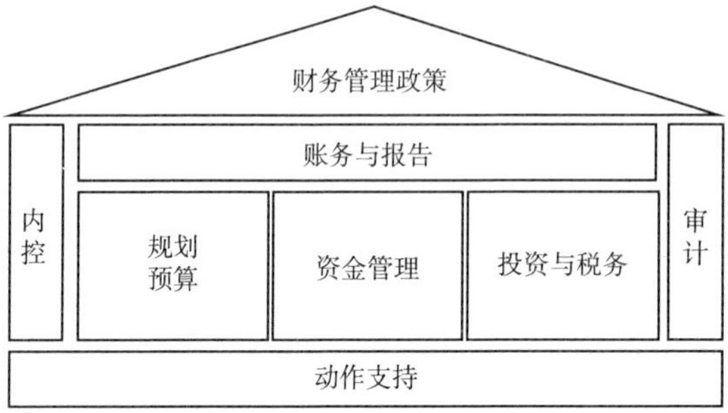

图 4-2　企业财务管理架构图

（2）价值增值。价值增值职能是指随着企业不断发展，资金规模不断扩大，在满足企业基本的流动性要求后，通过资金管理帮助企业减少资金成本、增加资金价值的一项职能。这类职能的实现方式以头寸管理为基础，通过活期定期存款转化、银行理财规划、债券投资为主的证券类投资等多种方式实现资金保值增值的目的。

（3）风险监控。除了保障资金安全与资金收付以外，资金管理者还需承担起与“钱”相关的风险的管理职责。根据企业业务性质和内外部环境，通常大型企业集团资金管理部门需要管理企业流动性风险、信用风险、利率风险和外汇风险。好的风险管理不但能保障企业低成本下的正常经营，在特殊时期，还可能决定企业的生死存亡。

二、资金管理的目标

如图 4-3 所示，资金管理需要考虑三个方面的因素：资金的安全性、收益性和流动性。资金的安全性，是指资金到期能够安全回收的可能性。资金的收益性，是指资金使用后获得回报水平的高低。资金的流动性，是指非现金资产的市场能够变现的能力。资金的这三个要素互相影响和制约。一个金融产品，不可能同时满足安全性高、收益高及流动性好的特点。例如：国债的流动性好、非常安全，但收益低；股票的流动性好、安全性差，但预期收益高；地产投资预期收益好，但流动性差。

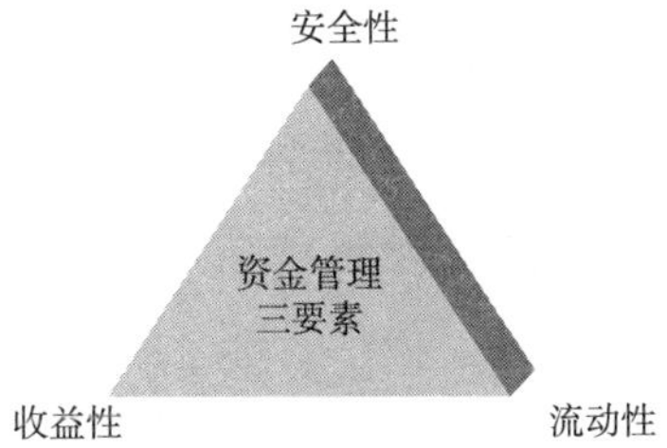

图 4－3 资金管理的三要素

在企业集团进行资金管理之前，需要界定其资金管理目标的侧重点，即：是偏重安全性、收益性，还是流动性？企业资金管理的重心一定是坐落在三者之间的三角形区域内，形成三者之间的平衡，差别是不同行业、不同管理风格，其侧重点是不一样的。例如：进行股票自营业务的金融机构，其资金管理的侧重点一般会是收益性。银行的短期资产（投资）与负债（存款）管理，主要侧重匹配其资产与负债的流动性。生产制造企业会关注其现金类资产的安全性，不会进行高风险的投资。

通常情况下，以业务经营为主的非金融机构企业集团的资金管理，常常倾向于以资金安全为主，要求一定的资产的流动性，对收益水平要求较为宽松。例如：某企业集团设定其资金管理的目标为“支持公司业务发展，保障资金供应，有效控制风险，实现低成本、安全高效的资金运营”。当然，根据企业发展战略、企业业务性质和经营所处的内外部环境的变化，企业对其资金管理的愿景和目标经常也会进行调整，例如：在行业景气、经营状况较好时，企业会要求投资的高回报，企业在经营低谷时，会更加关注资产的安全性和流动性。

三、企业集团资金管理原则

（一）集中性原则

集中性原则体现集权管理思想，旨在保证在集团内迅速而有效地控制集团全部的资金，并使这些资金的保存与运用最优化。其原因在于：一般地说，国内企业集团正处于发展状态中，资金资源的短缺状况都或多或少地存在于企业中。具体来说，首先，企业不可能在所有方面平均地运用其资金，必须把资金集中投放于个别具有重要战略价值、对取得成功具有决定性意义的方向上，集中力量，突破一点，以形成超过竞争对手的差别优势，使企业在竞争中处于有利地位。所以，资本在最关键领域的优先分配是争取成功的金科玉律。其次，由于集团组织管理的多层性与分散性，特别在不同的国家和地区，过于分散的资金使各分支机构具有更多的灵活性，但相应带来的是资金的风险性和成本的加大，分散且大量闲置的资金难以形成独特的优势力量，易导致因竞争能量耗竭而失败。最后，我国集团发展的历史和管理经验也是很重要的原因，即出于集权控制的需要，为了体现总公司对各子（分）公司的直接控制和调度，有机协调各子（分）公司的关系，贯彻总公司的战略思想，必须将资金进行统一集中管理。

（二）协同性原则

协同性原则有几方面的含义：一是对不同职能之间的资金投入要保持合理的比例关系；二是对不同产品之间的资金投放要保持合理的比例关系；三是战术资金与战略资金之间要有合理的比例关系；四是集团内

部各部门之间资金的相互调剂、相互融通的关系；五是与集团外部的企业或合作者共同协调和投放资金，达到成果共享、利益均沾，特别是与竞争者的协调，能起到单纯竞争起不到的作用。由于集团各要素之间相互依存、相互作用，因而，每一个要素的贡献大小都取决于其他要素的支持与配合的程度。现代协同理论认为，协同将导致整个系统的稳定和有序，从而放大系统的功效。

（三）权变性原则

权变性原则要求企业集团的资金投放与管理不能一成不变，而必须及时根据企业外部环境和对手的变化等作出相应调整。当集团各子（分）公司的管理尚弱、应变能力和竞争能力有限时，或者集团总部为了对有关重要产品的制造、营销和技术转让等取得最有效率的控制、指挥和协调，以便集团总部达到其全球经营战略目标时，对货币资金的投放和管理宜采取集中控制；而当各子（分）公司的经营和管理能力达到较为成熟的阶段，各子公司在生产经营内容上有较大差异，子公司经理和其他员工树立全球竞争观念，效率大大提高，子公司能依靠组织结构及地域特点去捕捉更多的战略时机时，为了提高各子（分）公司效率，节省资金成本，对货币资金的控制宜采取分散管理，以充分调动其积极性。

（四）效益性原则

效益性原则是指集团应尽可能将资金投放到更能提高企业盈利能力的项目上，使更多的资金参与周转。求利性与及时性存在一定的矛盾，往往获利大的项目占用时间长，变现能力慢，风险较大。为了满足及时性的要求（如偿债、支付各种款项、对付意外事件等），企业只有将部分货币资金投放于获利性较小但流动性强、风险弱的项目上，因而必须将资金划分为两部分：一部分用于日常的经营活动并长期占用，称为永久性资金；另一部分作为波动性资金占用，随着业务对资金需要的增减而变化，充裕时可以用于短期投资获利。但从货币资金的特点看，求利性必须服从于及时性需要，只有在满足偿债能力和支付能力的基础上方能获取利润，否则企业可能出现支付困难。

第二节　中储粮集团公司资金管控体系的发展历程

一、中储粮集团公司财务管理模式

中储粮集团公司作为独立核算、自负盈亏的经济实体，其财务管理遵循企业财务管理的一般规律。一方面，通过加强经营，改善管理，降低成本，加快资金周转，提高企业效益，实现资产保值增值；另一方面，从承担中央储备粮管理的职能角度，公司管理活动体现政府意志，服务于国家宏观调控，以“两个确保”为宗旨，不以追求利润最大化为目标，主要收入的取得、补贴资金拨付方式及标准、信贷资金筹集渠道及用途、储备粮油购入成本的核定及库存成本管理等，均受到国家有关部门及相关政策的约束，财务管理受财政政策的影响，面临的环境和政策要比一般经营型企业复杂，财务管理具有一定的特殊性。

基于中央储备粮财务管理的特点，为建立高效运行的财务机制，形成一个权责明确、财务关系清楚的运行系统，公司成立之初，依据国务院批复精神和“三级架构、两级法人”的内部组织构架，财务管理体制也相应划分为“总公司——分（子）公司——直属库”三个级次。总公司财务关系在财政部单列，对中央储备粮财务负总责，负责协调落实财税、信贷政策；对系统财务实行垂直管理，负责制定和组织实施企业财务战略，规范财务制度、会计核算、利润分配、资金筹集和使用。分（子）公司作为总公司的派出机构，不独立核算盈亏，受总公司委托，负责管理辖区内中央储备粮的财务事项，严格执行总公司各项制度规定，合理调整财政补贴标准，其管理经费由总公司核定、拨付。直属库为独立核算单位，接受总公司和所属分（子）公司的管理，自主处理本企业财务事项，在获取经营管理中央储备粮业务财政补贴后，自负盈亏。从2000年起，中央储备粮油费用补贴及其他政策性补贴资金开始通过中储粮垂直管理体系进行拨补，确保了财政补贴及时足额到达承储企业。这是国家专项储备制度建立以来具有划时代意义的一件大事，标志着适应社会主义市场经济、政企分离、管理严格、运转高效的新型中央储备粮财务管理体制的建立。

二、中储粮集团公司资金管控体系的发展历程

资金集中管理是现代集团企业的客观要求，也是现代企业生存和发展的必然选择。中储粮集团公司资金集中管理，紧紧围绕“看得见、管得住、用得好”的资金管理总目标，呈现了从无到有，从量变到质变，从最初的创造效益、提高效率到全力保障购销业务开展，再到全面强化资金风险管控的飞跃式发展。

（一）初创阶段

根据国资委、财政部提出的央企总部要加强资金管控、实行资金集中管理、防范资金风险的有关要求和集团公司资金“存贷双高”的现状，集团公司决定成立资金管理中心，在全系统实行资金集中管理。2008年1月，初步形成了资金集中管理能力；2009年12月，资金管理中心正式

成立。这一阶段完成了队伍筹备、架构模式确定、制度建设、系统开发、形成了初步管理能力。

1. 加强宣传，统一思想，充分发挥集团优势

盘活资金是资金集中管理的前提，提高资金使用效益是资金集中管理工作目标之一。

盘活资金是资金集中管理的前提，提高资金使用效益是资金集中管理工作目标之一。资金集中管理对于广大员工来说是个新事物，内部认可、外部支持，以及发展完善都需要一个过程。初创伊始，针对系统内直属企业担心资金上存后被集团总部占用，不能及时下拨的问题，集团公司做了多方面的努力：一是加强资金集中管理政策宣传，即大力宣传资金集中管理“权属不变、有偿集中、收益返还”的原则。二是增强服务意识，做到像银行一样的服务，资金随时上存，企业有使用需求时，确保按时拨付。三是年终返还利差，在年底将全部利差收入返还给成员单位，直属企业切实获得了收益，感受到资金集中的益处。这项工作很快得到了集团公司和基层企业的全面认可。

公司在明确基本的管理办法和管理制度后，经与农发行总行协商联合下发文件规定，再次对资金集中管理范围进行了扩展，除待拨财政补贴资金、保证金、新发放贷款形成的派生存款，以及用于归还贷款的回笼资金外，所有资金都纳入资金归集范围。

2. 开展信息化建设，银企合作迈出坚实一步

信息化是资金集中业务的重要保障。为保障资金集中管理业务规范、高效开展，资金管理中心成立后立即启动了资金管理系统建设工作。秉承勤俭节约、实用高效的原则，历时 3 个月完成系统建设并上线运行。至此，中储粮集团公司有了自己的资金信息化管理平台。

资金系统必须与银行系统进行对接，才能充分发挥资金结算、支付

等作用。在农发行不具备电子银行业务的情况下，经积极协调，促成中储粮集团公司、工商银行、农发行三方战略合作，并在试点的基础上推广至全系统，实现了资金管理系统与工商银行网银系统的互联互通，资金管理不仅实现支付功能的巨大提升，还实现了对成员单位账户资金的查询、归集，同时也满足了农发行对全系统直属企业的资金监管需求。“路虽远，行则将至；事虽难，做则必成。”网银结算有力推动了资金集中管理向信息化更高水平迈进，开启了粮食非现金结算的先河，现金结算逐步成为历史，这在资金集中管理征程上重重写下了具有里程碑意义的一笔。

与此同时，集团公司充分利用规模融资优势，积极拓展融资渠道，多措并举争取授信额度。一方面协调农发行以低于基准利率10%的标准，无上限、及时足额保证轮换用款需求，另一方面积极向各商业银行争取授信额度达400亿元，并开辟法人透支融资新途径。在政策的支持下和系统效率提升的基础上，资金集中管理工作不仅为整个集团提供了坚强资金保障，还取得了丰硕的经济效益，2009年公司资金集中管理创效突破1亿元。

（二）发展完善阶段

2010—2013年，随着集团公司延伸产业链条、扩大自主经营规模范围战略布局的调整，资金管理中心坚持“稳中求进”的总基调，全力推进资金集中管理向“大范围、广覆盖”的方向发展，在管理体系、管理领域和管理方法等方面取得了显著成效，充分发挥了业务保障和风险防控的作用。

1. 拓宽融资渠道，全力满足系统内资金需求

2008年以来，粮食市场价格持续走高，国家为了稳定市场价格，抛售大量的中央储备粮，储备库存大幅下降，宏观调控能力有所减弱。

2011 年春节过后，温家宝总理对中储粮收购工作作出了重要批示：“中储粮直属库要积极入市收购，尽可能多地掌握粮源。”为落实有关批示精神，增强公司平抑物价的能力，集团公司党组立即在东北地区进行粮食收购部署。按照常规，通过农发行贷款要经过近一个月的时间办理手续，企业才能拿到资金，但春节后的东北收购期很短，按此流程此项任务根本无法完成。资金管理中心为落实党组要求，打破常规，特事特办，即：直属企业的收购资金申请，经分（子）公司审批后报资金管理中心，资金管理中心立即签报集团领导批准，第一时间下拨资金。在当时国家实行紧缩货币政策，金融机构整体资金供应非常紧张的情况下，资金管理中心在短短两个月的时间内，为直属企业筹集 300 多亿元收购资金，全力保障了收购需求。后期，这次紧急收购的粮食中大部分转为国家储备，充足了库存，增强了国家的宏观调控能力。经该项业务，有的分（子）公司从年初预算亏损 1.5 亿元转为盈利 1.5 亿元，资金管理中心高效的资金支持，赢得了系统内的高度好评。

在此期间，资金集中管理理念也日益深入人心，成员单位上存资金的积极性、主动性也大幅提高，资金集中范围和规模不断扩大。随着粮食市场价格的持续攀升，中央储备粮大部分采用先购后销的策略，截至 2013 年底，资金管理中心共向直属企业提供贷款 2100 余亿元，成员单位规模突破 600 余家，较成立之初翻了一番，资金集中创效达 6 亿元。实践再次证明了资金集中管理的巨大优势，充分体现了资金集中管理为企业办大事的保驾护航的作用，提高了中储粮集团公司高效执行服务国家宏观调控任务的能力。

2. 加强信息化管理，完善制度建设，提升资金风险防控能力

有效防控资金风险是资金集中管理成败的关键。随着资金业务的不断扩展，资金系统的安全需求以及基层企业的购销业务不规范操作，使得

集团公司资金风险管理压力越来越大，必须采取措施加大力度予以解决。

（1）加强系统安全保障。数字证书是资金系统的钥匙，管好密钥是确保支付安全的首要措施。资金管理中心制定并下发了《资金管理信息系统数字证书管理办法》，有效防范资金付款环节风险。在此基础上，实现资金管理系统由内网迁移至互联网，并通过三级等保安全认证，为实现该系统与电子银行系统的对接提供了技术和安全保障。2012 年，经妥善研究论证，正式实现了资金系统与工商银行电子银行系统的平滑对接，银企直联正式实现。银企直联的开通极大提高了资金收付结算效率，资金集中管理在信息化的道路上又向前迈了坚实一步。

（2）加强风险监督管理。有效的监督机制，是资金集中管理功能和作用充分发挥的保障。为有效遏制系统内频发的资金风险事件，资金管理中心积极作为。一是加强内部借款风险管理。明确提出“四个严禁”管理要求，即：严禁委托同一企业又购又销，严禁委托轮换，严禁对贸易商及个人赊销预付，严禁无保证措施的其他赊销预付。同时加强资金审批、借款规模、资金用途、客户信用、合同履行、商品粮库存等管理，并对资金周转、动态监控等方面提出明确要求。二是加强资金下拨审批管理。为加强资金风险防控全环节管理，在借款下拨环节增加分（子）公司审批职能，促使分（子）公司及时了解辖区企业借款资金到位及使用情况，提升分（子）公司职能部门风险防控、监督管理的意识。

（3）风险责任落实到人。管理的核心是人的管理。为加强各级领导风险控制意识，资金管理中心建立完善“集中管理、分级负责、层层把关”的风险管控机制，将责任落实到人，为开展相关工作提供有效的指导和坚实的保障。一是签订责任状。各分（子）公司主要负责人签订《内部借款资金风险管理责任书》，切实承担起本辖区内的资金风险防控责任，有部署、有落实、有检查、有总结，压实分（子）公司“一把手”责任。二是制定资金借款审批管理办法。明确“资金借款管理实行集团公司统一管理下的分级负责制，即各直属企业法定代表人分别为本单位资金借款管理第一责任人，分（子）公司负责人对辖区借款资金管理工作负总责”，提升全系统各级风险防控意识，做到心中有数，权责明确。

（三）巩固提升阶段

为加强集团财务管控，2014 年集团公司党组研究决定，合并财务部和资金管理中心。合并后的财务部（资金管理中心）认真贯彻集团公司“从严治企、突出主业、强化基础、转型升级”的发展思路，落实进一步加强集团财务管控，实现财务管理转型升级的具体要求，继续围绕资金管理总目标，严守资金安全底线，不断夯实管理基础，更新资金管理手段，强化资金风险管控，建成了相对完善的中储粮特色资金集中管理体系。

在集团公司坚定不移加大对全系统人、财、物垂直管控的背景下，财务部（资金管理中心）将资金管理作为财务集团管控的一条主线，以抓铁有痕、踏石留印的干劲，紧跟新形势、新变化、新要求，驰而不息优化完善升级各项管理管控措施，形成一套相对成熟的具有中储粮特色的资金集中管控体系。

2014 年，随着粮食市场的变化，集团内部呈现出存款大于借款的情况，上存资金规模屡创新高，从 300 多亿元逐步上升至 600 多亿元。如何在保障正常经营活动资金需求情况下，充分发挥资金创效能力成为重要课题。为此，资金管理中心及时调整工作重心，积极优化业务模式，在合理安排上存资金，保证资金安全的前提下把提升存量资金的经济效益作为一项重要工作来抓。在确保不出现资金风险的底线下，充分了解银行理财产品类别、投资方向、风险等级、流动性、利率等信息，采取保本理财产品与非保本理财产品相搭配、固定期限与流动性存款相结合的方式，积极稳妥开展资金理财业务，有效盘活短期沉淀资金。从 2014 年起，资金集中管理年创效突破 10 亿元并屡创新高，最高达 22 亿元。

与此同时，根据直属企业实际业务需求，依托工商银行专业技术力量，研发了工商银行直接支付系统，实现了对农收购全天候、不分金额大小、实时到账结算功能，有效防控了对售粮农民“打白条”风险，广大农民朋友售粮结算更加及时、便捷，切实感受到了党和国家的温暖与关怀。

三、发展过程中出台的规章制度

不以规矩，不成方圆。成立之初，资金管理中心按照“权属不变、有偿集中、收益返还”的原则，制定了《集团公司资金集中管理办法》和《资金集中管理操作规程》，明确了资金集中管理工作的目标、方式、原则和审批机制等内容，《集团公司资金集中管理办法》成为开展资金集中管理工作的重要纲领性文件，《资金集中管理操作规程》成为具体业务操作的指导性文件。同时，设立以集团公司总会计师为主任，各业务部门负责人为成员的审贷委员会，作为集团公司资金集中管理的决策机构，制定《审贷委员会议事规则》，将内部借款审批、资金管理和风险控制纳入到集体领导、民主决策的制度化轨道上来。

2014 年，经与农发行共同研究，利用农发行自主开发的银企直联业务系统，为中储粮系统财务与集中管理提供稳定、高效、便捷的金融服务，双方于 10 月 28 日开通银企直联业务系统。同时，双方联合下发了《关于做好银企直联业务系统开通工作的通知》（农发银发〔2014〕278 号）。这为集团公司今后强化政策性信贷资金管理，落实从严治企要求、强化集团财务管控提供了重要保障，也为农发行与中储粮集团公司的战略合作、为国家粮食安全和宏观调控作出了贡献。

基础不牢，地动山摇。要想稳住资金风险管理根基，就必须做好银行账户管理长效机制建设。2015 年财务部（资金管理中心）研究下发《集团公司银行账户管理暂行办法》，从规范银行账户使用和管理等方面提出了明确要求，规定了直属库、分（子）公司和集团公司各层级对银行账户开立、变更、注销全环节管理的权利与责任。

根据 2016 年集团公司的工作会议精神，进一步强化资金管理、全面升级资金风险防控，真正实现“看得见、管得住、用得好”的资金管理目标，资金管理中心下发了《关于进一步加强集团资金风险防控的通知》。明确了集团公司、分（子）公司、直属企业的各级职责，加大问责力度，确保资金管控和风险防控措施的有效落地。

2017 年，为进一步推进集团财务管控改革，加强资金申报、审批和监控，有效防控资金管理风险，提高资金支付效率，集团公司在总结前期实践经验基础上，制定了《中储粮集团公司资金日预算管理办法》，要求各分（子）公司做到“严格申报、严格审批、严格监控”，并结合辖区工作实际，对资金支付的附件单据、审批流程、审批条件和审批时限等细节进行统一规范。

规范健全的规章制度是有效防控业务风险的重要手段，随着资金集中管理业务规模不断扩大，前置制度防控风险的举措越发必要，除上述所列的文件外，十几年来，集团公司为加强资金管控，防范资金风险，根据业务需要和形势发展，持续改进和发展集团公司的制度建设，资金管理中心适时制定和完善了规章制度。一是建立内部借款资金风险信息报告制度。要求各分（子）公司定期报告资金使用情况和重大风险事项，对资金使用情况及时跟进，分析发现风险隐患，并通过采取书面提醒、现场调查等方式有效提示、排查、跟踪、监督、处置资金风险，保障业务平稳运行。二是制定《中国储备粮管理总公司购销经营资金管理暂行办法》。从加强购销资金管理入手，引导购销经营进一步规范，有效促进业务管理与资金管理的融合，弥补了业财分离导致的管理真空，切实提升了资金服务保障业务功能作用。三是开展资金借款额度管理。强化内部借款限额管理要求，使借款金额与借款企业实际经营能力和财务控制能力相适应，下移风险防控重心，在风险可控范围内保障企业合理用资需求。

资金管理中心从成立至今，前后共颁发了几十个规章制度，在此不一一列举。同时，其与农发行前后连续三次联合发文，对集团公司直属企业的银行账户、政策性收购资金等做了明确的规定。至此，中储粮集团公司已经形成了一套完备的资金管理制度体系。

第三节　中储粮集团公司资金管控模式

一、中储粮集团公司加强资金集中管理的必要性

资金是企业赖以生存发展的血液，资金管理作为企业财务管理的中心，是一项必须常抓不懈的工作，资金管理的好坏不仅是衡量一个单位财务管理水平的重要标志，而且直接影响到一个单位的经济效益，甚至关系到企业的生存与发展。如何使资金的循环周转顺畅，迅速提高资金的使用效率是企业管理者所关注的问题。

(一) 中储粮集团公司在资金管理实践中存在的问题

一段时期以来，中储粮系统案件频发，给国家和企业造成了重大损失，而且严重损害了中储粮集团公司的社会形象。尽管多数案件发生在粮食的购、销、存等业务环节，但也暴露出企业资金管理方面存在着管控手段缺失和漏洞。管住、用好资金，建立高效的资金管控机制，推进资金精细化管理是企业需要解决的重大课题。

中储粮集团资金管理主要存在以下问题：

(1) 总、分（子）公司对直属单位银行账户设置缺乏有效管控，在尚未实现与农发行银企直联之前，不能做到对资金流动的实时监控。主要表现在：下级直属企业往往多头开户，集团公司无法及时了解其资金状况，有个别直属企业资金账外循环，内部资金的余缺调剂不力，资金闲置与短缺情况并存；集团公司对于直属企业资金的使用、流向、运作、存量或者亏损状态都不能及时了解和控制，对于资金风险情况不能做到及时、全面的评估和掌控，一旦出现资金周转不良的情况，就会给企业集团带来不小的损失；集团公司对直属企业资金贷款、担保、投资都缺乏有效控制，筹资、投资不能统筹规划，造成资金浪费及财务成本过高；成员单位各自为政的情况使得企业集团无法对于各成员单位的资金状况进行统一的管理；集团企业对成员单位没有健全的资金运作监控系统，从而在成员单位经营运作不正常的情况下，也不能及时给予有效的改进方案，不利于企业集团的整体经济发展。

(2) 预算编制流于形式，资金预算分解落实不到位、执行刚性不足，无法对资金集中管理形成有效支撑。

(3) 直属单位资金使用审批范围不完整、审批流程不规范、审批权限设置不合理，资金使用效率较低、风险大。由于各直属企业情况各异，在经营过程中，会发生一部分直属企业出现资金短缺，而另一部分直属企业则出现资金结余的现象。因此在这种情况下，集团公司的资金根本无法得到有效的运转和利用，会造成整个集团公司的资金使用效率低下，对企业的快速稳定发展造成了较大阻碍。通过集团资金集中管理，可以盘活集团的资金存量。通过资金在成员单位之间的合理调配，可有效降低财务费用，促进资金使用效益最大化目标的实现，同时达到优化集团的资产负债结构，增强集团公司的融资和偿债能力的作用。

（4）受技术手段不到位、人员配备不足以及制度不成体系的影响，在集团公司、分（子）公司层面，资金风险监控的职能未得到充分发挥，资金集中管理的风险预警机制和内部控制制度有待加强。

（5）集团公司未实现信贷的集中管理，直属单位可通过多头融资掩盖资金债务风险，同时也影响了资金集中管理的进一步深化。

（6）公司系统没有建立与资金集中管理相配套统一的供应商管理、客户管理等制度。

（7）相关业务管理系统与资金管理系统之间无法实现互联互通，客户、存货等涉及资金风险管控的信息不能共享，风险管理存在盲区。

（二）资金集中管理的必要性

（1）促进资金流动趋于平衡。集团公司统一调配资金，把各直属企业暂时闲置和分散的资金集中起来，再以发放贷款的形式分配给需要资金的直属企业，从而实现了集团内部资金的有效配置，减少了直属企业不必要的资金流动，使资金流保持在较稳定的状态。通过资金回笼和资金调度，使集团从更高层次参与直属企业的管理，可促进直属企业注重经济核算，合理有效地运用资金。

（2）节约资金，积小钱办大事。实行资金集中管理能够有效地使用全企业的存量资金。集团公司可以有效地对直属企业的全部存量资金进行管理。资金结余的成员企业可以通过集团公司的资金管理中心将资金投入集团公司内部资金紧张的其他成员单位获取投资收益，资金紧张的企业能够获取企业的资金支持，更好地把握发展机遇。

（3）增强筹资能力。通常情况下，单个直属企业的偿债能力不会大于整个集团公司的偿债能力。偿债能力强的直属企业其面临的发展机遇又有可能不处于最佳时期，其收益能力、发展能力就有一定缺陷，因此其筹资能力不一定很强。

（4）全面管理，便于实施内部监控。实现集团公司资金集中管理后，下属直属企业的外部非银企直联的银行账户几乎全部销户，只设对应的受集团公司控制的农发行的“两收两支”账户或工商银行作为补充支付手段的账户，其资金流量、流向、存量完全置于集团公司的管理之下，集团公司能够对其对外收款、付款，对内资金结算进行全方位控制。此外，通过日常预算制定付款审批、审核流程，能够保证成员单位具有与其经营管理需要相匹配的资金管理权，又能够有效控制成员单位的资金支付行为，防范企业资金浪费，降低企业经营成本。从而，使各直属企业的资金运行完全置于集团公司的监控之下。

（5）有利于实现企业价值。实现集团公司的社会价值和集团利益最大化是集团运作的基本目标。然而，由于直属企业与集团总公司有着同等的法人地位，作为单独的利益主体，直属企业在发展的同时，往往只着眼于自身的利益。因此，在资金运转和财务管理上，直属企业有脱离集团企业总公司控制的倾向，而直属企业一旦脱离控制，在其财务状况不佳时，往往不能及时得到集团公司的有效扶持，造成经营危机。因此，集团公司要统一集团各企业的目标，做好整体的战略化部署，在保证集团公司的利益最大化时，也要注重直属企业的利益最大化。所以只有对财务管理进行统一的协调和规划，才能更有效地实现集团企业的整体社会价值。

因此，企业集团只有加强资金的集中管理，对成员单位的财务资源进行统一整合，充分利用整合的财务资源优势，为企业规划合理的资金运作模式，才能提高资金的使用效率，创造良好的财务资源使用环境。对成员单位的资金进行统一管理和调配时，可以使资金在成员单位和总公司之间灵活地运转，平衡企业的资金存量，减少银行贷款项目，提高企业的社会信用，从而提高资金的使用效率。在实行资金统一管理时，集团公司对资金进行统一的规划和预算，根据各成员单位的实际情况，来进行合理的财务收支计划安排，保障各直属企业业务的正常运行，同时还能对各直属企业的经营状况进行实时监控和分析，协调各直属企业与集团总部的财务关系，准确地提供企业集团整体财务报告数据，有利于管理者对资金的全面运转做好相应的决策。

中储粮集团公司下属的直属企业几乎在全国县级以上的行政区都设有分支结构，平均来看，在区域一体化之前，每一个直属企业至少有 5 个银行账户，全集团公司就会有 5000 个以上的银行账户，如果平均一个账户每天的资金流通量为 10 万元，全集团公司每天的资金流通量就会有 5 亿元以上。如果集团总部没有良好的管理机制，对银行账户的资金进行管理监控和调配，就会造成极大的资金安全隐患及资源浪费，容易被违法分子中饱私囊。还有一些直属企业自身的资金规模宏大，例如黑龙江省，库容量大的直属企业甚至单个库平均每天就有将近亿元的资金流量。所以，集团企业必须实行资金集中管理机制，才能更加有效地对资金进行统一分配和监控，减少资金使用风险，为集团公司创造良好的资金集中运转条件，提升管理水平，提高企业的市场竞争力。

二、中储粮集团公司的资金管理手段

十几年来，集团公司在打造适合企业发展需求的资金管理运作模式道路上进行了积极有益的探索，构建了一套具有中储粮特色的资金集中管控体系，切实发挥了为全系统经营管理活动保驾护航的作用，成为集团财务管控的重要抓手，为提升集团财务管控能力作出了贡献。

（一）严格银行账户管理，防范资金源头风险

银行账户是企业生产经营赖以生存的金融载体，与企业的资金运作密不可分，尽管中国人民银行出台的《银行账户管理办法》中对企业基本存款账户的开立和使用作出了明确的规定，但在实际使用中，还存在一些问题。从企业方面看，一些效益比较好的企业多开账户，有广开引资渠道，与各家商业银行保持良好关系的考虑；一些地处偏远和基层地区的企业，也可能通过在多家银行开户来解决结算不便的问题。从银行方面看，面对日益激烈的行业竞争，为了吸取更多的资金，有的银行默许甚至主动协调企业违规开立账户。不少银行按企业需要随意确定账户行性质，从而为企业违规经营提供了可乘之机。同时，作为主管部门的人民银行，往往是年检中发现问题的多，进行处罚的少，这客观上助长了商业银行愈演愈烈的不正当竞争。

一些企业和银行受自身利益驱使，不当使用银行账户，不仅造成相关企业资产和经营真实情况难以掌握，也日益成为所在领域经济秩序混乱的重要内因和潜在金融风险点，其具体影响体现在以下几个方面：一是容易滋生“小金库”。多头开户使得企业或部门更容易绕过监管以及财务会计的核算程序。个别企业和部门在自行开立的账户内办理违规违纪收支事项，私自截留收入，产生“小金库”。二是放大了企业经营和金融风险。个别企业利用多头开立的账户，将生产经营中取得的收入和盈利转入这类非正常账户中，而将风险和亏损反映在正常的银行账户上，一些负债较高的企业为避免银行强行从其账户中划收贷款本息，也采取了这种方法。

企业开立银行账户的不规范情况，也必然会导致企业内部监督管理机制和体制的失灵，因此，不管是从防范金融风险的角度，还是从提高企业自身实力的角度，加强对企业银行账户的监管，清理整顿银行账户势在必行。集团公司在 2015 年颁发了《集团公司银行账户管理暂行办法》，在该文件指引下，集团公司开展多次银行账户清理工作，同时，集团公司要求各直属企业在开立银行账户时，首选农发行和工商银行，并同时要求直属企业必须开通银企直联，非必要的非银企直联账户全部销户。集团公司连续两次下发通知要求直属企业清理银行账户，至今，已累计清理非必要银行账户近 3000 个，其中非银企直联账户千余个，通过账户清理，堵塞资金风险出口，进一步从源头上防范了资金风险。

（二）开展“收支两条线”管理，确保资金专款专用

1. “收支两条线”的定义

“收支两条线”是指对行政事业单位的收费和罚没收入等政府非税收收入的管理方式，与发生的支出脱钩，收入上缴国家或者财政专户，支出根据事业单位履行职能的需要按照一定的核定标准进行管理。

“收支两条线”管理原则，是指那些具有执收和执罚职能的单位，根据国家法律和法规以及规章来收取的行政事业性收费和罚款与没收收入，实施收入与支付两线平行管理。上述行政事业性收费与罚没性收入应按规定全额上交国库或者预算外资金财政专户；执收执罚单位在需要使用资金的时候，须由相关财政部门根据实际需要统筹安排核准后，从国库或者是预算外的资金财政专户拨款支付。

2. “收支两条线”管理在中储粮集团公司的运用

由于中储粮系统直属企业的资金性质的特殊性，公司将资金分为政策性资金和自有资金。为保证政策性资金的专款专用，防止直属企业擅自改变资金用途引发资金风险，集团公司采取在农发行实行“两收两

支+专户”的管理方式。“两收两支”即：中储粮直属企业在当地农发行统一开立资金集中管理账户（收入户）、基本存款账户（支出户）、收购资金存款账户（放款户）、农发行信贷资金回笼账户（还贷户）；“专户”即：根据国家有关部门规定或实际业务需要开设的专项资金账户。各账户的使用范围说明如下：

（1）基本存款账户（支出户）。支出户是直属企业在农发行设立的基本存款户，集团公司下拨资金（包含向集团公司的借款和内部存款提取）是该账户的资金来源，主要用于企业的对外付款。直属企业根据实际业务需要，按照集团公司规定的流程，使用该账户的资金进行对外支付或者提现。原则上，该账户每日日终余额为零，在收购旺季，经分（子）公司批准，直属库可预留一定额度的资金。

（2）收购资金存款账户（放款户）。放款户主要存放农发行基层行为直属企业提供贷款资金。直属企业根据实际业务需要，按照农发行和集团公司的管理规定，使用该账户的资金进行对外支付。集团公司不使用该账户进行资金归集。农发行基层行依据直属企业预估，除节假日外，按照两日收购资金用量提前放款，确保资金供应。

（3）资金集中管理账户（收入户）。收入户是直属企业在农发行设立的一般存款户，只能用于直属企业的自有资金收款，不能用于对中储粮系统外单位支付。该账户资金通过银企直联系统自动归集上存至集团公司资金管理中心，日末余额为零。

（4）资金回笼账户（还贷户）。还贷户主要存放直属企业用于归还农发行贷款的本息。农发行根据国家政策或直属企业的还贷申请，从该账户收回直属企业贷款的本金和利息。集团公司对该账户不进行资金归集。基层行即时收贷，每日余额保持为零。

（5）其他专户。其他专户是根据国家有关部门规定或实际业务需要开设的专项资金账户，如国家文件规定需要开立的保证金专户、存放中央预算内基建专项拨款的基建专户等。农发行信贷在商业银行采取政策性资金和自有资金分户管理的方式。

通过对资金“收支两条线”管理和资金分类管理，有效防范了资金被挤占、挪用，做到了各项资金的专款专用。

（三）依托银企直联，实施在线监控，全面升级资金风险管控

为提高集团管控能力，落实资金“管得住”的要求，在各类业务笔数和金额不断增加的背景下，集团公司依托银企直联，构建资金日预算管理系统，通过以风险控制为核心，对原有的单据申报和审批流程进行了全面梳理，形成了具有中储粮特色的在线监控机制，切实发挥了对全系统经营管理活动保驾护航的作用，成为集团财务管控的重要抓手，提升了集团财务管控能力。

1. 银企直联

（1）银企直联理念来源。商业银行作为服务型企业，在经营中不断发展，满足客户新的需求，快速创新服务产品，是提升自身竞争力、保持快速健康发展的重要因素。随着信息科技水平的飞速发展，金融服务早已实现了从过去“一把算盘一支笔”的手工记账到“业务处理自动化、金融服务电子化”的飞速蜕变，金融产品日新月异、琳琅满目。为了给具有雄厚资金和良好信誉的双优客户提供更加优质的服务，满足其资金集中管理、提高资金使用效率以及降低经营成本的财务管理需求，商业银行创造性地提出了“银企直联”的理念，即通过互联网或专线连接的方式，使企业的内部系统（财务系统或者 ERP 企业管理信息系统等）与银行业务系统对接，企业无需专门登录银行网银系统，通过自身财务系统即可享受到银行提供的各种金融服务。可以说银企直联实现了银行业务系统与企业财务管理平台的无缝对接，真正将银行服务延伸到了企业客户内部，与企业日常运营紧密融合。

（2）银企直联与网上银行的定义（见图4－4）。银企直联是指集团企业在集团内部建立自己的资金管理系统，通过数据接口将内部资金管理系统与商业银行核心系统、网银或者现金管理平台实现联接。通过银企直联系统，企业可实现实时账户信息查询、明细查询、自动转账、交易查询等功能。目前，集团公司常用的为和工商银行、农发行建立的银企直联。

网上银行又称网络银行、在线银行或电子银行，它是各银行在互联网中设立的虚拟柜台，银行利用网络技术，通过互联网向客户提供开户、销户、查询、对账、行内转账、跨行转账、信贷、网上证券、投资理财等传统服务项目。按照服务对象，网上银行分为个人网上银行和企业网上银行两种。

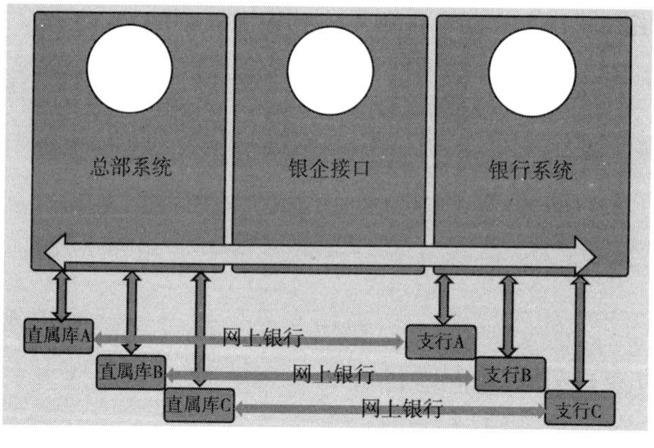

图4－4 银企直联与网上银行

（3）银企直联与传统的企业网上银行的区别。传统的企业网上银行，是通过通用浏览器方式获得银行服务，尽管各家商业银行都在不断努力完善、扩充自己网银系统的功能，但还是无法满足集团客户的要求。因为大型集团企业个性化需求与银行标准化服务之间存在着几乎无法调和的矛盾，集团企业的管理模式、管理特点，都是由其历史沿革、管理现状、行业特点等决定的，不可能因为银行提供的现金管理服务模式的制约，就可以改变。反之，必须要求银行适应企业要求，修改银行服务系统功能。但银行系统非常庞大，牵一发而动全身，每一个细小的功能修改，都会涉及全行网点的系统测试、系统升级、人员培训，对系统的运行稳定构成威胁。正是由于客户个性化要求与银行系统稳定运行的保障要求之间的矛盾越来越严重，商业银行才开始推出“银企直联”的新服务。

银企直联与传统的企业网上银行存在着以下区别：

①从业务方式看：网上银行需要使用不同银行的 Ukey 登录各家银行网站；银企直联可以通过银行接口，实现将所有银行功能集成在一个平台上。因此，银企直联的数据集成度更高。

②从操作方便性看：网上银行用户需要适应不同银行不同的操作系统和操作习惯；银企直联可以实现所有银行操作界面的统一。因此，银企直联的统一度更高，更方便操作。

③从数据存储方式看：网上银行数据保存在银行端，银企直联可以将数据保存在企业内部服务器上。因此，银企直联更有利于企业对数据的查询和利用。

④从数据共享看：网上银行查询、转账需要在网银再次输入，可能出现人为错误，查询结果不能直接使用；银企直联可以通过企业系统调取相关信息，再通过专线向银行发送指令传输到银行端，不需要重复输入，可以确保数据的一致性，查询结果为银行的到账通知，可以直接引用。因此，银企直联更好地支持了银行系统间和企业系统间数据的共享。

⑤从与企业系统集成看：网上银行是银行现有系统，无法实现与企业其他系统的集成；银企直联借助企业系统，可以支持与企业其他系统

的集成。因此，银企直联有利于企业管理的协同。

⑥从个性化功能看：网上银行由银行决定是否能对系统进行修改，一般如果不是大部分客户的共性化需求，几乎不会作出调整；银企直联可在基本功能基础上，由企业自主决定系统功能，进一步满足客户个性化需要。因此，银企直联对个性化管理支持度更高。

与工商银行实现银企直联，大大提升了集团公司资金收付结算能力和管控水平，也在很大程度上促进了农发行银企直联功能的研发工作。在资金管理中心的大力协调下，2014 年农发行的银企直联平台研发完成，实现了与集团公司的直联。工商银行和农发行银企直联双通道建设的完成，使集团公司实现了对成员单位银行账户的查询、支付和转账，并实现了对成员单位资金流向的实时监控，为集团公司打造资金管控平台，落实最严格的资金管理，提高集团财务管控穿透力提供了重要手段。银企直联技术的产生和应用，更符合集团公司的管理需求，也为资金日预算管理和在线监控奠定了技术基础。

（四）采取资金日预算管理，落实资金“管得住”

由于基层企业风险管理意识薄弱，且缺乏行之有效的管理手段，导致风险案件高发频发，严重影响集团公司的形象和未来的健康发展。集团公司党组指出了全系统财务管理存在“三个不适应”，即功能不适应、管理手段不适应和人才不适应，明确加快推进“三加二”财务管理转型升级的发展思路。资金管理中心坚持问题导向，在深入调研基础上研发了资金日预算管理系统，将资金计划、调度、支出等统一到线上管理，通过信息化手段规范资金支付流程。对所有成员单位每日的资金支出按照“一齐全、五一致”的要求进行严格的审核和审批。日预算管理系统的成功运用，为集团公司和分（子）公司这两个层面全面了解资金运用情况、控制资金支付提供了技术手段。资金日预算管理作为资金管控体系的核心，日益成为集团财务管控的重要组成部分，切实做到了资金“管得住”。

1. 资金日预算管理系统

依托银企直联，通过资金日预算管理系统，将资金计划、调度、支出等统一到线上管理，业务全流程全部公开透明，对外支付的每一笔款项均可留痕、可追溯、可问责，确保了业务流、资金流、信息流三流合一，有效防控资金风险。

（1）实施资金日预算管理的初衷。2008 年，中储粮集团公司开始尝试启动资金集中管理工作，按照“权属不变、有偿集中、收益返还”的原则，制定了《中国储备粮总公司公司资金集中管理办法》和《中储粮总公司资金集中管理操作规程》，明确了资金集中管理工作的目标、方式、原则和审批机制等内容，将集团下属企业的闲置资金集中到集团公司总部统一管理，按照一定的程序调剂余缺。资金集中管理工作不仅为整个集团提供了坚强的资金保障，还取得了丰硕的经济效益。但随着集团公司延伸产业链条、扩大自主经营规模范围等战略布局的调整，一些基层下属企业管理薄弱，有效管理手段、管控措施缺乏，业务形成的风险向财务传导，最终表现为资金难以收回，涉及资金的案件多发、频发，从而对财务资金监管也提出了更高、更新的要求。

①强化资金风险管控是从严治企、加强集团管控、实现企业财务管理体制转型升级的需要。2014 年，中储粮集团公司提出加快推进“三加二”财务管理转型升级的思路，要尽快建立起一套看得见、管得住的财务监管体制。按照集团党组提出的从严治企、转型升级的要求，需要建立一套行之有效的资金风险体系，按照业务流程，通过信息化手段，对所有基层企业每日的资金收支进行严格的审核和审批，在总、分（子）公司两个层面全面了解和实时监管各基层企业所有账户的全部资金情况，

严格管控公司系统的资金收支风险，实现对公司系统资金的在线监测和风险预警。

②强化资金风险管控是防范和降低企业风险的需要。企业在应对、处置和消化风险案件的过程中，牵扯大量人力、物力、财力，导致大量的成本支出，也会给企业生产经营造成一定影响。因此，做好风险防控，在提升企业管理中实现降“险”增效，也是企业提质增效、高质量发展的重要前提。从业务各环节看，资金是企业进行生产、经营等一系列经济活动中最基本的要素，将资金管理贯穿于企业整个生产经营，通过采取行之有效的管理和控制措施，有效控制资金支付环节，把审核监督关口前移，是防范和降低企业资金风险的有效措施。

③强化资金风险管控是实现企业资源有效配置的需要。以前，各直属企业都有独立的财务预算，银行账户数量多且分散，既不利于管理，也容易造成部分资金沉淀，无法创造效益。与此同时，全面预算管理在加强企业财务管理、提升企业管理水平方面发挥了很大作用，但如何更好地发挥全面预算管理的统领和总控作用、配置资源作用，如何能发挥预算刚性约束，在资金管控方面也迫切需要有效的抓手。因此，在全系统人、财、物垂直管控的背景下，将资金管理作为财务集团管控的一条主线，通过对企业资金收支加以控制与管理，能够促进企业资源合理有效配置。

④强化资金风险管控是提升财务信息化管控的需要。资金风险管控，需要每天都对全系统产生的海量资金支付单据进行监控，用人工对每一笔支付单据的合规性进行审核是不现实的，信息化系统就成为重要的工具。通过资金风险体系建设，利用企业的业务特点和以往的财务管理工作经验，将可能出现资金风险的业务特征进行总结提炼，形成特定的单据筛选规则，通过算法嵌入形成信息化系统，通过与会计核算、资金支

付以及业务系统融合对接，既可以有针对性地自动抓取疑似不合规单据，再利用人工对存疑单据进行审核，又拓展了企业财务信息化的应用，有效提升了财务的信息化管控水平。

（2）实施资金日预算管理的路径。2014年7月，集团公司开始探索研究建立资金日预算管理。通过建设资金日预算管理系统，以业务单据为基础，由业务部门和财务部门进行多级审批，各环节发现问题后均可中止审批流程，借此严控业务风险和资金风险。各部门工作人员根据所需付款的业务性质选择相应类型的单据在线填写，并使用高清扫描仪上传相关支持性单据作为附件，填写完成后通过预先设定的审批流程进行逐级在线审批，完成规定审批流程的单据被汇总至次日的日预算表，于次日被推送至资金管理系统通过银企直联方式进行付款。系统建成后，又先后完成了与集团内多个重要业务系统的融合对接，以严把资金出口为切入点，实现了业务从发起到结算的全链条电子化管理，形成了全员参与、逐级审核、闭环运行的资金风险防控体系。

2017年，在对系统前期运行情况和使用经验进行调研和总结的基础上，集团公司印发了《中国储备粮管理总公司资金日预算管理办法》（中储粮〔2017〕49号），规定了不同类型业务单据的付款申报和审批流程，明确了集团公司、分（子）公司、直属企业三级管理架构的职责和权限，确保了日预算管理平稳运行，成为企业资金管理的有效工具。与此同时，集团公司不断调整完善资金日预算管理系统功能，开发资金日预算移动审批功能，解决了各分（子）公司、直属企业管理人员出差多、待批事项集中、审批不及时的问题，提高了全系统资金业务审批效率，日预算管理系统日趋完善。

目前，直属企业的所有资金支出必须通过资金日预算管理系统进行线上审批，切实做到“无预算不支出”。各级审核人员按照“一齐全、五一致”的要求，对资金支出进行严格的审核和审批，即：确保资金支付审批要件齐全真实；资金支付金额、单价等要素与合同前置审批的内容一致；对公业务付款向对公账户支付一致；资金支付与物流和信息流一致；工程款支付与工程进度一致；费用支出与全面预算阶段性控制目标一致。在资金监控中，按照“三个严格、四个责任”的工作要求，即：直属企业严格落实、分（子）公司严格审批、总公司严格监控；对发生的资金风险，根据风险等级追究相关人员的领导责任、分管责任、主管责任和直接责任，有效保障了监控实施效果。通过资金风险在线监测，对规避审批和不能及时支付售粮农民粮款的风险进行重点监测，着重关注无预算、超预算对外支付，通过员工个人账户对外支付，通过对售粮农民个人付款方式支付对法人单位的合同款项，日预算单据无附件等违反规定的行为。一旦监控发现后立即进行核实，通过信息系统考核评分、内网通报、现场核查等方式进行处理，对违规操作形成了有效震慑。

（3）实施资金日预算管理的效果。随着现代企业管理水平的不断提升，财务工作的重点也逐渐从核算型会计向管理型会计转变，从对业务结果进行记录和分析，逐渐过渡到从业务发起到结算全流程跟踪。通过以资金支付为切入点，实施关键节点风险控制，资金风险管控已成为集团财务管控的重要组成部分，是实现企业财务管理体制转型升级的有效措施，成效显著。

①将党和国家的惠农政策落到实处。作为维护国家利益和服务宏观调控的公益性中央企业，中储粮集团公司始终坚持底线思维，提高资金风险防控能力，尽最大努力防范化解重大风险。通过资金日预算管理系统进行资金风险在线监控，确保了企业资金的运行安全，更重要的是根据直属企业实际业务需求，借助银企直联支付系统，企业能够合理安排、

及时支付收购资金，实现了对农收购全天候、不分金额大小、实时到账结算，确保及时足额支付售粮农民的粮款，有效防控了对售粮农民“打白条”风险。农民售粮结算更加及时、便捷，切实感受到了党和国家的政策红利。

②防范和降低企业资金风险。通过资金日预算管理，将内控管理融入资金管理全流程，有效防范和降低了企业资金风险。在日预算管理系统中，公司根据各项业务的关键风险点，合理设计审批流程，通过对资金支付的审批，实现资金的在线监测，相关人员能看见和监管整个业务和资金的审批过程，确保系统内每笔资金收支都按规定严格运转。在现有体系下，资金在支出之前，业务部门和财务部门均进行了多级审批，并且每个审批环节均可查看附件单据，各环节发现问题后均可中止审批流程，从而可以严控业务风险和资金风险。

③促进业财管理进一步融合。通过资金日预算管理，从资金支付向业务发起端扩展，促进业务流程不断规范完善。根据公司系统业务的管理特点，明确总、分（子）公司和直属企业各管理层级、各岗位的职责权限，开展前置审批，合理划分事权和财权的关系，做到权责清晰明确。在审批过程中，所有合同签订前必须经财务负责人和业务负责人共同签字认定，否则相关人员有权拒绝执行，这就要求财务人员要全程参与购销经营活动，不仅要看住资金还要盯住业务；业务人员不仅要懂得经营，还要确保业务操作符合财经纪律；财务和业务负责人要对合同签订、粮食收购、库存动用进行联审联签，要了解整个业务环节。通过以点带面，将财务工作精细控制风险的理念推广至业务环节。

④深化全面预算管理管控。通过将资金日预算管理与全面预算进行整合和对接，有效发挥全面预算管理的统领和配置资源作用，让资金收支与业务流程紧密结合，各层级、各岗位逐级审核和审批，相互牵制，

相互制约，公开透明，在全面预算的管控下开展各项业务。各直属企业的所有资金支出必须通过资金日预算系统进行线上审批，超预算和无预算的业务不得执行，实现了预算的刚性约束，切实做到“无预算不支出”，推动全面预算真正落地。

（五）施行“日归集、零余额”管理，促进资金“用得好”

在实现银企直联、资金分类管理和日预算管理的基础上，集团公司进一步精细化资金集中管理，决定对系统内直属企业自有资金实行“日归集、零余额”管理，即：通过银企直联系统，每日定时将直属企业的自有资金自动归集至集团公司，实现直属企业银行账户日末余额为零。

按照统筹安排、循序渐进的原则，集团公司对成员单位账户的“日归集”分三批完成，于 2017 年底全面实现“日归集、零余额”，再一次大幅提高了全系统闲置资金的效益，充分发挥了资金集中创效的规模优势，有力促进了资金“用得好”。

第四节　实施岗位内控建设　强化资金风险防御保障

一、内部控制

（一）内部控制定义

内部控制是在一定的环境下，单位为了提高经营效率、充分有效地获得和使用各种资源，达到既定管理目标，而在单位内部实施的各种制约和调节的组织、计划、程序和方法。

“迪博·中国上市公司内部控制指数”发布者迪博的实证研究结论表

明：内部控制水平与股票超额收益率之间存在着正相关关系，指数成分股的上市公司的内部控制水平优于非指数成分股的上市公司，实施了股权激励的上市公司的内部控制水平显著优于没有实施股权激励的上市公司，内部控制水平与董事、监事及高管年薪总额之间存在正相关关系，董事长不兼任总经理的上市公司的内部控制水平优于董事长兼任总经理的上市公司。

（二）内部控制的组织形式

内部控制是由企业董事会、监事会、经理层和全体员工共同实施的、旨在实现控制目标的过程。内部控制的组织形式及相关职责见表4－1。

1. 董事会

董事会是内部控制实施的主体之一，此外，董事会、董事长也应受内部控制制约。

2. 实施主体

董事会是决策者，经理层是执行者，监事会是监督者，他们都是内部控制实施的主体；此外，内部控制还需要全体员工的参与实施。

3. 过程

内部控制不能凌驾于企业经营活动之上，它必须嵌入企业生产经营的整个过程，其过程是动态的，因而适合企业的才是最好的。

表4－1　内部控制的组织形式及相关职责

组织形式	相关职责
董事会	董事会对内部控制的建立健全和有效实施负责，对内部控制建设中的重大问题商讨并作出决策。内部控制建立与实施对企业组织架构最直接的影响就是加大了董事会及其全体董事的责任，具体包括：科学选择经理层并对其实施有效监督；清晰了解企业内部控制的范围；就企业的最大风险承受度形成一致意见；及时知悉企业最重大的风险以及经理层是否恰当地予以应对

续表

组织形式	相关职责
审计委员会	审计委员会是董事会下设的专业委员会。内部控制建立与实施对审计委员会的人员构成、议事规则、报告机制等均有重要影响，要求审计委员会负责人及其成员必须具备相应的独立性、良好的职业操守和专业胜任能力。审计委员会在内部控制中的职责一般包括：审查企业内部控制的设计；监督内部控制有效实施；领导开展内部控制自我评价；与中介机构就内部控制审计和其他相关事宜进行沟通协调等
监事会	监事会对董事会建立与实施内部控制进行监督。监事会监督不同于审计委员会对经理层的监督，是一种层次更高、独立性更强的再监督
经理层	经理层负责组织领导企业内部控制的日常运行。经理作为企业经营管理活动的最高执行者，在内部控制建设过程中尤其承担着重要责任
内部控制部门	企业可以根据需要成立专门的内部控制工作团队，以项目组的形式运作；也可以成立内部控制专职机构（或岗位），专门负责内部控制在企业内部各部门间的组织协调和日常事务。内部控制专职机构的职责一般包括：制定内部控制手册并组织落实；确定各职能部门或业务单元对于内部控制的权利和义务；指导内部控制与其他经营计划和管理活动的整合；向董事会及其审计委员会或经理层报告内部控制建设进展情况和存在的问题等
内部审计部门	内部审计部门在评价内部控制的有效性，以及提出改进建议等方面起着关键作用。应当赋予内部审计部门追查异常情况的权力和提出处理处罚建议的权力
财会部门	财会部门在保证与财务报告相关的内部控制有效性方面，发挥着十分重要的作用。企业开展内部控制工作，要求财会部门不能将眼光仅局限于财务活动，而应贯穿企业经营管理的全过程，在制定发展战略、分析评估风险和作出决策等环节扮演好关键的助手和参谋角色
其他职能部门	企业内部各职能部门（或业务单位）及其全体员工都应当在建立与实施内部控制过程中承担相应职责并发挥积极作用

（三）内部控制目标

《企业内部控制基本规范》规定内部控制的目标是合理保证企业经营管理合法合规、资产安全、财务报告及相关信息真实完整，提高经营效率和效果，促进企业实现发展战略。

从这个定义可以看出，我国内部控制的目标包括五个方面：一是合法合规性；二是资产安全性；三是财务信息的真实完整性；四是效率效果性；五是战略实现性。

（四）内部控制原则

内部控制原则是企业建立与实施内部控制应当遵循的基本准绳。企业建立与实施内部控制应当遵循五项原则，即：应遵循全面性原则、重要性原则、制衡性原则、适应性原则和成本效益原则。

1. 全面性原则

内部控制应当贯穿决策、执行和监督的全过程，覆盖企业及其所属单位的各种业务和事项，实现全过程、全员性控制，不存在内部控制空白点。

2. 重要性原则

内部控制应当在全面控制的基础上，关注重要业务事项和高风险领域，并采取更为严格的控制措施，确保不存在重大缺陷。重要性原则的应用需要一定的职业判断，企业应当根据所处行业环境和经营特点，从业务事项的性质和涉及金额两方面来考虑是否及如何实行重点控制。

3. 制衡性原则

内部控制应当在治理结构、机构设置及权责分配、业务流程等方面形成相互制约、相互监督的机制，同时兼顾运营效率。制衡性原则要求企业完成某项工作必须经过互不隶属的两个或两个以上的岗位和环节；同时，还要求履行内部控制监督职责的机构或人员具有良好的独立性。

4. 适应性原则

内部控制应当与企业经营规模、业务范围、竞争状况和风险水平等相适应，并随着情况的变化加以调整。适应性原则要求企业建立与实施内部控制应当具有前瞻性，适时地对内部控制系统进行评估，发现可能存在的问题，并及时采取措施予以补救。

5. 成本效益原则

内部控制应当权衡实施成本与预期效益，以适当的成本实现有效控制。成本效益原则要求企业内部控制建设必须统筹考虑投入成本和产出效益之比。成本效益原则的判断需要从企业整体利益出发，尽管某些控制会影响工作效率，但可能会避免整个企业面临更大损失，此时仍应实施相应控制。

（五）内部控制要素

内部控制应当包括：内部环境、风险评估、控制活动、信息与沟通、内部监督五要素（见图4－5）。

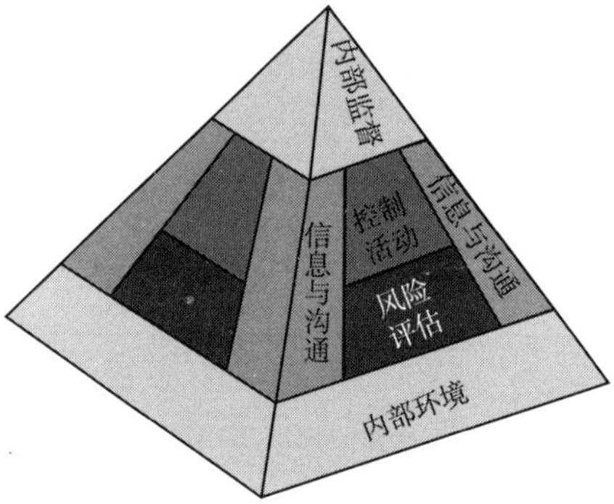

图4－5　内部控制五要素

1. 内部环境规定企业的纪律与架构，影响经营管理目标的制定，塑造企业文化氛围并影响员工的控制意识，是企业建立与实施内部控制的基础。内部环境主要包括治理结构、机构设置及权责分配、内部审计机制、人力资源政策、企业文化等（见表4－2）。

表4－2　内部环境包括的内容

项目	内　容
治理结构	企业应当根据国家有关法律法规和企业章程，建立规范的公司治理结构和议事规则，明确董事会、监事会和经理层在决策、执行、监督等方面的职责权限，形成科学有效的职责分工和制衡机制

续表

项目	内　　容
机构设置及权责分配	企业应当结合业务特点和内部控制要求设置内部机构，明确职责权限，将权利与责任落实到各责任单位
内部审计机制	企业应当加强内部审计工作，保证内部审计机构设置、人员配备和工作的独立性
人力资源政策	人力资源政策应当有利于企业可持续发展，一般包括员工的聘用、培训、辞退与辞职；员工的薪酬、考核、晋升与奖惩；关键岗位员工的强制休假制度和定期岗位轮换制度；对掌握国家秘密或重要商业秘密的员工离岗的限制性规定等内容
企业文化	企业应当加强文化建设，培育积极向上的价值观和社会责任感，倡导诚实守信、爱岗敬业、开拓创新和团队协作精神，树立现代管理理念，强化风险意识和法治观念

2. 风险评估是企业及时识别、科学分析经营活动中与实现控制目标相关的风险，合理确定风险应对策略，实施内部控制的重要环节。风险评估主要包括目标设定、风险识别、风险分析和风险应对（见表4－3）。

表4－3　　风险评估包括的内容

项目	内　　容
目标设定	风险是指一个潜在事项的发生对目标实现产生影响的可能性。风险与可能被影响的控制目标相关联。企业必须制定与生产、销售、财务等业务相关的目标，设立辨认、分析和管理相关风险的机制，以了解企业所面临的来自内部和外部的各种不同风险
风险识别	企业不仅要识别内部风险，还要识别与控制目标相关的各类外部风险。企业识别内部风险，一般关注：董事、监事、经理及其他高级管理人员的职业操守、员工专业胜任能力等人力资源因素；组织机构、经营方式、资产管理、业务流程等管理因素；研究开发、技术投入、信息技术运用等自主创新因素；财务状况、经营成果、现金流量等财务因素；营运安全、员工健康、环境保护等安全环保因素等。企业识别外部风险，一般关注：经济形势、产业政策、融资环境、市场竞争、资源供给等经济因素；法律法规、监管要求等法律因素；安全稳定、文化传统、社会信用、教育水平、消费者行为等社会因素；技术进步、工艺改进等科学技术因素；自然灾害、环境状况等自然环境因素等

续表

项目	内　　容
风险分析	在充分识别各种潜在风险因素后，要对固有风险，即不采取任何防范措施可能造成的损失程度进行分析，同时，重点分析剩余风险，即采取了相应应对措施之后仍可能造成的损失程度。企业应当采用定性与定量相结合的方法，按照风险发生的可能性及其影响程度等，对识别的风险进行分析和排序，确定关注重点和优先控制的风险
风险应对	企业在分析了相关风险发生的可能性和影响程度后，结合风险承受度，权衡风险与收益，确定风险应对策略。常用的风险应对策略有：风险规避、风险承受、风险降低和风险分担。风险应对策略的选择与企业风险偏好密切相关，为此企业应当合理分析和掌握董事、经理及其他高级管理人员、关键岗位员工的风险偏好，采取适当的控制措施，避免因个人风险偏好给企业经营带来重大损失。风险应对策略往往需结合运用

3. 控制活动是指企业根据风险应对策略，采用相应的控制措施，将风险控制在可承受度之内，是实施内部控制的具体方式。常见的控制措施有：不相容职务分离控制、授权审批控制、会计系统控制、财产保护控制、预算控制、运营分析控制、绩效考评控制、重大风险预警机制和突发事件应急处理机制。

（1）不相容职务分离控制。所谓不相容职务，是指那些如果由一个人担任既可能发生错误和舞弊行为，又可能掩盖其错误和舞弊行为的职务。不相容职务一般包括：授权批准与业务经办、业务经办与会计记录、会计记录与财产保管、业务经办与稽核检查等。

不相容职务分离的核心是“内部牵制”，因此，企业在设计内部控制系统时，首先应确定哪些岗位和职务是不相容的；其次要明确规定各个机构和岗位的职责权限，使不相容岗位和职务之间能够相互监督、相互制约，形成有效的制衡机制。

（2）授权审批控制。授权审批通常分为常规授权和特殊授权。授权批准是指企业在办理各项经济业务时，必须经过规定程序的授权批准。

对于重大的业务和事项，企业应当实行集体决策审批或者联签制度。

（3）会计系统控制。会计系统控制主要是通过对会计主体所发生的各项能用货币计量的经济业务进行记录、归集、分类、编报等进行的控制。

（4）财产保护控制。财产保护控制的措施主要包括：财产记录和实物保管，定期盘点和账实核对，限制接近等。

（5）预算控制。通过预算控制，使得企业的经营目标转化为各部门、各岗位乃至个人的具体行为目标，作为各责任企业的约束条件，保证企业经营目标的实现。预算控制的内容涵盖了企业经营活动的全过程，企业通过预算的编制和检查预算的执行情况，可以比较、分析内部各单位未完成预算的原因，并对未完成预算的不良后果采取改进措施。

（6）运营分析控制。运营分析是对企业内部各项业务、各类机构的运行情况进行独立分析或综合分析，进而掌握企业运营的效率和效果，为持续的优化调整奠定基础。

（7）绩效考评控制。绩效考评是对所属单位及个人占有、使用、管理与配置企业经济资源的效果进行的评价。企业董事会及经理层可以根据绩效考评的结果进行有效决策，引导和规范员工行为，促进实现发展战略和提高经营效率效果。

（8）重大风险预警机制和突发事件应急处理机制。建立重大风险预警机制和突发事件应急处理机制，明确风险预警标准，对可能发生的重大风险或突发事件，制定应急预案，明确责任人员、规范处理程序，确保突发事件得到及时妥善处理。

4. 信息与沟通是实施内部控制的重要条件。企业应当建立信息与沟通制度，明确内部控制相关信息的收集、处理和传递程序，确保信息及时沟通，促进内部控制有效运行。信息与沟通主要包括：信息质量、沟通制度、信息系统、反舞弊机制（见表 4 – 4）。

表 4－4　　信息与沟通包括的内容

项目	内　　容
信息质量	企业日常生产经营需要收集各种内部信息和外部信息，并对这些信息进行合理筛选、核对、整合，提高信息的有用性
沟通制度	信息的价值必须通过传递和使用才能体现，重要信息须及时传递给董事会、监事会和经理层
信息系统	为提高控制效率，企业可以运用信息技术加强内部控制，建立与经营管理相适应的信息系统，促进内部控制流程与信息系统的有机结合，实现对业务和事项的自动控制，减少或消除人为操纵因素
反舞弊机制	企业应当建立反舞弊机制，坚持惩防并举、重在预防的原则，明确反舞弊工作的重点领域、关键环节和有关机构在反舞弊工作中的职责权限，规范舞弊案件的举报、调查、处理、报告和补救程序。举报投诉制度和举报人保护制度应当及时传达至全体员工

5. 内部监督是企业对内部控制建立与实施情况进行监督检查，评价内部控制的有效性，对于发现的内部控制缺陷，及时加以改进，是实施内部控制的重要保证。内容监督包括日常监督和专项监督（见表 4－5）。

表 4－5　　内部监督包括的内容

	内　　容
日常监督	日常监督是指企业对建立与实施内部控制的情况进行常规、持续的监督检查
专项监督	专项监督是指在企业发展战略、组织结构、经营活动、业务流程、关键岗位员工等发生较大调整或变化的情况下，对内部控制的某一或某些方面进行有针对性的监督检查。专项监督应当与日常监督有机结合，日常监督是专项监督的基础，专项监督是日常监督的补充

企业应当在日常监督和专项监督的基础上，定期对内部控制的有效

性进行自我评价，出具自我评价报告。

对于重大缺陷，应当由董事会予以最终认定，企业要及时采取应对策略，切实将风险控制在可承受度之内。对于重要缺陷和一般缺陷，企业应当及时采取措施，避免发生损失。

二、中储粮集团公司内部控制发展历程

（一）2005—2011 年，内控体系探索建立

中储粮集团公司成立以来，高度重视内部控制体系建设。2007 年 5 月，公司正式成立内控委员会，进一步明确内控体系建设，由总经理任主任，分管领导任副主任，各部部长任委员，并配备专职工作人员，具体负责内部控制体系建设与实施工作。按照财政部《关于印发〈企业内部控制基本规范〉的通知》（财会〔2008〕7 号）和《关于印发〈企业内部控制配套指引〉的通知》（财会〔2010〕11 号）要求，在内控委员会领导下，以“完善内控、强化管理、严格制度、防范风险”为工作目标，按照“以风险为导向，以流程为核心，以控制为主线，以评价为保障”的内控设计思路，制定了“整体规划、稳步推进、试点先行、全面推广”的建设路线，以贯彻《直属库内控指引》为抓手，开始试点建立符合各直属库实际的《直属库内控手册》，并在不断完善直属库内控的同时，2011 年底前制订完成了《分（子）公司内控指引》及 24 家分（子）公司本部的《内控手册》。至此，公司内部控制体系初步建立，基本上实现了从单一制度管理向多维体系建设的转变、从传统管理向风险管理的转变、从职能管理向流程管理的转变、从事后监督向过程监督的转变，进一步提高了企业管理水平。

（二）2012—2015 年，内控体系运行完善

2012—2015 年，结合国资委《关于加快构建中央企业内部控制体系有关事项的通知》（国资发评价〔2012〕68 号）要求，公司对《直属库内控指引（2009 年版）》进行了修订，根据业务发展变化和外部环境变化，积极组织人员，在前期调研、反复论证、征求意见的基础上，充分了解管理现状和需求，制定详细的内控建设方案，全面梳理直属库各项业务流程，并征求意见进行修改完善，编制并出台了《直属库内控指引（2012 年版）和《直属库内控管理手册》模板。与此同时，通过密切关注各直属企业的内控建设，在全面实施内控管理基础上，对内控制度进行动态调整修订，进一步梳理业务流程，突出新增业务和薄弱环节控制，有效促进了直属企业管理水平的不断提高。

（三）2016 年至今，岗位内控体系探索建立

2016 年开始，公司创新确立了直属企业“岗位内控”体系建设新思路。从 2016 年 8 月开始，公司在粮食产区、销区和产销平衡区，选择新港直属库、哈尔滨直属库、肇庆直属库、上海直属库和巢湖直属库 5 家单位开展了直属企业岗位内控体系建设试点，通过总结提炼，最终形成了全系统岗位内控指引模板，覆盖公司购销管理、仓储管理、库外监管、资金和补贴管理、资产管理、合同管理等 178 个业务类型，穿透了各类业务板块和职能部门。经过一年多的建设推广，2017 年底实现了全系统粮棉油储备企业岗位内控全覆盖。此后，又在持续推动直属企业岗位内控落地和内控制度废、改、立基础上，进一步拓展岗位内控范围，2019 年底系统所有分（子）公司本部岗位内控体系基本建设完成。

三、岗位内控框架

（一）岗位内控的含义

岗位内控是指通过以企业全面风险管理为指引，以岗位为切入点，将员工岗位职责与内控制度有机结合，将各类业务的风险点、控制点及风险防控责任部门和岗位，按照制度规范内嵌到具体业务流程中，推动全系统内部控制“横向到边、纵向到底、责任到岗”，实现企业各部门、各岗位的权责匹配和监督制衡。

岗位内控不是制度的创新，而是一次管理手段的创新。在内部控制理论框架基础上，将内控制度定位到了每一个岗，把责任和防控措施具体落实到了每一个人，解决了风险防控和内控制度落地最后一公里的问题。

（二）岗位内控的形式

岗位内控体系形式上具体表现为“一图、两库、三册”。“一图”为业务流程图和辅助的控制矩阵；“两库”分别为按业务流程梳理出的管理规章库和按业务流程归纳出的风险提示库；“三册”分别为企业内控手册、部门内控手册和岗位内控手册。

1. 企业内控手册（见图4－6）运用流程图法，展示现有所有业务的操作流程，以及这些业务的风险点、各部门规章制度表单要求、风险控制措施。具体分为背景篇、基础篇、内控篇和评价篇。

背景篇：重点阐述内控修订背景、单位组织结构、业务类型等基本概况，以及“三定方案”岗位情况。

基础篇：包括手册的概述（包括定义、内容、要求，名词解释和生效与更新情况）、内部控制的目标、内容和方法以及内控执行和监督的有关设计和要求。

图 4－6　企业内控手册

内控篇：围绕内控五要素展开。

评价篇：包括内控评价目标、原则、内容和程序。

2. 部门内控手册（见图 4－7）用来划清各部门职责边界，使各部门清晰定位自己部门负责的工作内容和职责。

中国储备粮管理总公司直属库内部控制部门管理手册
——仓储保管科

目录

图 4－7　部门内控手册

3. 岗位内控手册（见图 4－8）是岗位内控体系的关键，用来将风险防控具体责任定位到每个岗位，把防控措施尤其是关键业务节点的防控措施细化到岗、落实到人。具体包括：本岗位的职责，本岗位所涉及的主责业务流程。

（1）本岗位的职责，其依据“三定方案”的岗位和职责确定。

（2）本岗位所涉及的主责业务流程，包括根据岗位分工而确定的主责业务和配合业务。主责业务同时附上流程图和控制矩阵，明确在业务流程处于哪个环节，要控制的风险点有哪些，应该采取哪些控制措施，上下游控制环节都由谁负责，让人一目了然。配合业务直接给出控制矩阵，明确在配合工作中需要做的控制工作有哪些。

目　录

图 4－8　岗位内控手册

（三）岗位内控的特点

一是岗位化。通过岗位内控，将员工岗位职责与内控制度真正结合，将风险防控具体责任定位到直属企业每个岗位；以前一大本内控手册不便于查看，现在通过为每个岗位量身定制，一大本内控手册拆成了若干岗位手册，每个人都有专属于自己的岗位手册，风险防控具体责任也定位到每个人，内控手册更薄更实用。

二是规范化。通过规范编制业务流程图，直观展示业务全貌和各风险管控环节；通过规范风险控制措施，实现每个具体管控措施均能索引到相关制度的具体条款。以前只知道要怎么干，却不知道为什么这么干，现在通过岗位内控的流程图，不仅知道这么干的依据是什么，还知道上下环节都是什么，工作更加有的放矢。

三是痕迹化。岗位内控体系进一步规范了直属企业日常工作中各类风险防控痕迹化文档。以前对留痕的概念很模糊也不重视，通过岗位内控，进一步明确了哪些需要留痕、留痕的制度依据是什么，填补了现有内控手册痕迹化管理的空白，也为进一步发挥信息系统在内部控制中的功能奠定了基础。

（四）岗位内控的成效

通过实施岗位内控体系建设，有效地实现了员工岗位职责与内控制度有机结合，建立了全面的内控管理范围、全程的内控管理过程、全新的内控管理方法和全员的内控管理文化。对强化企业管理、风险管控起到了很大的积极作用，成效显著。

1. 岗位内控强化了员工履职尽职和风险管控意识。岗位内控将岗位职责与内控制度相结合，通过流程图和控制矩阵表格直观清晰地告诉每位员工工作环节、风险形势、履职依据、管控要求和权责边界，更为直白地向每一名岗位员工讲清楚了为什么实施内控、内控干什么、由谁干和怎么干，强化了岗位员工规范履职尽职意识和风险防控意识，激发了员工参与经营管理的积极性和主动性，按流程办事、按规矩办事，履职尽职和风险管控意识明显增强。

2. 岗位内控将用制度管事、管人落到了实处。岗位内控体系以直属企业各项管理制度为基础，对重要流程、关键环节全面进行切割，梳理、设计内控制度，通过制度和流程“把权力装进制度的笼子里”，强化了直属企业领导人和关键岗位权力和行为约束机制，实现了人的行为的规范化管理，将用制度管事、管人落到了实处。

3. 岗位内控已成为企业管控风险的重要抓手。岗位内控将内控制度落实到了岗位，解决了制度落地问题。通过“一图、两库、三册”的建设成果，各直属企业系统化梳理了内部控制体系，在集团公司内外部环境和风险形势不断变化过程中，通过“横向到边、纵向到底、责任到岗”的内控体系建设，强化制度落实，为企业风险防控提供了重要抓手。

4. 岗位内控促进了企业基础管理工作的提升。通过建设推广，岗位内控已成为企业管理的重要工具，岗位内控手册已逐渐成为员工入职、轮岗的培训手册，员工履职的操作手册，员工业绩考核评价的重要依据。通过岗位化、痕迹化持续推动了管理制度化、制度流程化、责任可追溯，促进了企业基础工作管理水平的提升。

5. 岗位内控推动构建党风廉政建设长效机制。内控建设是落实全面从严治党、全面从严治企的客观要求，是从源头治理腐败的重要抓手，是防范廉政风险、强化对权力行为制约和监督的重要举措。通过岗位内控建设，有效实现了权力、岗位、责任、制度的有机结合，从体制制度上形成有效的内部控制体系，“把权力关进制度的笼子”，使权力的运行和行为的实施始终处于严密的内部制约与监控中，促进岗位职责规范和完善，为有效预防廉政风险，保证各项权力规范、透明、高效运行，落实党风廉政建设责任制和“一岗双责”奠定坚实基础。

第五节　借款管理

一、概述

（一）借款管理的内涵

集团公司的借款管理包含授信和借款两个层面，一是各直属企业借款前对其借款额度的授信管理，二是各直属企业实际借款时对贷前、贷中、贷后事项的管理。

（二）借款的种类及用途

集团公司常见的借款种类包括轮换周转金借款、资金中心借款、工商银行基建借款及农发行借款四类。

（1）轮换周转金借款是国家为保证粮食轮换而专门向集团公司发放的储备资金，长期存放于财政部轮换周转金专用账户之中，仅当各直属企业用于中央储备粮轮换的资金不足时才可使用。

（2）资金中心借款是从资金中心归集资金中借出的款项，资金中心借款可使用范围较广，主要根据集团公司的战略需要及各直属企业的需求进行合理配置，可用于粮棉油轮换、仓房建设维修等各个方面。

（3）工商银行基建借款是各直属企业根据国家宏观战略部署进行仓房、港口等的建设向工商银行借入的专项借款。

（4）农发行借款是各直属企业承担中央储备粮、最低收购价粮、一次性储备粮、进口储备粮任务时，购入粮食时向农发行借入的专项借款。

目前由集团公司自主管理的借款主要是轮换周转金借款和资金中心借款两项，故本节的内容也主要针对这两项借款展开。

二、授信管理

集团公司的授信管理包括两个层面，一是每年年初测算各直属企业当年的借款额度，二是根据对自有资金、偿债能力、资产负债率、“两金”（应收账款和存货）等的日常监控，在直属企业实际借款的时点对实际借款额进行控制。

（一）借款额度测算

借款额度测算每年年初由集团公司向各直属企业下达通知后统一进行测算，作为本年度各直属企业借款的依据。借款额度测算的具体流程详见《中国储备粮管理总公司资金借款额度管理暂行办法》。

（二）日常监控管理

1. 自有资金情况测算

自有资金即公司为进行生产活动所经常持有、能自行支配而不需偿还的资金。自有资金情况测算是集团把握直属企业自有资金必不可少的程序，当前对直属企业的自有资金情况测算每月末进行一次，贯穿于集团公司整个运行年度，自有资金情况不仅是各直属企业借款时必不可少的依据，也是集团公司加强对各直属企业资金管理的可靠抓手。

当前自有资金的测算公式如下：

自有资金＝所有者权益＋专项应付款－固定资产净值－在建工程－无形资产－长期股权投资

自有资金测算公式的主旨思想是考虑到集团公司业务的特殊性，即：政策性粮油购销业务中以农发行贷款购入粮食存货时短期借款的资金流入与存货的资金流出基本持平，不考虑短期借款与存货的影响，仅以所有者权益和政府补助资金（专项应付款）作为直属企业自有资金的来源，以固定资产、在建工程等中长期资金占用类项目作为自有资金的流出项，二者差值即为直属企业自有资金余额。

2. 偿债能力等级评估

偿债能力是指企业用其资产偿还长期债务与短期债务的能力，是反映企业财务状况和经营能力的重要标志。当前公司的偿债能力等级评估是在综合考虑直属企业生产经营和财务状况的基础上，按照“主指标评定，辅指标调整”的思路，将企业分为A、B、C、D四个等级。

（1）主指标评定。经多方征求意见，根据企业轮换经营和财务数据，测算企业自有流动资金，并选取“单位仓容资金流”（自有资金期末余额/直属企业实际仓容）160元/吨“作为A、B等级的分界点；选取“单位仓容资金流小于0”作为B、C等级的分界点；选取“所有者权益小于

0”，或“当前自有流动资金小于1亿元”作为C、D级分界点。

（2）辅指标调整。如果企业发生经济案件损失金额大于其当前自有流动资金，要进行降级评定，待经济案件损失金额追回后，再调回相应等级；C级中“单位仓容资金流小于负400元/吨”的企业降到D级。

（3）偿债能力等级的主指标评定标准

①A级：当前和借款期末自有流动资金均为正值，单位仓容资金流大于160元/吨。说明企业盈利能力和偿债能力较强，资金流充裕，单位仓容资金流较高，借款合同履约情况良好，发生违约可能性非常小，属优质客户。

②B级：当前和借款期末自有流动资金均为正值，单位仓容资金流介于0—160元/吨。说明企业盈利能力和偿债能力正常，资金流和单位仓容资金流一般，发生违约可能性较小，属一般客户。

③C级：当前或借款期末自有流动资金为负值，且当前自有流动资金在负1亿元以内。说明企业盈利能力和偿债能力较差，资金流缺乏，可能出现违约情况，需予以关注。

④D级：所有者权益为负数，或当前自有流动资金超过负1亿元。说明企业已经资不抵债，资金流断裂，发生资金风险的可能性较大或已出现违约情况，需重点关注。

偿债能力等级评估的主旨思想是考虑到当前全系统业务以粮食仓储为主，自有资金期末余额往往与直属企业仓容显著相关，仅以自有资金期末余额绝对值判断企业偿债能力存在一定缺陷，所以采用单位仓容自有资金作为评价各直属企业偿债能力的依据更为严谨。同时考虑到自有资金实时流动的特性及对企业未来偿债能力的滞后性，在单位仓容自有资金的基础上，引进预算利润、预算现金流入值等指标，测算未来单位仓容资金为辅助评估指标，多方综合判断直属企业的偿债能力。

3. 资产负债率与“两金”情况监控

资产负债率又称举债经营比例，它是用以衡量企业利用债权人提供资金进行经营活动的能力，通过将负债总额与资产总额相比较得出。“两金”即企业的应收账款和存货所占用的资金，反映在企业资产负债表中的对应科目中。降杠杆、减负债工作与“两金”压控工作是国务院国资委为保证企业切实降低杠杆率和负债水平，守住重大风险底线，增强企业可持续发展能力而提出的两项重点工作。目前集团公司降杠杆、减负债工作的主要要求是剔除政策性因素后（即：剔除政策性粮油买卖相关的短期借款、存货等影响后），全集团资产负债率不得超过52.2%；“两金”压控工作的主要目标是剔除政策性因素后，“两金”净额增幅低于营业收入增幅、周转效率逐年稳步提升、非正常类“两金”净额不增长。

为保证完成国资委对中央企业制定的工作目标，集团公司要求各直属企业必须结合自身情况完成相应的资产负债率和“两金”压降目标，原则上资产负债率超过70%的直属企业不得再申请借款，“两金”压降目标完成压力过大的在实际借款审批时也会予以考虑。在直属企业实际借款过程中，集团也会在每月末密切关注直属企业财务月报中的资产负债率和“两金”指标，及时进行风险提示。

三、借款管理

（一）贷前准备

目前集团公司借款审批主要采用申请审批制，即：由直属企业结合自身情况和实际经营需要提出借款需求，经分（子）公司审核后递交集团，集团按照上述借款额度审批情况、自有资金情况、偿债能力评估情况、资产负债率情况、“两金”情况进行审批后，向各直属企业发放贷款。有关中央储备粮的借款原则上使用轮换周转金，其余粮食轮换贸易借款一般向集团财务公司借款，具体审批管理流程详见《中国储备粮管理总公司资金借款审批管理暂行办法》及《中国储备粮管理总公司中央储备粮专项轮换周转金管理办法》。

（二）贷中管控

按照上述制度审批贷款后，贷款单位应根据直属企业实际用款需要一次性或分批发放借款。在直属企业借款使用过程中，集团公司及分（子）公司有关人员应对借款使用情况定期进行使用合规性检查及不定期突击检查，确保资金使用规范，避免资金挪用风险。同时审贷人员应及时督促直属企业按期归还本金及利息，对无法按期归还的应立即展开调查，要求分（子）公司相关人员说明情况并积极采取应急措施。直属企业确需延期归还本金的，应当按照借款延期有关规定经分（子）公司审核、集团公司审批后予以审定。

（三）贷后检查

在直属企业借款全部归还后，贷款单位应组织相关人员进行贷后检查，采用实地调研方式对直属企业资金账簿、会计账簿、银行日记账等进行检查，对借款实际使用相关的票据、实物等进行核对，保证账账相符、账实相符。

第五章

基础工作与经费管理

第一节　财会基础工作

一、财务机构和财会人员

集团公司、分（子）公司和直属企业应依照国家有关法律法规和集团公司有关规定，设置财会机构或岗位，配备专职财会人员。

（1）集团公司总会计师的设置，按《中华人民共和国会计法》和国务院有关规定执行。分（子）公司、直属库按照集团公司有关规定执行。

（2）从事会计工作的人员，必须符合会计从业相应的任职条件，按照国家有关规定参加继续教育。

分（子）公司和直属企业的财务部门负责人，应当具备会计师以上专业技术职务资格或者从事财会工作三年以上经历。

（3）集团公司根据财会集中管理的需要，加强分（子）公司财务部门负责人管理。分（子）公司财务部门负责人的任免，必须报集团公司任前备案，由集团公司人力资源部会签财务部同意后批复。

直属企业财务部门负责人的任免，按集团公司及分公司有关规定执行。

（4）会计工作岗位，可以一人一岗、一人多岗或者一岗多人。但出纳人员不得兼管稽核、会计档案保管以及收入、费用、债权债务账目的登记工作。

（5）会计人员在会计工作中应当遵守职业道德，树立良好的职业品质、严谨的工作作风，严守工作纪律，努力提高工作效率和工作质量。

（6）会计人员应当按照会计法律、法规和国家统一会计制度规定的程序和要求进行会计工作，保证所提供的会计信息合法、真实、准确、及时、完整。

（7）会计人员应当保守本单位的商业秘密。除法律规定和单位领导人同意外，不得私自向外界提供或者泄露单位的会计信息。

二、会计档案

（1）会计档案的范围。会计档案是指单位在进行会计核算过程中接收或形成的，记录和反映单位经济业务事项的，具有保存价值的文字、图表等各种形式的会计资料，包括通过计算机等电子设备形成、传输和储存的电子会计档案，如会计凭证、账簿、报表以及其他与财务管理、会计核算业务有关的各种资料。

单位应将会计凭证、会计账簿、会计报表及其他会计核算资料进行归档。可以利用计算机、网络通信等信息技术手段管理会计档案。

满足《会计档案管理办法》制度条件要求的，单位内部形成的属于归档范围的电子会计资料可仅以电子形式保存，形成电子会计档案。满足规定条件，单位从外部接收的电子会计资料附有符合《中华人民共和国电子签名法》规定的电子签名的，可仅以电子形式归档保存。

（2）会计档案的立卷。单位的会计机构或会计人员所属机构按照归档范围和归档要求，负责定期将应当归档的会计资料整理立卷，编制档案保管清册。

（3）会计档案的装订。形成和接收的会计凭证应及时传递、登记，妥善保管。凭证记账后，应及时装订。会计凭证装订前首先应将凭证进行整理，会计凭证的整理工作主要是对凭证连同所附的原件凭证或者原始凭证汇总表进行编号排序、粘贴和折叠。所有汇总整理完毕的会计凭证按期装订成册，并都要加具封面，注明单位名称、年度、月份和起讫日期、凭证种类、起讫号码，由装订人在装订封签处签名或盖章。注意要将所有附件折叠成同记账凭证大小，凭证厚度一般应在 1.5 厘米左右，确保装订平整、牢固、美观。

对于数量过多的原始凭证，可以单独装订保管，在封面上注明记账凭证日期、编号、种类，同时在记账凭证上注明“附件另订”和原始凭证名称及编号。

会计账簿应按照会计制度规定和具体会计业务需要设置。打印的会计账簿经审核无误后，定期装订成册。

会计报表编制完成并及时报送后，定期装订成册并加具封面，同时将审计报告随同年度财务报告一起妥善保管。

（4）会计档案的保管与借阅。会计档案的保管期限分为永久、定期两类，保管期限按照集团公司有关规定执行。会计档案的使用应严格按照相关制度规定，在进行档案查阅、复制、借出时履行登记手续，严禁篡改和损坏。会计档案原则上不提供对外借出，确因工作需要且根据国家有关规定必须借出的，应当严格按照规定办理相关手续。并且要专门设置登记账簿进行登记。使用人应妥善保管和使用借入的会计档案，并在规定时间内归还。提供人员要监督使用人按期归还借出的档案，并对归还的档案进行检查，及时登记归还时间，确保档案的安全完整。

（5）会计档案的销毁。会计档案的销毁应按照集团公司有关制度规定执行。单位应当定期对已到保管期限的档案进行鉴定，档案鉴定工作应当由单位档案管理机构牵头，组织单位财务、审计、纪检监察等机构或人员共同进行。经鉴定可以销毁的档案，按照规定程序进行销毁。

三、会计工作交接

（1）会计人员工作调动或者因故离职，必须将本人所经管的会计工作全部移交给接替人员。没有办清交接手续的，不得调动或者离职。

（2）会计人员办理移交手续前，必须及时做好以下工作：

①已经受理的经济业务尚未填制会计凭证的，应当填制完毕。

②尚未登记的账目，应当登记完毕，并在最后一笔余额后加盖经办人员印章。

③整理应该移交的各项资料，对未了事项写出书面材料。

④编制移交清册，列明应当移交的会计凭证、会计账簿、会计报表、印章、现金、有价证券、支票簿、发票、文件、其他会计资料和物品等内容。

（3）会计人员办理交接手续，必须有监交人负责监交。一般会计人员交接，由单位会计机构负责人、会计主管人员负责监交；会计机构负责人、会计主管人员交接，由单位领导人负责监交，必要时可由上级主管部门派人会同监交。

（4）移交人员在办理移交时，要按移交清册逐项移交，接替人员要逐项核对点收。

（5）交接完毕后，交接双方和监交人员要在移交清册上签名或者盖章，并应在移交清册上注明：单位名称，交接日期，交接双方和监交人员的职务、姓名，移交清册页数以及需要说明的问题和意见等。

移交清册一般应当填制一式三份，交接双方各执一份，存档一份。

（6）接替人员应当继续使用移交的会计账簿，不得自行另立新账，以保持会计记录的连续性。

（7）移交人员对所移交的会计凭证、会计账簿、会计报表和其他有关资料的合法性、真实性承担法律责任。

（8）移交人员因病或者其他特殊原因不能亲自办理移交的，经单位领导人批准，可由移交人员委托他人代办移交，但委托人应当承担上述第（7）项规定的责任。

第二节 经费的管理

一、经费的资金来源

集团公司本部及分公司本部管理经费主要来源于从中央储备粮棉油包干费用补贴中提取的管理经费及各直属企业上交的利润留成资金。

二、集团公司本部及分公司经费预算管理

集团公司本部及分公司（以下称“各预算单位”）经费支出实行预算管理，严格预算刚性约束，未纳入预算或未经预算调整程序审批的，一律不得支出。各预算单位要严格按照集团公司批复预算执行，强化经费预算刚性约束作用，严禁无预算、超预算支出。严肃经费预算调整，原则上除中期调整外不得随意调整预算，预算项目间调整应按程序报集

团公司审批。

1. 经费预算编制原则

在编制经费预算时要紧密结合预算年度工作计划，贯彻落实中央八项规定及其实施细则精神和“过紧日子”的要求，结合集团公司履职待遇、业务支出管理办法，科学、合理预测各项经费支出，算细账、算实账、算紧账，力求预算数据贴近工作实际。

2. 经费预算的归口管理

经费项目主要分为人员经费、公用经费、房租物业费及专项经费四大类。

各预算单位要按照部门或处室职能分工及实际工作需要，将经费预算编制工作分解至各业务部门或处室，做实各业务部门或处室的费用归口管理责任。在编制年度经费预算时，分公司人员经费及相关专项经费预算应经由集团公司对应职能部门初步审核后统一提报集团公司，实现协同联动，归口审核。

3. 经费预算编制流程

每年第四季度启动经费预算编制工作，集团公司召开预算工作布置会后，财务部正式发送经费预算编制通知，明确预算编制原则、依据、假设条件等。各预算单位根据职责及年度工作计划，及时编报经费预算，集团公司财务部汇审各预算单位预算后，汇总形成集团公司年度经费预算报告，经集团公司预算委员会和总经理办公会审议通过后，于次年初下达经费预算。

4. 经费预算调整程序

各预算单位依据经费预算执行和工作变化情况需调整经费预算的，均应纳入经费预算中期调整范围，原则上不得临时调整。确需调整的，执行前置审批程序，经审批后，提交集团公司预算委员会和总经理办公会审议后调整经费预算，涉及“三重一大”事项按有关程序办理。各预算项目间预算原则上不得调剂使用，特殊情况需要调剂预算使用的，按预算调整程序审批。

三、经费支出管理

（1）经费开支范围。各预算单位的经费开支范围按照所编列预算科目执行。

（2）经费开支标准。日常经费开支标准须严格遵循集团公司履职待遇及各项业务管理规定，严禁超标准、超定额支出。

四、费用报销管理

（一）日常费用支出报销管理

（1）报销审核权限管理。经费报销审核包括业务审核和财务审核。各业务部门/业务处室负责业务审核，负责本部门/处室经办业务的费用及业务支出流程发起。业务审核主要审核业务活动的真实性、合法性、合理性、报销材料合规性和报销及时性等方面。集团财务部及分公司财务处负责财务审核，主要审核报销程序合规性、报销金额准确性、报销材料完整性。

（2）报销时限及结算方式管理。各项费用支出应在业务办理完毕后及时履行报销手续，逾期原则上不予报销。确属特殊情况不能按期办理报销手续的，集团公司本部须提供经本部门负责人签字的书面说明，分公司须提供经分管领导签字的书面说明。费用报销结算，除差旅费等确需要本人垫支的小额费用外，原则上通过网银对公结算。无特殊情况一律实行非现金结算。

（3）审批附件要求。经费支出需凭发票（含电子发票）等原始票据履行审批程序。经办人负责提供真实合法的票据。集团公司本部原则上除差旅费等票据较多的报销外，其余报销按支出性质需将批准文件（含签报、会议纪要）、合同、采购清单、验收单据、支出明细表等有关报销材料扫描上传经费管理系统作为审批要件。分公司根据管理要求自行制定经费报销管理制度。

（4）票据遗失管理。因个人保管不善导致票据遗失、损毁的，自行联系业务合作方补开。增值税发票等票据确实无法补开的，应联系业务合作方提供加盖公章或发票专用章的发票记账联复印件作为报销凭据。机票和火车票丢失的，可打印网上订票信息页面作为报销凭据。以上均需一并提交经本部门负责人签字同意报销的书面说明材料。分公司根据管理要求自行制定经费报销管理制度。

（二）集团公司本部合同款项支付管理

合同款项支付前，需先行在经费管理系统“合同管理”模块中录入相应的合同信息，然后填制“通用支出审批单（合同）”关联相应的合同信息后，履行报销审批手续。

第三节　利润分配

一、收入及利润构成

（1）企业的收入是指从事中央事权粮棉油经营管理业务所取得的各项收入，主要包括财政补贴收入、商品销售收入、国有资产收益和其他收入。

①财政补贴收入主要包括中央储备粮利息、费用补贴收入、中央储备粮销售（含抛售、竞价销售）价差亏损（含费用）补贴收入、中央储

备粮出口亏损补贴收入及其他财政专项补贴收入。

②商品销售收入是指企业按国家规定销售（含抛售、竞价销售、出口）及轮换中央储备粮发生的收入。

③国有资产收益是指集团公司以国家授权的投资者身份按规定向占用国有资产的企业收取的各项收入。

④其他收入主要包括代购、代销、代储、代加工、代中转等手续费收入，出租固定资产和包装物收入及无形资产转让收入等。

（2）企业的利润总额包括营业利润、投资净收益、汇兑净损益、营业外收支净额、财政补贴收入等。

①营业利润是指商品销售收入扣除商品销售成本、销售费用、管理费用、研发费用、财务费用和税金及附加后的净额以及其他收入扣减其他支出和应纳税金后的净额。

②投资净收益是指投资收益减投资损失后的净额。投资收益包括集团公司对外长期投资和短期投资分回的利润、债券利息和股利等。

③营业外收支净额为营业外收入减去营业外支出后的净额。营业外收入包括固定资产的盘盈和变卖收入、物资及现金溢余收入等。营业外支出包括固定资产的盘亏及变卖损失、固定资产和流动资产因灾损失（扣除保险公司赔偿款后）、违约金、公益救济性的捐赠等。

（3）企业的应税利润以利润总额为基础，按规定扣减或增加有关的收支后，依法缴纳所得税。国家有免税规定的，从其规定。

二、利润分配顺序和比例

按照《国务院关于组建中国储备粮管理总公司有关问题的批复》（国函〔2000〕2号）文件精神，集团公司对直属企业的国有资产行使出资人权利，并承担保值增值责任。为便于统筹安排资金，提高资金使用效益，增强集团公司调控能力，集团公司决定，按一定的比例以直属库为单位，收取国有资本收益。根据《关于调整直属库利润留成分配办法的通知》（中储粮〔2008〕436号）文件规定，年度净利润分配顺序如下：

（1）弥补以前年度亏损。

（2）按照10%的比例提取法定公积金。法定公积金累计额达到注册资本50%以后，不再提取。

（3）向集团公司上缴国有资本收益。直属库以弥补以前年度亏损，并提取法定公积金后的剩余利润为上缴集团公司国有资本收益的基数（即利润留成分配基数），并按照“5、2、3”的比例在集团公司、分公司和直属库之间分配，即集团公司占比50%，分公司占比20%，直属库占比30%。

三、国有资本收益上缴方式和时间

直属库的国有资本收益由集团公司委托各分公司收取。各分公司应根据每年度9月末各直属库会计报表净利润数，按50%比例预收，并于10月底前统一上缴集团公司。次年，分公司在财务决算审计中，按利润留成分配比例（即70%）计算各直属库应上缴集团公司（含分公司）利润留成数，并由集团公司、分公司和审计机构共同审核确认，同时结合上一年度各直属库利润留成预缴情况，将差额部分于6月30日前清缴至集团公司，之后由集团公司将20%部分返还给分公司。

四、分公司、直属库利润留成资金使用规范

分公司、直属库利润留成资金，要严格按照国家及集团公司有关规定使用。分公司利润留成资金主要用于弥补经费不足、统筹辖区直属企业基本建设等；直属库利润留成资金主要用于日常经营管理，夯实“两个确保”基础等。

第六章

改革与展望

——推进财务共享建设　深化财务集团管控

一、财务共享服务的基本概念

财务共享是指共享服务在财务领域的一种应用，集团公司通过将大量重复、易于实现标准化、流程化的同质性财务事务从各个分散的业务单元抽出，集中到一个新的独立运营的业务单元（财务共享中心）进行统一标准化、流程再造、集中处理，以实现组织优化、规范服务流程、提升业务处理效率、降低成本、加强管控、创造价值，最终提升集团整体财务管理水平的一种作业管理模式。实施共享服务，通过业务标准化、流程规范化、信息集成化，提高业务处理的合规性、独立性和透明度，强化了集团公司管理制度的落地执行，为集团公司加强管控、防范风险、提升整体竞争力提供支撑。

二、财务共享的发展趋势

（一）财务共享的发展阶段

财务共享中心的发展历程大致可以分为初步运用阶段、逐渐成熟阶段、持续发展阶段三个主要阶段。20 世纪 80 年代到 20 世纪 90 年代初是财务共享发展的初期。福特汽车首先提出了财务共享的概念，并在国外的大型企业迅速得到应用。这个阶段的财务共享模式主要是通过简单地把重复率高、内容相对单一的业务集中到中心统一办理，节约成本成为企业建立财务共享中心的主要动力。20 世纪 90 年代后期到 21 世纪初，财务共享中心进一步发展并逐渐成熟。在规模经济达到一定阶段后，以成本控制为导向的共享服务模式带来的问题逐渐增多，财务共享的发展重点开始向以提高工作效率和服务质量为导向的流程优化转变。21 世纪以来，随着共享服务的不断成熟和持续发展，财务共享中心已经不仅仅是进行简单的会计核算，共享中心开始向财务咨询和战略支持的角度转变。

（二）国内财务共享的发展趋势

2005 年以来，财务共享概念逐渐被引入国内，中国本土企业财务共享服务的发展已经经历了十余年的历程。随着时代的发展、科技的进步，共享服务中心（公司）建设已逐步成为国有企业深化体制机制改革的一项重要举措，成为传统行业寻求突破、提升企业精细化管理水平、支撑业务扩张的一项有效的管理变革。共享经济时代的到来进一步促进了财务共享服务的蓬勃发展，带来了财务共享服务的转变升级。同时，国家政策导向也为企业财务转型指明了方向。财政部、国资委多次发文要求集团企业建立财务共享服务中心，推动企业财务转型以提升财务在价值管理的作用，为深化企业改革助力。财政部在《企业会计信息化工作规范》（财会〔2013〕20 号）中提出“分公司、子公司数量多、分布广的大型企业、企业集团应当探索利用信息技术促进会计工作的集中，逐步建立财务共享服务中心”；国资委在《关于加强中央企业财务信息化工作的通知》（国资发评价〔2011〕99 号）中指出：“具备条件的企业应当在集团层面探索开展会计集中核算和共享会计服务”。党的十九大报告提出："推动互联网、大数据、人工智能和实体经济深度融合，在中高端消费、创新引领、绿色低碳、共享经济等领域培育新增长点、形成新动能"。从企业内部管理来看，传统的财务管理模式在推动企业走内涵式发展、提质增效等方面也逐渐出现瓶颈，需要进一步向管理会计深度转型，寻找新的增长动力。由此可见，技术推动发展，政策支持创新，管理要求转型。共享经济时代下，积极探索企业集团财务转型路径势在必行。目前已有包括中国石化、宝钢集团、中国石油、中国电信、中国广州核电集团、中粮集团等多家央企开始推行或已完成财务共享建设。将共享理念与财务管理理念深度融合，探索财务共享服务中心模式，已成为大型企业集团推进财务管理转型升级的主要手段。

三、推进财务共享服务的重要意义

共享服务作为企业管理转型和组织变革的基础，既是运营效率提升的重要管理手段，也是管理体系持续发展的基石，这些已经成为中国企业特别是国有企业管理者的共识。从国内企业的实践来看，财务共享服务对企业价值提升的正向作用是多方面的，突出表现在有助于企业向管理会计转型、提升财务工作效率和强化集团管控上。

（一）有助于企业借助专业化分工向管理会计深度转型

借助财务共享中心的建立能够实现企业财务精细化分工，将财务职能划分为立足于集团层面的专业财务或战略财务、立足于财务共享中心的共享财务和立足于各业务单元的业务财务，从而提升基础会计信息质量水平、业务支持水平和财务专业化水平。财务共享中心的建立，能够使大量财务人员从低附加值的作业劳动中解脱出来，投入更多的精力从事业务型财务和战略型财务，向管理会计深度转型，成为集团化财务风险的控制者、业务经营的决策者和价值利润的创造者，最终支撑企业战略有效落地。

（二）有助于企业通过流程优化进一步提升工作效率

财务共享服务具有流程标准化、处理规模化、服务市场化、平台统一化、人员集中化、成本节约化六大特征。将财务工作中共性、重复、标准化的业务集中到财务共享中心，优化财务组织与分工结构，最大力度地提高了财务工作开展的效率，促进企业内部资源的进一步整合，利用科学完善的信息系统和合理的运行模式提高整体的工作效率，为各直属企业或子公司提供财务管理服务。通过规模化效益和流水线式作业模式实现会计业务的工厂化处理，不仅能够减低成本，最重要的是能够显著提升财务工作规范化水平和财务工作处理效率。

（三）有助于企业利用标准化和规范化管理强化管控

财务共享中心模式细化和丰富了核算内容，使会计核算和现金管理标准化、信息化，有利于实现“数据集中”和全辖区“一本账”，也有利于加强预算执行管理、成本控制和财务安全，实现预算、核算、结算的高度集成和无缝连接。标准化管理和加强管控往往是企业建立财务共享中心的核心动机和价值体现。财务共享平台的搭建能够帮助企业整合现有信息系统，在制定统一规则和标准化业务流程的基础上，将管理控制点嵌入流程并固化至信息系统中，同时借助信息的高度共享实现在线监控、自动控制、实时预警、分析诊断等多种功能，有效控制管理风险，强化集团管控。

（四）有助于企业通过挖掘资源价值促进高质量发展

传统的金字塔形的财务管理模式往往存在信息传递滞后、管理决策时效性被削弱、核算工作效率低、人工成本和管理成本高等问题，而财务共享中心模式实现了对直属企业财务及业务的集中管理和监控，有利于集团公司控制整体运营风险、统筹和有效使用财务资源、迅速而有效地作出决策。通过将信息和数据集中，实现企业资源共享，集团公司能更加完整、精确、快速地了解各直属企业的运营情况，及时进行分析、决策，实现资源的集中共享、集约配置、价值再创造，从而提高内部资源的利用率，提升决策和综合运营效率。

四、影响财务共享服务中心建设的关键因素

建立财务共享服务的过程也是企业管理变革的过程，因此企业往往面临着巨大的阻力和挑战，其中信息系统、沟通机制、人员管理、流程优化、服务层级提升和绩效管理等方面的问题往往是矛盾焦点。因此，财务共享服务中心的成功建设，必须是“一把手”工程，并辅以标准化的流程、统一高效的系统以及清晰的责任定义的支持。

（一）强有力的组织保障是财务共享建设的重要前提

共享服务是系统性的变革，要打破现存体制机制限制，需要集团主要领导的坚定支持、大力协调和推动。全力支持的高层领导小组和能打硬仗的项目协作团队是决定共享中心建设成败的关键因素。作为一项涉及面广、专业性高、影响长远的工作，需要聘请专业咨询专家协助进行总体方案的设计和实施进度的把控。在此基础上，需要一位强有力、有韧劲的项目牵头人抓好统筹规划、组织协调、项目把控等工作，同时带领一支熟悉业务、勇于变革创新、善于持续学习和优化提升的项目协作团队打好变革的硬仗。

（二）标准化体系构建是财务共享中心建设的重要基础

标准化体系的构建是财务共享中心建设顺利实施运营的有力保障。财务共享中心建设的过程也就是对企业组织和财务流程再构的过程。建立财务共享中心，应按照统一的要求，调整各业务单元现有财务业务流程，使流程进一步标准化，对财务流程进行重构再造，优化简化程序，

有机协同整合，达到在一定的范围内的最佳秩序，进而实现统筹和高效利用资源，提升财务共享中心效率的目的。实施过程中，企业要尤其关注标准化体系建设，在外部智力的支持下，着力做好组织结构标准化、业务流程标准化、服务水平标准化的规划设计，通过制定清晰的阶段性目标蓝图确保工作稳步实施，为财务共享服务中心规范化运营奠定良好的基础。

（三）信息化平台建设是财务共享中心建设的重要支撑

一支具有丰富经验的 IT 团队和高效集成的信息系统是确保财务共享高效、顺利运行的重要支撑。财务共享中心的建立，需要在继承的基础上循序渐进地开发能力平台建设，借助信息化手段固化流程、整合资源、提升效率，通过信息共享打通数据孤岛，使信息可以向下延伸到业务前端进行财务指导、向上可以支撑集团管理决策。信息系统高度的智能化、自动化、集成化水平是财务共享服务高效运行的重要支撑。

（四）分步实施并建立定期沟通机制是财务共享持续优化的有效手段

财务共享中心的建立需要立足企业实际情况，循序推进、加强沟通协调。在建设过程中，可以根据共享单位业务的难易程度，选择具有代表性、通用性、易于实施共享的企业先行试点，同时做好业务规范化、标准化工作，取得成功经验后，再逐步推广实施。同时，在实施过程中也要不断通过沟通使得共享服务理念在集团内部深入人心，不断弥合与业务部门之间存在的分歧，推动集团各级管理层以开放和宽容的态度面对实施过程中的诸多问题。财务共享中心的建立过程应该稳步有序推进，不断试错、容错，并应将其当作一种长效机制来建立。

五、财务共享建设的风险分析及应对措施

财务共享服务中心的发展之路是变革与稳定交互演变的道路，财务

共享中心本身就是一次财务管理模式的变革，是新技术和先进管理思想交汇的产物。在实施共享服务过程中，势必面临组织机构调整、财务人员转型、财务业务流程设计再造等变革风险，统一思想，做好组织保障，制定应对措施，注重对风险的监控，才能保证财务共享中心为企业提供更大的价值。

（一）战略风险

1. 风险

一是顶层设计风险。集团顶层设计决定财务共享中心的定位、目标、运营模式等内容，领导者对于财务共享实施没有足够的重视或是对财务共享实施效果过于乐观，没有准确地定位共享服务建设目标，都会导致财务实施计划推行受阻，影响企业战略规划的落地与执行。

二是业务范围确定风险。由于选择财务共享的范围涉及集团内部敏感的利益划分，将会给共享服务试运行带来内部阻力、给项目带来运作风险。

三是选址策略风险。共享服务中心的选址应参考成本、当地经济和政治环境、税收、法律、资产和人力资源等多方面因素。这些因素关系到共享服务中心的运营利益和绩效，直接影响实施成败。

四是实施方法风险。选择不恰当的实施方法，将增加共享服务中心的实施成本，甚至可能导致实施失败。

2. 应对措施

各项措施包括：高层领导决策方向，重视与支持此项改革；总部涉及机构流程变革的部门需要大力支持，为变革铺路；各级部门转变传统观念，统一思想和认识；传递并普及共享服务知识，突出共享服务的价值。

（二）组织机构变革风险

1. 风险

共享服务中心集中打破了传统的分散式管理结构，实现了业务和管理的分离，财务部分管理职能将独立出来，由此引出了组织架构及各级职能的重新建立和划分。工作模式的变革会使财务部门与业务部门产生不适应，容易导致人员产生抵触心理，新的业务流程运行不畅，影响工作效率。

2. 应对措施

从集团公司层面明确财务共享服务中心组织架构中的角色和职责，明确端到端的流程责任人和财务共享中心管理负责人，制定行之有效的绩效考核制度，建立完善的组织管理标准。

一是组织架构的设置应兼顾职能的完整性、处理业务的高效性和审批的分级性，应制定科学、高效的组织结构图、业务流程图、岗位说明书和权限指引等内部管理制度或相关文件，对各组织机构的职能进行科学合理的划分，明确各个岗位的权限和相互关系。

二是确保信息畅通。组织架构的设计，需有利于组织内部上下进行有效的沟通、信息共享，防止因组织架构复杂导致信息沟通不畅。

（三）人员变革风险

1. 风险

人员组织困难是财务共享中心建设的最大难题，财务共享中心需要集中一定规模的财务人员处理业务，对于中储粮集团公司来说，其财务人员分布点多面广，员工跨地域迁移的难度非常大，本地企业的财务人员不足以满足共享中心的人员需求，从客观上影响财务共享建设速度。另外面对新的工作模式，传统观念也会使财务人员对变革产生抵触心理，部分财务人员存在困惑和顾虑。

2. 应对措施

基于共享模式下新的组织架构和流程，集团企业应重新制定岗位及职责，以及新业务模式下的薪酬体系、考核晋升机制、人才培养和招聘机制。加强财务共享理念的宣传培训，帮助员工消除困惑、打消顾虑，增强财务共享中心员工及企业其他部门对财务共享中心的信心。在人才资源丰富的区域建立财务共享中心，拓宽人员招聘渠道，通过校招、社招等方式，减少人员迁移成本。

一是集团公司应重新制定共享模式下组织架构、岗位职责、薪酬体系、人才培养机制等，特别是财务转型的方案。

二是加强财务共享理念的宣传培训，帮助员工消除困惑、打消顾虑，增强财务共享中心员工及企业其他部门对财务共享中心的信心。

三是在人才资源丰富的区域建立财务共享中心，拓宽人员招聘渠道，通过校招、社招等方式，减少人员迁移成本。

（四）技术风险

1. 风险

一是业务部门对信息化认识与参与程度可能不足。

二是 IT 系统优化风险，它会影响流程的设计和财务共享服务中心的成功运营。

三是系统集成风险，它是指企业现存信息孤岛问题在集成时会产生接口上的困难。

四是流程风险，即流程设计的合理性会影响共享服务中心的运作效率。

五是业务变更风险，即新模式下业务单元以及操作流程设置的合理关系到能否成功运营。

2. 应对措施

一是推动业务部门与信息化工作的深度融合，业务部门在信息系统建设过程需要引导沟通、明确流程需求，推动系统落地。

二是充分集成业务系统与财务系统，减少系统的数量和降低接口难度。

三是尽可能将各种流程、制度要求实现系统固化，例如各种事前事后审批、签批流程、额度控制等，以提升业务处理效率，避免差错，实现风险控制。

四是充分评估企业 IT 系统现状，识别系统的待优化之处及功能缺失。

五是建立企业数据管理制度，包括数据质量要求、数据稽核规范、信息安全规范等，必要时重新建立一个数据管理平台彻底解决数据冗余、信息孤岛的问题。

六、财务共享的未来展望

从 ACCA、德勤、安永等机构的调研报告中可以发现，财务共享服务中心在我国的发展越来越快、越来越成熟、越来越普及。在新兴技术的推动下，财务共享服务业显现出了新的趋势和特点。

（一）共享服务智能化

财务机器人等技术的发展将进一步推动财务共享的智能化服务，激发出更贴近时代发展趋势的创新型财务管理模式。财务共享中心具备高度标准化和业务量大的特征，随着机器人流程自动化技术的逐渐成熟，财务流程的处理会加速向自动化、智能化方向发展，财务共享中心最终会演变为财务自动化工厂。随着人工智能的发展，财务共享中心的服务流程也将从当前主要支持标准化、规范化工作逐步向支持灵活性、可扩展性工作转变，从服务客户共性需求的刚性流程向服务客户个性化需求的柔性流程方向发展。

（二）共享服务一体化

财务共享模式的逐步成熟将促进业务、财务进一步融合，一体化的综合共享中心将成为加强集团管控的重要手段。财务共享中心信息平台的搭建需要考虑企业整体信息化进程，通过技术手段打通不同信息板块的壁垒，并实现财务、业务、人力资源、信息技术、客户服务等多种信息的共享、集成和融合，最终形成共享服务一体化。随着共享中心深化发展，财务共享中心与其他共享中心共同形成综合中心的趋势将越来越明显，共享服务内容也将延伸到更多高价值流程的工作，以满足公司成本、战略、合规等多方面的要求，进一步强化集团管控，提升企业管理质量和管理效率。

（三）共享服务虚拟化

财务共享中心云平台的技术发展将进一步突破地域性限制，促进财务共享虚拟化和全球化趋势。ERP系统的完善和互联网技术的发展，会促成共享中心的虚拟化，财务共享中心集中办公模式将在一定程度上被虚拟办公室所取代。虚拟的财务共享中心提供的某些服务和功能的地点虽然不同，但可以利用全面电子化、网络化实现成员之间良好的工作沟通和联系，员工可以在不同的城市办公，也可以随时实现移动办公，这将使财务共享中心的岗位呈现虚拟化和碎片化趋势，从某种程度上改变财务共享中心的内部管理方式。

后记

财务管理是企业经营管理的综合反映，贯穿企业经营管理的全过程。随着信息科学技术的迅猛发展，财务管理也需要顺势而为，拥抱信息技术革命，充分挖掘财务数据潜力，创新管理模式，关注财务分析的广度和深度，真正做到业务与财务的融合发展，助力企业做出更加准确、科学的经营决策和判断。

本书总结归纳了现行的制度规范和实践经验，充分结合粮食财务管理实际，内容具有较强的专业性和实操性。本书在编写和修改过程中，受到了中储粮集团公司领导同志的关怀和指导，得到了集团公司财务部全体同志和中储粮分（子）公司许多财务专家的大力支持。在此，对中储粮系统财务战线的同志们表示感谢！

由于当前财会政策变化很快，加上编写时间紧、作者水平有限，书中难免有不当、不周之处，敬请广大读者批评指正。

《财务与会计》编写组

2021 年 6 月